민사소송 실무의 기초

민사소송 실무의 기초

황태윤

전북대학교출판문화원

머리말

실무에서 이루어지는 우리 민사소송의 실제 모습은 전형적 형태로 고착된 민사판결의 주문과 이에 대응하는 소장의 청구취지를 통해 이해될 수밖에 없다. 민사소송실무의 기초지식은 실무에서 확립된 강제집행이 가능한 판결의 주문을 공부할 때 가장 빨리 습득될 수 있다. 민사판결의 주문과 이에 대응하는 소장의 청구취지는 실체법과 절차법이 결합된 소권(訴權)을 뜻한다. 자연인 · 법인 · 권리능력없는사단(재단) · 조합이라는 권리주체에 대한 이해와 당사자능력 · 당사자적격에 대한 이해를 결합시키고, 단독소유 · 공유 · 총유 · 합유라는 소유형태에 대한 이해와 공동소송 유형에 대한 이해를 결합시키는 것이 소권을 공부하는 것이고, 이를 통하는 것이 민사소송실무에 필요한 기초지식을 습득하는 가장 빠른 길이다. 민법의 청구권 · 채권 · 물권 · 권리는 소권을 한 면에서만 바라보는 개념이므로 소권에 대한 구체적 이해 없이는 그 의미를 완전하게 파악할 수 없다. 강제집행이 가능한 판결의 주문 형태를 이해하고, 그 주문을 구하는 소장의 전형적 청구취지를 이해하여야만 민법 · 상법 · 어음법 · 수표법 · 민사집행법 등 실정법과 판례법이 정하고 있는 각 청구권 · 채권 · 물권 · 권리의 개념을 구체적으로 파악할 수 있다. 이 책 제5장 소권의 종류에서 실제 작동하는 소권의 유형(대여금, 보증채무금, 매매대금, 양수금, 추심금, 전부금, 손해배상금, 인도, 퇴거, 철거, 의사진술을 갈음하는 판결, 토지경계확정, 공유물분할, 사해행위취소, 채권자대위, 집행문부여, 청구이의, 제3자이의, 배당이의)을 다루고 있다. 이 책을 통하여 민사소송을 수행하는데 필요한 실무지식의 기초를 습득하고 나아가 민사법 전체 체계에 대한 이해의 깊이를 더할 수 있길 바란다.

2016. 3. 16.

목 차

제1장 서론

제1절 민사소송의 개념

민사소송이란 사인(私人)간의 사법(私法)상 분쟁을 해결하기 위하여 국가조직인 법원이 운영하는 소송절차에 관한 제도를 의미한다. 현대 문명국가의 시민들은 사적 폭력이 아니라 국가가 마련한 소송절차를 통하여 개인 간의 분쟁을 해결하여야만 한다. 개인의 사적소유권을 보장하고 그를 기반으로 하는 시장경제를 운용하는 현대 문명국가는 로마제국 이래로 이어져온 민사소송제도를 운영하고 있다. 민사소송을 통하여 판결문을 획득한 개인만이 국가가 독점하는 강제력을 빌릴 수 있고, 그에 의해서만 상대방의 의무를 합법적으로 강제할 수 있는 것이다. 민사소송은 그 대상이 개인 간 권리 충돌로 인한 분쟁이지만, 사적 절차가 아니라 국가의 직접 개입에 의한 공권적 분쟁해결제도이다.

제2절 민사소송의 목적

민사소송을 개인의 사적 권리를 보호하기 위한 제도라는 보는 견해(私權保護說)가 다수이다.[1] 이와 달리 민사소송제도의 목적을 국가가 스스로 제정한 민법 기타 사법질서를 유지하여 그 실효성을 보장하기 위한 것이라는 견해가 있다(私法秩序維持說)[2]. 후자가 타당하다.

---

1) 이영섭, 「신민사소송법(상)」, 박영사(1971), 18면; 정동윤, 「민사소송법 제4전정판」, 법문사(1997), 24면; 강현중, 「신민사소송법강의」, 박영사(2015), 18-19면.

2) 방순원, 「민사소송법(상)」, 사법행정학회(1987), 38면.

개인의 私權은 국가가 운용하는 민사소송절차가 존재하고 잘 유지되어야만 비로소 의미를 가지고 현실에서 기능하는 것이다. 실체법상 권리, 청구권 개념은 소권 개념의 변용에 불과하다. 국가가 그 기관 중 하나인 법원을 통해 운용하는 민사소송절차가 작동하여야만 사권의 강제이행이 가능해지고, 그에 의해 강제이행 전에도 효력을 가질 수 있게 되어 권리로서 기능을 할 수 있다. 민사소송이 사권보호를 위해 존재한다는 것은 제도 운영의 결과를 제도의 목적으로 오해하는 것이다. 실체법상 권리 개념을 법 전체 영역으로 과도하게 투사하는 것은 소송을 통해야만 권리가 권리로 존재할 수 있다는 점을 간과하게 만든다. 민사소송은 개인 간 권리・의무에 관하여 국회가 제정한 법률의 실효성을 유지하기 위한 제도로 파악되어야 한다. 특정 개인이 아니라 모든 개인의 사적 권리를 보호하기 위해서는 민사소송 절차 밖에서 개인이 사적으로 분쟁 해결하는 것은 막아야 한다. 누구나 예외 없이 민사소송절차를 통한 법관의 법률 적용에 의해 분쟁이 해결되고, 그에 의해 국가의 강제력을 동원할 수 있어야만 모든 개인의 권리가 공평하게 보장될 수 있다. 민사소송을 통한 사적 권리의 보호, 사인 간 분쟁해결, 당사자들에게 대등한 절차를 보장하는 것 등은 민사소송제도의 기능이나 그 운용 결과이지, 민사소송 자체의 목적이라 할 수 없다. 국가가 민사소송 제도를 실제 이용하든 하지 않든 간에 모든 국민들로부터 세금을 거두어 법관과 법원공무원에게 급여를 지급하고 법정을 비롯한 물적 시설을 관리・운용하는 것은 법률의 실효성을 보장하여 전체 법질서를 유지하는 것을 직접적인 목적으로 하는 것이다.

이러한 시각에 대하여 권리보호를 구하는 당사자를 소송절차의 단순한 객체로 전락시킬 위험이 있으므로 민사소송제도가 형사소송에 대해 갖는 특질이 몰각될 위험이 있고, 그 바탕에 전체주의적 국가관이 도사리고 있다는 비판도 있지만[3], 이러한 비판은 민사소송이 민사소송을 통

3) 이시윤, 「신민사소송법 제6증보판」, 박영사(2012), 3면.

해 권리를 보호받고자 하는 특정 개인이 아니라 모든 국민의 경제적 출혈을 기반으로 유지되는 공적 절차임을 간과하는 것이다. 또한 자유민주주의를 추구하는 현대 선진 국가들의 법률은 예외 없이 국민이 직접 선거로 선출한 의회에서 만들어진 것으로 확고한 민주적 정당성을 기반으로 하고 있기 때문에 법률의 존중과 효력 보장을 통한 사법질서유지는 전체주의 국가관과 아무런 관련이 없다할 것이다. 사권보호설은 민법학의 사적자치 만능론에 기초한 것으로 민사소송의 결과를 민사소송의 목적으로 바꾸어 개념상 혼란을 가져올 뿐이라 할 것이다. 국가에 의한 행정 모두를 전체주의라는 비판으로 획일화시키는 것은 국가의 후견적 기능, 복지국가와 같은 개념조차 설 자리를 없게 만들 뿐이다.

제3절 민사소송의 이상과 신의성실의 원칙

민사소송법 제1조는 '민사소송의 이상과 신의성실의 원칙'이란 표제 아래 제1항 "법원은 소송절차가 공정하고 신속하며 경제적으로 진행되도록 노력하여야 한다.", 제2항 "당사자와 소송관계인은 신의에 따라 성실하게 소송을 수행하여야 한다."고 규정하고 있다.[4]

민사소송법 제1조 제1항은 민사소송의 이상으로 공정, 신속, 경제를 들고 있다.[5] 공정은 민사소송이 정의 · 적정을 추구하고, 소송당사자 양쪽을 공평하게 대우해야 하는 것을 의미한다. 공정함이라는 가치를 기준

4) 이시윤, 전게서, 27면은 민사소송법 제1조의 운용에 대하여 "불성실하고 잔꾀를 쓰는 당사자에 대하여 철퇴를 가함으로써 건전한 소송윤리를 확립하고, 법의 형식적 적용에 의해 생기는 良識 · 通念에 반하는 결과의 조정을 위하여는 이의 활용을 등한히 해서는 안 될 것이다"하고 있다.

5) 이시윤, 전게서, 27면은 민사소송법 제1조의 운용에 대하여 "불성실하고 잔꾀를 쓰는 당사자에 대하여 철퇴를 가함으로써 건전한 소송윤리를 확립하고, 법의 형식적 적용에 의해 생기는 良識 · 通念에 반하는 결과의 조정을 위하여는 이의 활용을 등한히 해서는 안 될 것이다"하고 있다.

으로 법질서를 만들어 가는 것이 민사소송의 가장 중요한 임무이다.[6] 낮은 수준에서 인지의 상한을 정하여 누구나 손쉽게 접근할 수 있는 민사소송이 되어야 공정함을 가장 잘 추구할 수 있다. 우리나라 민사소송은 고액의 인지로 인하여 시민들의 민사소송에의 접근이 차단되어 있다.

민사소송은 비용을 많이 들지 않아야 하고, 가급적 신속하게 진행되는 것이 바람직하다. 민사소송법 제1조는 공정, 신속, 경제 세 가지 모두를 민사소송의 이상으로 보고 있으나 그 중 신속은 그 자체가 민사소송의 이상으로 취급되어서는 안 된다. 따라서 법 개정을 통해 삭제하는 것이 바람직하다. 민사소송은 국가기관인 법원의 최종적인 판단에 의하여 최대한 진실을 가리는 것이 이상이어야 한다. 지나치게 신속을 앞세우면 재판절차는 결국 조잡한 장사꾼들의 흥정을 위한 좌판으로 변질될 수밖에 없다.

민사소송에서의 신의성실의 원칙(신의칙) 적용의 모습은 크게 소송상태의 부당형성배제, 선행행위와 모순된 후행행위의 금지, 소송상 권능 남용 금지와 실효가 있다. 소액사건심판법의 적용을 받기 위해 청구금액을 세분하여 일부청구하는 경우, 관할원인을 부당하게 만들어 유리한 법원에 소를 제기하는 경우, 부제소 합의를 무시하고 소를 제기하는 경우, 소취하 합의 후 소를 계속 유지하는 경우, 정당한 이유없이 재판지연을 목적으로 증거신청 등 소송상 권능을 남용하는 경우 등이 대표적인 경우이다.

신의칙에 위반한 소제기는 권리보호이익이 없으므로 부적법 각하하고, 신의칙에 위반하는 소송행위는 무효라 할 것이다. 이와 달리 신의칙 위반은 실체법상 이유가 없는 것으로 취급하여야 하므로 청구기각을 하여야 한다는 견해[7]가 있으나, 소 제기의 요건 자체를 문제 삼으면 되는 경우를 본안문제로 파악할 이유가 없다. 소권심사를 통하여 무용한 본

---

6) 민사소송의 이상 중 적정을 우선시하는 견해로 정동윤・유병현, 「민사소송법」, 법문사(2010), 27면; 송상현・박익환, 「민사소송법」, 박영사(2011), 16면.

7) 호문혁, 「민사소송법」, 박영사(2011), 51면.

안심사에 돌입되는 것을 막는 것이 로마 이래 민사소송의 기본 골격이다. 어차피 기각될 것임에도 본안심사에 돌입하자고 주장하는 것은 이러한 민사소송의 기본 골격을 무시하는 것이 지나지 않는다. 민사소송의 기본체계를 실체법적 시각과 무리하게 연동시켜 소송요건과 본안심사를 엄격하게 구분하는 것은 소송실무에서 아무런 의미를 가질 수 없다. 실체법은 축적된 민사소송의 본안심사기준을 따로 떼어낸 것에 불과하다. 실체법적 시각이 민사소송의 구조를 가르는 기준이 될 수 없다.

신의칙위반의 소송행위를 간과하고 내려진 판결은 당연무효라 할 수 없고, 판결의 확정 전에는 상소로 다툴 수 있고, 확정 후에는 재심으로 다툴 수 있다 할 것이다. 확정판결에 집행문이 부여되어 집행까지 나아간 경우에는 "확정판결에 의한 권리라고 하더라도 신의에 좇아 성실히 행사되어야 하고 그 판결에 기한 집행이 권리남용이 되는 경우에는 허용되지 않는 것이므로 집행채무자는 청구이의의 소에 의하여 그 집행의 배제를 구할 수 있다."[8] 집행이 종료된 후에는 손해배상이나 부당이득반환으로 다투어야 할 것이다.

제4절 민사소송법

우리나라 민사소송법은 1960년 4월 4일 법률 제547호로 제정되어 같은 해 7월 1일부터 시행되었다. 그 전 시기에는 1912년 조선민사령과 1945년 미군정법령 제21호에 의하여 일본민사소송법이 시행되었다. 일본민사소송법은 일본 민법과 마찬가지로 일본 고유의 것이 아니라 유럽대륙의 법률들을 도입한 것이다. 유럽 대륙의 법률들 역시 유럽 각국의 고유의 법률이 아니라, 민사소송과 관련한 로마법을 각국의 사정에 맞게 번역하여 사용한 것이다.

8) 대법원 2006. 7. 6. 2004다17436.

유스티니아누스대제 시대에 집대성된 로마법대전(Corpus Iuris civilis)은 로마 제국의 몰락과 함께 역사의 무대에서 사라졌으나, 그 본질은 그대로 중세시대에도 교회재판을 통해 유지되다가 11세기 이탈리아 주석법학파에 의하여 완전하게 부활하였다. 1806년 당사자주의를 기초로 하는 프랑스민사소송법이 제정되었고, 프랑스민사소송법의 강력한 영향 아래서 1877년 독일 민사소송법이 제정되어 공포되었고, 곧바로 독일민사소송법의 영향 아래서 일본 민사소송법이 1890년 제정되었다. 우리나라는 1912년부터 조선민사령을 통해 일본민사소송법을 그대로 사용하다가, 그 직접적 영향 속에서 1960년 민사소송법을 제정하였다. 프랑스・독일・일본의 각 민사소송법전의 성립시기가 크게 차이나지 않고, 그 내용도 로마시대의 소송과 본질적으로 다르다고 할 만한 요소는 없다는 점에서 우리나라 민사소송법은 로마 민사소송 실무와 체계를 사실상 직접적으로 계수한 것으로 보아야 한다. 현행 민사소송법의 뿌리는 기원전 로마시대에서 있다.[9)]

빈트샤이트(Windscheid)는 1856년에 발표한 <현행법의 시각에서의 로마법의 소권>이라는 논문에서 로마법의 소권을 실체법상의 일정한 청구권으로 대체할 것을 주장했다.[10)] 실체법상 청구권 개념의 등장으로, 실체법과 절차법을 결합한 소권이라는 개념으로 파악하던 태도가 마치 불합리한 것처럼 취급되는 현상이 생겼다. 이로 인하여 민사소송의 본질이 청구권, 형성권 등 민법의 권리 개념에 기대어 설명되기 시작하였다. 그러나 소송실무는 소권이라는 개념과 떠나서 설명이 불가능하다. 개념의 개념화 작업[11)]은 법의 역사적 측면이나 법의 보편성

9) 강현중, 「신민사소송법강의」, 박영사(2015), 3면.

10) 조규창, 「독일법사, 下」, 고려대학교 출판부(2010), 106면.

11) 그 한 예로 청구권과 채권의 구별이 있다. 곽윤직, 「채권총론 신정판」, 박영사(1995), 21-22면에 의하면 일본의 영향으로 우리나라 통설도 채권과 청구권이 동일하지 않다는 데에 완전히 일치하고 있지만, 독일의 통설은 채권(Forderung)과 청구권(Anspruch)를 동일한 것으로 본다고 한다. 독일민법 제194조와 제241의 채무관계는 청구권을 유출케 하는 법률관계이고, 여기서 개개의 급부청구권(Leistungsanspruch) 내지 채권

측면에서는 상당히 낯선 면이 있다는 것을 받아들여야 한다. 소송실무는 추상개념을 통해 하나의 개념 체계로 설명할 수 없다. 소권 개념을 떠나는 순간 소송실무 자체를 다루는 것은 상당 부분 포기할 수밖에 없다.

일본 민사소송법의 적용 전 조선시대에는 1395년 편찬된 경제6전, 1865전 대전회통 등 법전이 있었고, 소송에 관한 법규들은 육전 체제로 이루어져 있는 법전 중에 산재하여 있었다. 그려후기부터 이어 내려온 조선의 송사는 옥송과 사송으로 나뉘는데, 옥송은 상해 및 인격적 침해 등을 이유로 하여 원(元: 원고)·척(隻: 피고) 간에 형벌을 요구하는 송사인데 반해 사송은 원·척간에 재화의 소유권에 대한 확인·양도·변상을 위한 민사송사를 뜻한다. 주로 상속, 부동산, 노비, 소비대차 및 신분과 관련한 소송이 사송의 중심을 이루었다.[12] 소송은 형사소송인 獄訟과 민사소송인 詞訟으로 구분되어 있었고, 詞訟類聚, 大典詞訟類聚 등 실무지침서가 널리 활용되었다. 민사소송인 詞訟은 원고(元告)와 원척(元隻)으로 나눈 양당사자가 평등하게 변론에 참여하여 진행되었다. 오늘날 소장과 같은 소지(所持)을 원고가 접수하면 "피그를 데려오라"는 관청의 처분(題音, 題辭)을 내리고, 원고가 직접 피고를 데려와 재판장에 출두시켜야 했다. 전체적으로 변론과 증거조사를 포함한 전체 소송절차의 체계나 민사소송의 건수는 오늘날과 비교하여 별 차이가 없다. 소송의 대상은 주로 노비와 토지에 관한 것이었다. 소송의 지나친 범람이 고려의 멸망의 원인으로 지적되는 것으로 보아 고려의 소송제도도 조선과 큰 차이는 없었던 것으로 보여 진다.

민사소송법은 국가기관 중 하나인 법원이 운용하는 소송절차를 규율하는 법이다. 당연히 公法이며, 私法이 아니다. 민사소송법은 공법인 절

(Forderung)이 나오는데, 이러한 채권과 청구권은 같은 것이라는 것이 청구권 개념을 만든 독일의 통설이다.

12) 류승훈, 「조선의 법이야기」, 이담(2010), 34면; 오갑균, 「조선시대사법제도연구」, 삼영사(1995), 251면.

차법이면서도 행정소송법과 달리 주로 私人간의 民事 영역 내 분쟁을 대상으로 한다. 따라서 적용대상을 중요하게 보면서 분류하면 민사법으로 분류될 수 있다. 사람의 생활에는 공적 영역과 사적 영역이 혼재하고 있으므로 사법과 공법의 분류를 어떠한 근본적 법리 같은 것에 의하는 것은 불가능 한 것이다. 따라서 공·사업의 구분이 특별한 실익이 있는 것처럼 과장하는 것은 의미가 없다.

민사소송법 외에 민사소송과 관련된 중요한 법규들에는 법원조직법, 각급 법원의 설치와 관할구역에 관한 법률, 대법원규칙인 민사소송규칙, 소액사건심판법, 민사소송 등 인지법, 민사소송 등 인지규칙, 인지첩부 및 공탁 제공에 관한 특례법, 소송촉진 등에 관한 특례법, 국제민사사법공조법, 민사소송 등에서의 전자문서 이용 등에 관한 법률, 독촉절차에서의 전자문서 이용 등에 관한 법률, 비송사건절차법, 가사소송법, 행정소송법, 중재법, 증권관련 집단소송법, 소비자단체소송을 규정하는 소비자기본법 제8장 제4절, 개인정보 단체소송을 규정하는 개인정보 보호법 제7장, 법원재난에 기인한 민형사사건 임시조치법, 민사조정법, 선박소유자 등의 책임제한절차에 관한 법률 등이 있다.

제5절 소권

소권(actio)이란 사람이 얻어야 할 것을 소송으로 청구할 권능을 말한다.[13] 로마법대전 학설휘찬 중 D.7.6.5.pr 울피아누스 고시주해 17권에 의하면 "누구든 남의 권리가 아니라 자신의 권리에 관하여 소구해야만 한다."고 하고 있고, D.44.7.51. 켈수스, 학설집 제3권에 의하면 "소권이란 자신이 청구할 권리가 있는 것을 소송으로써 추급하는 권리 외의 다른 것이 아니다."라고 설명하고 있다.[14] 로마법은 법 자체를 소권의 체

13) 강현중, 「민사소송법 제3전정판」, 박영사(1997), 15면.

계로 관념하여, 매매・임대차・소유물반환청구 등 유형화된 소권과 구체적인 사실관계에 기초한 사실소권을 통해 법체계를 구성하였는데, 사실소권은 기존의 해당하는 소권이 없더라도 권리의 보호 필요성이 인정될 때에 인정되었다.[15] 로마법에 의한 민사소송은 소권심사와 본안심사로 나누어졌고, 소권을 구체화하는 소송방식서는 오늘날의 소장의 청구취지와 청구원인, 답변서・준비서면의 항변・재항변・재저항변의 내용을 담고 있다.

로마의 민사소송은 법률소송・방식서소송・특별심리절차의 3단계를 거쳐 발전하였는데 그 기본구조는 현대적 의미에서의 실체법적 및 소송법적 성격을 兼有하는 소권을 핵으로 하는 一元的 법체계이다.[16] 현재에도 민사소송실무를 구체적으로 이해하기 위하여 실체법과 절차법을 결합하여 접근할 수밖에 없는데, 이는 소송실무라는 것은 어떠한 경우에도 실체법이나 절차법 한쪽 면으로는 묘사할 수 없는 것이고, 결국 일원적 법체계의 핵심인 소권 개념의 도움이 절대적이라는 것을 의미한다. 우리 민사소송의 경우에도 실체법과 절차법이 결합된 소권을 통해 이해하는 것이 필수적이다. 현재 실무에서 집행이 가능한 판결주문은 제한되어 있고 이에 맞추어 소장의 청구취지 형태 역시 제한되어 있다. 판결의 주문과 소장의 청구취지는 물론 더 나아가 판결에 적시되어야 하는 주요사실(요건사실)과 소장의 청구원인을 통해 드러나야 하는 주요사실(요건사실)의 형태도 유형화되어 있는 것이 현재의 소송실무 본 모습니다. 철저하게 소권으로 사고하였던 로마의 법률가들과 오늘날 우리 민사소송절차 참여하는 실무법률가들의 모습은 거의 같다. 유형화되어 있는 청구취지와 요건사실 중심으로 변론(주장과 증명)이 이루어지는 소송실무는 소권 개념을 통해서만 제대로 이해될 수 있다 할 것이다.

---

14) 최병조・성중모・이상훈・이호규・정일영, 「한국민법의 로마법적 배경과 기초」, 법무부(2013), 157면.

15) 최병조 외 4, 전게서, 19면.

16) 강현중, 「민사소송법 제3전정판」, 박영사(1997), 15면.

그렇다고 소권이 다양한 현실의 반영을 놓치는 것은 아니다. 로마의 사실소권처럼 우리의 실무가들 역시 판례법을 통해 꾸준히 현실을 반영한 소권을 만들어 내고 있다. 진정명의회복을 위한 소유권이전등기절차의 이행을 구하는 소권이 그 대표적인 예이다.

근대 이후 시장경제와 민주주의를 기반으로 한 국민국가에서는 예외 없이 판결을 통해 사인의 권리 실현을 도모하도록 하고 있다. 국가에 의해 공평무사하게 운영되는 재판절차를 통해서만 개인 권리의 적법한 실현이 가능한 것이다. 재판절차가 곧 개인의 권리를 의미하는 것이다. 판결이라는 국가의 명령으로 강제적 실현이 가능한 것만을 개인은 소송으로 청구할 수 있는데, 이는 어느 나라나 그 종류가 한정되어 있을 수밖에 없다. 개별 국가의 시장경제와 민주주의 성숙도에 따라 소송절차로 실현되는 개인의 권리의 범위가 다를 수밖에 없기 때문이다. 따라서 실제 소권의 형태는 다소 유동적이기는 하지만 그 종류는 분명하게 한정되어 있는 것이고, 사회의 발전에 따라 새로운 소권 유형이 만들어질 수도 있고, 더 이상 사용되지 않아 없어지기도 하는 것이다.

로마법은 소권을 중심으로 만들어진 민사소송의 개시요건과 본안판단에 관한 기준으로 이루어져 있으며, 이는 독일・프랑스・일본・우리나라 민사소송법의 근간을 이루고 있다. 로마법은 서로 얽혀 있는 네트워크로 연결된 룰(rule)들로 이루어져 있으나 그 룰(rule)들의 연결망은 전체로서 존재하는 하나의 지적인 체계가 아니라 개별 상황에 최적화된 법적 질문과 그에 대한 해결책들의 모자이크이다.[17] 영미법은 이러한 로마법의 지적 전통에 여전히 기반하고 있다.[18] 소권을 심사하는 로마의 법무관의 심사는 우리 민사소송의 소송요건 심사와 같으며, 국가의 위임을 받은 로마의 심판인의 본안판결은 우리 민사소송의 본안

---

17) 헤롤드 버만, 김철 옮김, 「법과 혁명1」, 한국학술정보(2013), 407면.

18) 미국의 불법행위에 기한 손해배상청구소송에서 로마법 전통의 영향에 대하여 가정준, "목적론적 관점에서 바라 본 미국 불법행위법", 민사법학 제68호, 한국민사법학회(2014. 9.), 572-574면 참고.

심사와 같다. 로마법은 실체법과 절차법 구븐없이 상황에 따른 문제 해결을 위해 소권 중심으로 그 질문과 답으로 구성되어 있다. 이에 반해 우리는 민법이 실체법이라는 이름으로 모든 상황에 적용되는 하나의 가치체계를 만들고, 권리와 청구권 등의 이름으로 답을 제시하고, 민사소송법은 소송절차에 관한 것만을 규정하고 있다. 따라서 민사소송법의 내용만으로는 우리 민사소송실무에서 작동하는 소권의 형태를 제대로 파악하는 것은 불가능하다. 민사소송법이 민법, 민사집행법을 포함한 법률들과 민사소송 실무 관행, 판례법을 더하여 전체를 바라볼 때만 민사소송이 실제 작동하는 전모를 파악할 수 있다. 자연인 · 법인 · 비법인사단 · 조합이라는 권리주체의 유형은 당사자적격과, 공유 · 합유 · 총유라는 소유형태와 공동소송의 형태는 결합하여 이해될 수밖에 없다. 과도한 실체법과 절차법 이분체계가 무의미한 논쟁을 만들어 내고, 실제 소송의 모습을 제대로 음미하지 못하도록 막고 있다. 요컨대, 실무에서 이루어지는 우리 민사소송의 실제 모습은 실체법과 절차법을 결합하여 전형화되어 있는 주문과 청구취지, 요건사실을 통해 이해되어야 한다. 즉 실체법과 절차법을 통합한 소권 개념에 기초하여 민사소송을 이해해야 하는 것이다.[19]

19) 김용진, "민법과 민사법의 관계 재정립과 입법론적 고찰", 비교사법 제20권 제1호, 한국비교사법학회(2013), 129면 "…종전 대륙법계이 충실한 우리나라에서 일본을 통한 common law의 계수라는 입법환경의 변화에서 그 원인을 찾을 수 있을 것이다. 이러한 입법경향의 전환점은 1997년 이른바 외환위기이었으며, 이후 civil law와 common law의 위험한 동거를 불안하게 바라보는 우려 속에서 우리나라 입법자들은 그 절충을 미리 시도한 일본법의 전철을 마구 따라가는 안전한 길을 선택한 결과로 판단된다. 2000년의 자산유동화에 관한 법률과 2005년의 채무자 회생 및 파산에 관한 법률, 그리고 최근 개정된 신탁법은 물론, 최근 제정된 동산 · 채권 등의 담보에 관한 법률은 제3의 법제인 일본법계로의 급격한 전환을 보여주는 대표적인 입법례라 할 수 있을 것이다. 또한 이러한 법형식들의 공통된 특색은 종전의 단행법의 형식과 비교하여 뚜렷하게 실체적 규정과 절차적 규정을 통할하여 규정하는 방식을 채택하고 있다는 점이다."

제6절 소송목적(소송상 청구, 소송물)

민사소송법 제26조, 제27조, 제65조, 제81조. 제82조, 제83조는 소송의 대상 또는 심판의 객체를 소송목적이라고 한다. 소송상 청구, 소송물(민사집행법 제48조 제2항 단서, 제301조 제1항)과 같은 의미다. 소송목적의 개념정의에 대한 민사소송법 규정은 없다.

판례법은 소송목적을 실체법상 권리 또는 법률관계로 본다.[20] 판례의 입장과 달리 소장의 청구취지를 소송목적으로 보는 견해(일원설)와 소장의 청구취지 및 청구원인을 소송목적으로 보는 견해(이원설)가 주장된다.

당사자는 소를 제기하기 위해서는 소송목적으로 하는 권리 또는 법률관계의 대상 물건을 특정하여야 한다. 소송목적은 심판대상[21], 관할, 청구의 병합・변경, 중복제소, 재소금지, 기판력[22], 시효중단 등과 관련

---

20) 대법원 1963. 7. 25. 선고 63다241 판결 "피고(반소원고)들은 원고에 대한 반소 청구원인으로 원고가 보통 파 종자를 옥파 종자라고 피고를 속여서 피고에게 손해를 보게 하였음으로 그 불법행위에 의한 손해배상을 청구한다고 주장하였고 원고의 채무불이행을 주장한 사실이 없음이 기록상 명백함에도 불구하고 원심이 피고에게 본건 불법행위가 성립하지 않는다면 채무불이행을 원인으로 손해배상을 청구하는가의 여부를 석명한 사실 조차도 없는데 원고의 채무불이행을 원인으로 한 손해배상 의무를 인정한 것은 당사자의 신청하지 않은 사항을 판결한 위법이 있어 이 점에 대한 상고 논지는 이유 있다."; 대법원 1989. 11. 28. 선고 88다카9982 판결 "기록을 보면 원고는 한결같이 피고가 정기검사를 받는다는 구실로 이 사건 선박을 원고로부터 인도받아간 후 되돌려 주지 아니하고 계속 점유한 것이 불법행위에 해당한다고 주장하면서 그로 인한 손해배상을 구하고 있을 뿐인데도 원심이 그에 대하여 판단하지 아니하고 위에서 본 바와 같이 채무불이행을 원인으로 하여 피고에게 그 배상을 명하고 있음이 명백하므로 이는 결국 당사자가 신청하지 아니한 사항을 판결한 것이 되어 위법하다고 하지 않을 수 없다."

21) 대법원 1996. 6. 14. 선고 94다53006 판결 "소유권에 기하여 미등기 무허가건물의 반환을 구하는 청구취지 속에는 점유권에 기한 반환청구권을 행사한다는 취지가 당연히 포함되어 있다고 볼 수는 없고, 소유권에 기한 반환청구만을 하고 있음이 명백한 이상 법원에 점유권에 기한 반환청구도 구하는지의 여부를 석명할 의무가 있는 것은 아니다."

22) 대법원 1993. 6. 29. 선고 93다11050 판결 "말소등기청구사건의 소송물은 당해 등기의 말소등기청구권이고 그 동일성 식별의 표준이 되는 청구원인, 즉 말소등기청구권의 발생원인은 당해 등기원인의 무효라 할 것으로서 등기원인의 무효를 뒷받침하는 개개의 사유는 독립된 공격방어방법에 불과하여 별개의 청구원인을 구성하는 것이

하여 그 결정의 기준으로 작용한다.

대법원 1985. 4. 9. 선고 84다552 판결 "전소송에서 불법행위를 원인으로 치료비청구를 하면서 일부만을 특정하여 청구하고 그 이외의 부분은 별도소송으로 청구하겠다는 취지를 명시적으로 유보한 때에는 그 전소송의 소송물은 그 청구한 일부의 치료비에 한정되는 것이고 전 소송에서 한 판결의 기판력은 유보한 나머지 부분의 치료비에까지는 미치지 아니한다 할 것이므로 전 소송의 계속중에 동일한 불법행위를 원인으로 유보한 나머지 치료비청구를 별도소송으로 제기하였다 하더라도 중복제소에 해당하지 아니한다."

대법원 1988. 10. 11. 선고 87다카1416 판결 "한 개의 채권의 일부에 대해서만 판결을 구한다는 뜻을 명시하여 소송이 제기된 경우에는 소송물은 그 채권의 일부의 존부뿐이지 전부의 존부는 아닌 것이므로 그 일부의 청구에 대한 확정판결의 기판력은 나머지 부분의 청구에 미치지 않는다. 갑의 부상으로 인한 후유장애의 정도가 그 치료의 필요성, 기간 등에 있어서 변론종결 당시 예상할 수 없었던 경우가 아닌 한 갑이 전소에서 최종사실심 변론종결일에 근접한 일자까지에 소요된 치료비임을 밝혀 치료비 청구를 한 것만으로써는 이를 명시적 일부청구라고 볼 수 없다."

아니라 할 것이므로 전소에서 원고가 주장한 사유나 후소에서 주장하는 사유들은 모두 등기의 원인무효를 뒷받침하는 공격방법에 불과할 것일 뿐 그 주장들이 자체로서 별개의 청구원인을 구성한다고 볼 수 없고 모두 전소의 변론종결 전에 발생한 사유라면 전소와 후소는 그 소송물이 동일하여 후소에서의 주장사유들은 전소의 확정판결의 기판력에 저촉되어 허용될 수 없는 것이다."; 대법원 1993. 9. 14. 선고 92다1353 판결 "원고들은 이 사건 후소에서, 전소에 있어서와 같이 소유권에 기한 방해배제청구권의 행사로서 원고 장성수는 직접, 원고 정동준은 위 원고를 대위하여 위 이인형 명의의 이 사건 각 등기의 말소등기청구를 하는 것이 아니라, 위 약정의 계약당사자로서 그 계약해제에 따른 계약상의 권리에 기하여 원상회복으로 담보물의 반환을 받기 위하여 직접 가등기 및 근저당등기의 말소등기청구를 하고 있는 것이라 할 것이므로, 원고 장성수로서는 전소와 청구원인을 달리하는 것이고 원고 정동준으로서는 청구원인 및 당사자를 전소와 달리 하는 것이라고 할 것이어서 전소의 위 확정판결의 기판력이 이 사건 후소에 미칠 수 없는 것이라 할 것이다."

제7절 소송행위

소송행위는 소송절차를 형성하는 법원·당사자 그 밖의 관계인들이 하는 행위이다. 소송행위의 요건과 효과는 민사소송법이 정하고 있다. 민사소송법의 본질은 공법이고, 국가의 공적 절차인 민사소송절차에서 행해지는 법원의 소송행위는 국가기관의 행위이므로 당연히 전형적 공권력의 행사이다. 또한 법원에 대한 소송행위에 대한 당사자의 소송행위는 사인의 공법행위라 할 것이다. 당사자 사이에서 효과가 발생하는 행위의 경우 관할의 합의처럼 그 행위의 요건과 효과가 민사소송법의 적용만 받는 경우에는 민법상 법률행위와 구분되는 소송행위라 하겠으나, 소송대리권의 수여나 상계와 같이 소송행위이면서 동시에 민법의 적용을 받는 경우에는 문제가 복잡하다. 실체법과 절차법을 구분하지 않으면 큰 문제가 발생하지 않으나, 실체법으로서 민법과 절차법으로서 민사소송법을 구분하는 체계에서는 민법의 법률행위인지 민사소송법의 소송행위인지 구분하는 문제가 생기는 것이다. 실체법과 절차법이 결합하는 로마법의 소권체계가 이 지점에서는 더 합리적이다. 여하튼 민법과 민사소송법 둘 다 적용받는 행위라 하더라도 그 행위가 소송절차 속에서 이루어지는 경우에는 전적으로 私法상 법률행위로만 평가할 수 없다는 것은 확실하다. 당사자의 소송절차 내 행위는 공법행위의 성질을 당연히 가지는 것이므로 민법의 법률행위로 전적으로 취급할 수 없고, 법률행위에 관한 민법규정들은 원칙적으로 소송행위에 적용되지 않는다 할 것이다.[23)]

소송절차에서 법률행위를 하면 법원에 대하여 현저한 것이므로 그에 대해 입증이 필요 없으나, 소송 외에서 한 법률행위를 소송에서 주장하는 경우 그에 대한 입증을 해야 한다. 당사자의 소송행위는 당사자가

---

23) 대법원 1994.2.22. 선고 93다42047 판결 "공정증서가 채무명의로서 집행력을 가질 수 있도록 하는 집행인낙 표시는 공증인에 대한 소송행위로서 이러한 소송행위에는 민법상의 표현대리 규정이 적용 또는 준용될 수 없다."

당사자능력, 소송능력, 변론능력 등을 구비하여야 유효하다. 대리인이 당사자를 대신하여 소송행위를 하는 경우에는 법정대리권 또는 소송대리권이 있어야 한다. 소송절차 속 행위의 연쇄 속에 존재하는 소송행위는 민법상 의사표시 하자를 이유로 한 취소권의 대상이 아니다.

법원의 소송행위에는 법원의 소송지휘와 재판이 있다. 법원의 소송지휘에는 기일의 지정・변경(제165조), 변론의 제한・분리・병합(제141조), 석명권의 행사(제136조), 화해의 권고(제145조), 시기에 늦은 공격방어 방법의 각하(제149조) 등이 있다. 당사자의 소송행위에는 소의 제기, 주장, 자백, 부인, 항변, 입증, 청구의 포기・인낙(제220조), 관할합의(제29조), 담보제공합의(제122조 단서), 기일변경합의(제165조 제2항), 불항소합의(제390조 제1항 단서), 중재계약, 준비절차에서의 당사자 간의 협의, 부제소계약, 소취하계약, 불상소계약, 상소취하계약, 증거계약, 재판상 화해(제220조) 등이 있다.

소송행위의 해석은 표시주의와 외관주의에 따르도록 되어 있고 표시된 내용과 저촉되거나 모순되는 해석을 할 수 없는 것이지만, 표시된 어구에 지나치게 구애되어 획일적이고 형식적인 해석에만 집착한다면 도리어 당사자의 권리구제를 위한 소송제도의 목적과 소송경제에 반하는 부당한 결과를 초래할 수 있으므로, 그 소송행위에 관한 당사자의 주장 전체를 고찰하고 그 소송행위를 하는 당사자의 의사를 참작하여 객관적이고 합리적으로 소송행위를 해석할 필요가 있다.[24] 소송행위는 민법이 정하고 있는 사기・강박・착오를 원인으로 취소할 수 없다. 그러나 소장에 붙인 인지가 부족하거나 주소불명 등 형식적 요건을 갖추지 아니하였을 때는 보정을 하면 유효하게 되고(제254조, 제255조), 소송능력의 흠은 법정대리인이나 소송능력을 회복한 본인의 추인에 의하여, 대리권의 흠은 본인의 추인에 의하여 소급적으로 유효하게 된다(제60조). 소송당사자는 법원 또는 상대방의 소송행위가 주장 또는 내용에

24) 대법원 1984. 2. 28. 선고 83다카1981 전원합의체 판결; 대법원 2002. 4. 22.자 2002그26 결정; 대법원 2008. 3. 27. 선고 2007다80183 판결

관한 것이 아니라 소송절차에 관한 규정을 어긋난 것을 알거나, 알 수 있었을 경우에 바로 이의를 제기하지 않았을 때에는 이의를 제기할 권리를 상실한다(제151조).

소송행위는 기간의 준수가 중요하다. 소송행위 기간에 관하여는 그 준수 여부에 관하여 다툼이 생기는 경우가 많다. 언제 소송행위가 있었는지 명백히 기록되어야 하기 때문에 법원 접수인은 매우 중요하다. 기간은 행위기간에 있어서는 기간 내에 소정의 소송행위를 적법하게 한 때, 유예기간에 있어서는 그 시기로부터 소정의 일, 월 등의 시간이 완전히 경과된 때 각 준수된 것으로 된다.

기간의 불준수 효과 중 가장 중요한 것은 불변기간인 재판에 대한 불복신청기간의 해태로 인한 재판의 확정이다. 그런데 당사자가 그 책임질 수 없는 사유[25]로 인하여 불변기간을 준수하지 못한 경우에도 소송행위의 추후보완을 인정하고 있다(제173조). 판례는 공시송달제도의 기능과 송달받을 사람의 이익을 조화롭게 고려하여, 송달받을 사람이 송달사실을 몰랐고 또 모른 데 과실이 없을 것을 요건으로 하여 추후보완이 인정되어야 한다는 입장이다. 이 경우 원고가 공시송달을 신청할 때에 원고에게 과실이 있었는지 여부는 추후보완의 허부와 관계없다.[26]

---

25) 당사자가 책임질 수 없는 사유라고 하는 것은 천재지변 기타 피할 수 없었던 사변보다는 넓은 개념으로서, 당사자가 당해 소송행위를 하기 위한 일반적 주의를 다하였어도 그 기간을 준수할 수 없는 사유를 말한다(대법원 2004. 3. 12. 선고 2004다2083 판결). 어떠한 사유가 이에 해당하는가의 여부는 결국 법원의 판단에 달려 있다. 서울에서 수원으로 배달증명우편으로 발송한 항소장이 4일만에 배달된 점(대법원 1991. 12. 13. 선고 91다34509 판결)이나, 자신이 구속되었다는 사정(대법원 1992. 4. 14. 선고 92다3441 판결), 여행이나 지방출장, 질병치료를 위한 출타, 지병으로 인한 집중력 저하와 정신과 치료 등의 사유(대법원 2011. 12. 27. 선고 2011후2688 판결), 소송대리인 또는 소송대리인의 보조인이 판결정본의 송달을 받고도 당사자에게 그 사실을 알려 주지 아니하여 기간을 지키지 못한 경우(대법원 1984. 6. 14.자 84다카744 결정; 대법원 1999. 6. 11. 선고 99다9622 판결) 등은 기간을 준수하지 못함에 책임질 수 없는 사유에 해당하지 않는다. 그러나 등기우편에 의하여 발송송달된 제1심 판결정본을 수령한 당사자가 그 판결정본 말미에 기재된 문구에 따라 실제 수령한 날부터 14일째 되는 날에 항소장을 제출한 경우(대법원 2007. 10. 26. 선고 2007다37219 판결)에는 당사자가 책임질 수 없는 사유로서 추후보완이 가능하다.

소장부본 송달부터 공시송달의 방법으로 소송이 진행된 경우라면 특별한 사정이 없는 한 항소제기기간을 준수하지 못한 것은 당사자의 책임질 수 없는 사유로 인한 것이어서 추후보완이 인정된다.[27] 당사자가 이사하면서 전출입신고를 하지 아니하여 주민등록 있는 곳에 실제 거주하지 않고 있는 경우에도 추후보완이 인정된다.[28]

불변기간이 아닌 다른 통상기간에는 추후보완이 인정되지 않는다. 소송행위의 추후보완은 불변기간 기산의 기초가 되는 송달이 유효한 경우에 비로소 문제되는 것이므로, 제1심판결을 허위주소에서 다른 사람이 송달받은 경우와 같이 그 송달 자체가 무효인 경우에는 불변기간인 항소기간이 처음부터 진행될 수 없어 항소행위의 추후보완이라는 문제는 생기지 않고, 당사자는 언제라도 항소를 제기할 수 있다[29]

통상의 방식에 따라 적법한 송달이 이루어져 당사자가 소송계속 여부를 알고 있는 경우에는 소송의 진행상태를 조사하여 그 결과까지도 알아보아야 할 의무가 있으므로, 그 후 공시송달로 진행되어 판결이 송달되었더라도 항소기간을 지킬 수 없었던 경우라고 할 수 없어 추후보완은 인정되지 않는다.[30] 법인인 소송당사자가 법인이나 그 대표자의 주소가 변경되었는데도 이를 법원에 신고하지 않은 경우[31], 당사자가 주소변경신고를 하지 않아, 결과적으로 공시송달의 방법으로 판결 등이 송달된 경우 추후보완을 인정되지 않는다.[32] 그러나 당사자가 소송계속 여부를 안 경우라 하더라도 법원의 잘못이 개재되어 공시송달이 이루어지게 된 경우에는 추후보완을 인정한다.[33]

---

26) 대법원 1987. 9. 22. 선고 87므8 판결
27) 대법원 2000. 9. 5. 선고 2000므87 판결 등
28) 대법원 1968. 7. 23. 선고 68다1024 판결
29) 대법원 1994. 12. 22. 선고 94다45449 판결
30) 대법원 2001. 7. 27. 선고 2001다30339 판결; 대법원 1998. 10. 2. 선고 97다50152 판결
31) 대법원 1991. 1. 11. 선고 90다9636 판결
32) 대법원 2004. 3. 12. 선고 2004다2083 판결
33) 법원의 부주의로 주소를 잘못 기재하여 송달한 탓으로 송달불능이 되자 공시송달을

추후보완의 방식은 따로 없고, 소송당사자가 해태한 원래의 소송행위를 원래의 방식대로 하면 된다. 항소의 추후보완을 하는 경우라면 항소장을 제출하는 것만으로 족하다. 실무에서는 "추후보완 항소장"이라고 표시하고 있다. 추후보완을 하여야 할 시기는 불변기간을 지킬 수 없었던 사유가 없어진 후[34]부터 2주 이내이다(제173조 1항 본문). 다만, 그 사유가 없어질 당시 외국에 있던 당사자에 대하여는 이 기간을 30일로 함으로써, 외국 거주자의 경우 국제우편으로 소송서류를 송달하는 데 소요되는 기간으로 인한 불이익을 구제하기 위하여 소송행위 추후보완 기간을 30일로 연장하였다(제173조 제1항 단서). 여기서 '외국에 있던 당사자'란 장기해외여행 중인 자, 외국거주 · 체류 중인 자를 의미한다. 위 추후보완 기간은 불변기간이 아니므로 그 기간을 줄이거나 늘일 수 없으며, 부가기간을 정할 수도 없다(제173조 제2항).

추후보완 소송행위를 하는 것만으로는 확정 판결로서의 효력이 배제되는 것은 아니므로,[35] 패소 당사자는 추후보완을 하면서 강제집행정지

한 경우(대법원 1990. 8. 28.자 90마606 결정), 당사자가 변론기일에 빠짐없이 출석하였는데 법원이 직권으로 선고기일을 연기하면서 그 통지를 누락하고 판결정본을 한여름 휴가철에 연속 송달하였다가 폐문부재로 송달불능되자 이를 공시송달한 경우(대법원 2001. 2. 23. 선고 2000다19069 판결), 원고의 주소가 정확하고 변동이 없음에도 우편집배원의 경솔하고 불성실한 업무처리로 인하여 주소불명이라는 이유로 송달불능으로 반려하거나(대법원 1982. 12. 28. 선고 82누486 판결), 불성실한 우편집배인이 '이사간 곳 불명'이라는 이유로 기일통지서를 반려(대법원 1977. 1. 11. 선고 76다1656 판결)한 까닭에 공시송달의 방법으로 진행된 경우 당사자가 그 책임 없는 사유로 인하여 기일에 출석하지 못한 경우에 해당하여 추후보완이 인정된다.

34) '그 사유가 없어진 때'라 함은 천재지변 기타 이에 유사한 사실의 경우에는 그 재난이 없어진 때이고, 판결의 송달사실을 과실 없이 알지 못한 경우에는 당사자나 소송대리인이 단순히 판결이 있었던 사실을 안 때가 아니라 나아가 그 판결이 공시송달의 방법으로 송달된 사실을 안 때를 가리키는 것으로서, 다른 특별한 사정이 없는 한 통상의 경우에는 당사자나 소송대리인이 그 사건기록의 열람을 하거나 또는 새로이 판결정본을 영수한 때에 비로소 그 판결이 공시송달의 방법으로 송달된 사실을 알게 되었다고 보아야 한다(대법원 2000. 9. 5. 선고 2000므87 판결). 이혼사건의 경우에는 호적등본의 이혼사실 기재를 확인한 것만으로는 장애사유가 종료되었다고 할 수 없다(대법원 1990. 3. 13. 선고 89므1023 판결). 전화로 판결 선고와 송달 사실을 알게 되었다면, 그 때가 장애사유의 종료시기가 된다(대법원 1993. 9. 28. 선고 93다29860 판결).

를 신청하여야 한다.

제8절 소송상 대리인

소송상 대리인은 당사자 본인의 이름으로 소송행위를 하거나 받는 제3자이다. 본인의 의사와 관계없이 대리인이 된 경우를 법정대리인이라 하고, 임의대리인은 본인의 의사에 의하여 대리인이 된 자를 말한다. 법정대리는 민사소송법에 특별한 규정이 없으면, 민법, 그 밖의 법률에 따른다(제51조). 따라서 민법상 법정대리인인 미성년자의 친권자(민법 제909조, 제911조), 미성년후견인(민법 제928조), 성년후견인(민법 제929조, 제938조), 특별대리인[36]은 소송법상으로도 법정대리인이다. 부재자의 재산관리인(민법 제22조)도 본인의 의사와 관계없이 법원이 선임하여 민법 제118조에서 정한 보존·이용·개량행위를 법원의 허가없이 스스로 할 수 있다는 점에서 소송상의 법정대리인이다.[37]

그러나 유업집행자와 상속재산관리인은 법정대리인이 아니라 법정소송담당자라는 것이 판례의 입장이다.[38] 이들은 특정 개인을 위하여 재산을 관리하는 것이 아니라 특정재산에 관하여 이해관계 있는 불특정한 사람 모두를 위하여 관리하는 경우로서 관리인 자격에 기하여 자기 이름으로 관리행위를 한 다음 그 효과를 본인에게 귀속키는 것이기 때문이다.[39]

소송무능력자의 특별대리인(제62조)[40], 증거보전절차에서의 특별대

35) 대법원 1978. 9. 12. 선고 76다2400 판결

36) 이사와 법인(민법 제64조), 친권자와 자(민법 제921조) 사이의 이익상반행위에 관하여 법원이 선임한 특별대리인을 말한다.

37) 대법원 1968. 12. 24. 선고 68다2021 판결

38) 대법원 2007. 6. 28. 선고 2005다55879 판결(상속재산관리인); 대법원 1999. 11. 26. 선고 97다57733 판결(유언집행자)

39) 강현중, 전게서, 142면.

리인(제378조)[41], 상속재산에 대한 강제집행절차에서의 특별대리인(민사집행법 제52조)[42]은 민사소송법에 의하여 법원이 선임하는 소송상 법정대리인이다. 민법상 법정대리인은 본인의 소송능력의 회복이나 법정대리인의 자격상실에 의하여 법정대리권이 소멸하지만, 소송상 법정대리인은 법원이 선임한 법정대리인이므로 본인의 능력이 회복되더라도 수소법원의 해임결정이 있어야 법정대리권이 소멸된다.

소송절차가 진행되는 중에 법정대리권이 소멸한 경우에는 본인 또는 대리인이 상대방에게 소멸된 사실을 통지하지 아니하면 소멸의 효력을 주장하지 못한다(제63조 제1항). 법원에 대리권의 소멸사실이 알려진 뒤에는 그 법정대리인은 소의 취하, 청구의 포기・인낙, 소송탈퇴를 하지 못한다(제63조 제1항 단서). 소송의 진행 중에 법정대리권이 소멸되면 소송능력을 취득한 본인 또는 새로운 법정대리인이 소송절차를 수계하여 소송을 수행할 수 있을 때까지 소송절차를 중단된다(제63조 제1항

40) 민사소송법 제62조(특별대리인) ① 법정대리인이 없거나 법정대리인이 대리권을 행사할 수 없는 경우에 미성년자・한정치산자 또는 금치산자를 상대로 소송행위를 하고자 하는 사람은 소송절차가 지연됨으로써 손해를 볼 염려가 있다는 것을 소명하여 수소법원(受訴法院)에 특별대리인을 선임하여 주도록 신청할 수 있다. ② 제1항의 경우로서 미성년자・한정치산자 또는 금치산자가 소송행위를 하는 데 필요한 경우에는 그 친족・이해관계인 또는 검사는 소송절차가 지연됨으로써 손해를 볼 염려가 있다는 것을 소명하여 수소법원에 특별대리인을 선임하여 주도록 신청할 수 있다. ③ 법원은 언제든지 특별대리인을 개임(改任)할 수 있다. ④ 특별대리인이 소송행위를 하기 위하여서는 후견인(後見人)과 같은 권한을 받아야 한다. ⑤ 특별대리인의 선임 또는 개임은 법원의 결정으로 하며, 그 결정은 특별대리인에게 송달하여야 한다. ⑥ 특별대리인의 선임에 관한 비용과 특별대리인의 소송행위에 관한 비용은 신청인에게 부담하도록 명할 수 있다.

41) 민사소송법 제378조(상대방을 지정할 수 없는 경우) 증거보전의 신청은 상대방을 지정할 수 없는 경우에도 할 수 있다. 이 경우 법원은 상대방이 될 사람을 위하여 특별대리인을 선임할 수 있다.

42) 민사집행법 제52조(집행을 개시한 뒤 채무자가 죽은 경우) ① 강제집행을 개시한 뒤에 채무자가 죽은 때에는 상속재산에 대하여 강제집행을 계속하여 진행한다. ② 채무자에게 알려야 할 집행행위를 실시할 경우에 상속인이 없거나 상속인이 있는 곳이 분명하지 아니하면 집행법원은 채권자의 신청에 따라 상속재산 또는 상속인을 위하여 특별대리인을 선임하여야 한다. ③ 제2항의 특별대리인에 관하여는 민사소송법 제62조제3항 내지 제6항의 규정을 준용한다.

단서). 그러나 소송대리인이 있는 경우에는 소송수행에 지장이 없으므로 소송절차는 중단되지 않는다(제238조).

법인의 대표자 또는 제52조[43]의 대표자 또는 관리인에게는 민사소송법 가운데 법정대리와 법정대리인에 관한 규정을 준용한다(제64조). 민법상 법인은 이사(민법 제59조), 주식회사는 대표이사(상법 제389조)[44]가 대표자이다. 이사와 회사 간의 소송에서는 감사(상법 제394조)가, 대표자에 대한 직무집행정지 및 직무대행자선임 가처분 명령이 내려진 경우에는 직무대행자가 대표자이다(상법 제408조).

국가를 당사자로 하는 소송에서는 법무부장관이 국가를 대표한다(국가를 당사자로 하는 소송에 관한 법률 제2조). 법무부장관은 법무부의 직원, 각급 검찰청의 검사 또는 공익법무관을 지정하여 국가소송을 수행하게 할 수 있다(국가를 당사자로 하는 소송에 관한 법률 제3조 제1항). 국가로부터 위임받은 국가소송에 대하여 정부법무공단은 소송을 수행할 수 있다(정부법무공단법 제16조 제1항 제1호).

서울특별시, 각 광역시, 도, 시, 군, 구 등 지방자치단체가 당사자로 되는 때에는 시장, 도지사, 군수, 구청장이 지방자치단체를 대표한다(지방자치법 제101조). 다만 교육, 학예에 관해서는 교육감이 당해 지방자치단체를 대표한다(지방교육자치에 관한 법률 제18조 제2항).

지배인(상법 제11조), 선장(상법 제749조), 선박관리인(상법 제765조), 국가소송수행자(국가를 당사자로 하는 소송에 관한 법률 제3조) 등은 자기가 맡고 있는 업무에 관해서 일체의 재판상 행위를 할 수 있는 법률에 의한 소송대리인들이다. 지방자치단체는 국가를 당사자로 하는 소송에

---

43) 민사소송법 제52조(법인이 아닌 사단 등의 당사자능력) 법인이 아닌 사단이나 재단은 대표자 또는 관리인이 있는 경우에는 그 사단이나 재단의 이름으로 당사자가 될 수 있다.

44) 대법원 1980. 12. 9. 선고 80다584 판결 "주식회사의 대표이사가 금원을 차용함에 있어 주주총회의 특별결의 없이 제소전화해를 하였다면 이는 소송행위를 함에 있어서 필요한 특별수권을 얻지 않고 한 셈이 되어 민사소송법 제422조 제1항 제3호 소정의 재심사유에 해당된다."

관한 법률의 적용대상이 아니어서 민사소송법 제87조가 정하는 변호사 대리의 원칙에 따라 변호사 아닌 사람의 소송대리는 허용되지 않는 것이므로, 소속 공무원으로 하여금 지방자치단체의 소송대리를 하도록 소송수행자의 지정을 할 수 없다. 변호사 아닌 지방자치단체 소속 공무원으로 하여금 소송수행자로서 지방자치단체의 소송대리를 하도록 한 것은 민사소송법 제424조 제1항 제4호가 정하는 '소송대리권의 수여에 흠이 있는 경우'에 해당하는 위법이 있는 것이다.[45] 조합 업무를 집행할 권한을 수여받은 업무집행조합원은 조합재산에 관하여 조합원으로부터 임의적 소송신탁을 받아 자기 이름으로 소송을 수행하는 것이 허용된다는 것이 판례의 입장이다.[46] 조합의 업무집행조합원의 경우 민법이 업무집행에 관한 대리권이 있는 것으로 추정하고 있다(민법 제709조).

소송대리인은 당사자가 아니다. 따라서 증인, 감정인이 될 수 있다. 소송수행에서의 知, 不知, 고의・과실과 같은 사유가 소송법상의 효과에 영향을 미칠 때에는 소송대리인을 표준으로 결정된다(민법 제116조 제1항 참조). 그러나 당사자 본인의 고의, 과실이 소송대리인 不知의 원인이 될 때에는 당사자는 자기의 이익으로 소송대리인의 과실 등을 원용할 수 없다(민법 제116조 제2항 참조). 소송대리인이 있어도 법원은 본인에게 출석을 명하여 진술을 청취할 수 있고(제140조 제1항 제1호), 당사자본인신문을 할 수 있다(제367조). 본인이 법정에 출석하여 소송대리인의 사실상 진술을 취소하거나 경정한 때에는 소송대리인의 사실상 진술은 효력을 잃는다(제94조).

---

45) 대법원 2006. 6. 9. 선고 2006두4035 판결

46) 대법원 1997. 11. 28. 선고 95다35302 판결

제2장 민사소송을 지배하는 법원리

제1절 당사자대등주의

민사소송에서 판결을 하기 위해서는 당사자가 반드시 법원에서 변론하여야 하는데(제134조), 이 때 당사자 쌍방에게 반드시 주장과 입증의 기회를 공평하게 제공하여야 한다. 이를 당사자대등주의, 쌍방심리주의, 무기대등의 원칙이라 한다. 소송의 전 과정에서 쌍방 당사자에게 대등한 공격・방어의 기회를 주어야 한다는 의미이다. 변론기일을 당사자 모두에게 알리고, 기일 당일 양 당사자가 출석하여 공평한 변론의 기회를 부여받아야 한다. 이를 위하여 민사소송법은 소송절차의 중단, 중지제도, 대리인 제도를 두고 있으며, 또한 당사자가 책임질 수 없는 사유로 불변기간을 준수하지 못한 경우 소송행위를 추후 보완할 수 있도록 하고, 본인・대리인이 출석하지 않고 패소판결을 받았을 경우 대리권의 흠결을 이유로 한 상소 또는 재심에 의한 구제가 가능하도록 하고 있다.

제2절 공개주의

변론, 증거조사, 판결 등 민사소송의 과정은 원칙적으로 공개되어야 한다. 이를 공개주의라 한다. 재판의 심리와 판결은 공개한다(대한민국 헌법 제109조 본문, 법원조직법 제57조 제1항 본문). 민사소송법 제153조 6호는 "변론의 공개 여부와 공개하지 아니한 경우에는 그 이유"를 규정하고 있는바, 변론의 공개 여부는 변론조서의 필수적 기재사항이다. 공개심리주의를 위반한 것은 절대적 상고이유가 된다(제424조 제1

항 제5호). 다만, 법원조직법 제57조 제1항 단서는 선량한 풍속을 해칠 염려가 있는 경우에는 결정으로 공개를 정지할 수 있도록 하고 있다.

당사자나 이해관계를 소명한 제3자는 소송기록의 열람·복사, 재판서·조서의 정본·등본·초본의 교부, 또는 소송에 관한 사항의 증명서의 교부를 법원사무관 등에게 신청할 수 있다. 공개대상은 변론절차와 판결의 선고이다. 그러나 임의적 변론이나 변론준비기일[1], 법정외 증거조사기일[2], 서면심리, 비송사건, 조정절차 등은 공개주의의 대상이 아니다. 변론을 공개하지만, 법정 안에서 재판장의 허가 없이 녹화·촬영·중계방송 등의 행위를 하지는 못한다(법원조직법 제59저). 법원은 소송당사자가 녹음 또는 속기를 신청하면, 특별한 사유가 없는 한 이를 녹음·속기를 명해야 하지만(제159조 제1항), 소송당사자가 아닌 자가 재판정의 허가 없이 녹음하는 것은 금지된다.

제3절 직접주의

민사소송법 제204조(직접주의) ① 판결은 기본이 되는 변론에 관여한 법관이 하여야 한다. ② 법관이 바뀐 경우에 당사자는 종전의 변론결과를 진술하여야 한다.[3] ③ 단독사건의 판사가 바뀐 경우에 종전에 신문한 증인에 대하여 당사자가 다시 신문신청을 한 때에는 법원은 그 신문을 하여야 한다. 합의부 법관의 반수 이상이 바뀐 경우에도 또한 같다.

직접주의는 변론의 청취나 증거조사를 한 법관이 당해 분쟁을 가장 정확하게 파악할 것이며, 법관이 변경된 경우 서류에만 의존한 판결을

---

1) 대법원 2006. 10. 27. 선고 2004다69581 판결

2) 대법원 1971. 6. 30. 선고 71다1027 판결

3) 종전 변론결과의 진술은 당사자가 사실상 또는 법률상 주장, 정리된 쟁점 및 증거조사 결과의 요지 등을 진술하거나, 법원이 당사자에게 해당사항을 확인하는 방식으로 할 수 있다(민사소송규칙 제55조).

할 위험이 있으므로 변론에 관여한 법관만이 판결을 작성하도록 하는 주의이다. 직접심리주의에 위반하여 변론에 관여하지 아니 한 법관이 판결한 경우 법률에 의하여 판결법원을 구성하지 아니한 때(제424조 제1항 제1호, 제451조 제1항 제1호)에 해당하므로 상소 및 재심에 의해 취소를 구할 수 있다. 소액사건의 경우 법관이 바뀌더라도 변론의 갱신 없이 판결할 수 있다(소액사건심판법 제9조 제2항).

제4절 처분권주의

민사소송법 제203조(처분권주의) 법원은 당사자가 신청하지 아니한 사항에 대하여는 판결하지 못한다.

민사소송법 제203조는 "신청"만을 언급하고 있으나, 처분권주의(處分權主義)는 널리 민사소송의 개시, 민사소송의 대상, 민사소송의 종결에 대한 결정권이 전적으로 당사자에게 있다는 것을 의미한다. 당사자가 신청한 사항이란 소송상 청구, 소송물을 의미한다. 여기에는 청구의 종류, 순서(청구의 예비적 병합, 예비적 공동소송), 범위도 포함된다.[4] 상소심에서는 불이익변경금지의 원칙으로 처분권주의가 발현된다. 처분권주의에 위반된 판결이 선고되더라도 그 판결을 당연무효로 볼 수는 없고, 상소로 다투어야 할 것이다. 처분권주의에 위배된 경우라도 제1심에서 신청하지 아니한 사항에 대해 항소심에서 새로 신청하면 그 흠

4) 따라서 원고가 청구한 것보다 높은 비율의 지연손해금의 지급을 명하는 것(대법원 1974. 5. 28. 선고 74다418 판결), 불법행위를 원인으로 한 손해배상청구에 대하여 채무불이행을 인정하여 손해배상을 명하는 것(대법원 1989. 11. 28. 선고 88다카9982 판결) 등은 처분권주의에 반하여 위법한 판결이 된다. 그러나 대법원은 "원고가 피고에 대하여 6,526,623원을 손해배상 청구한 사건에 있어서 원심이 청구의 기초가 되는 손해액을 6,926,623원으로 인정하였다 할지라도 위 청구금액을 초과하여 배상을 명하지 아니한 경우 당사자처분권주의에 위배되었다 할 수 없[다]"고 판시하였다(대법원 1975. 2. 25. 선고 74다1298 판결)

은 치유된다. 공유물분할소송이나 토지경계확정소송의 경우에는 당사자가 주장하는 구체적 분할방법이나 경계선에 대하여 법원이 구속받지 않기 때문에 그 한도에서 처분권주의는 적용되지 않는다할 것이다.

처분권주의를 사적 자치의 원칙의 민사소송법적 표현이라는 견해가 다수이나, 민사소송은 국가에 의해 운영되는 공적 절차로서 사적 자치의 원칙과 직접적으로 연관되지 않는다할 것이다. 사인의 분쟁은 사인에게 전적으로 맡겼을 경우 공정한 절차에서 무기대등의 원칙이 지켜지지 않기 때문에 국가가 개입하여 공적 소송절차를 둔 것이다. 사인간의 사적 분쟁해결은 힘에 의한 해결로 흐를 수 있고, 이 경우 사회의 무질서가 야기되고 종국에는 국가의 존재 의미마저 흔들릴 수 있다. 국가는 그 기본 의무로 공정한 분쟁해결절차를 두어야 한다. 그렇지만 민사소송을 이용하지 않고 당사자 사이의 양보에 의한 평화로운 분쟁해결은 언제든지 가능하기 때문에 당사자가 원하지 않는데 국가가 민사소송절차의 이용을 강제할 이유는 없다는 점을 처분권주의는 의미하는 것이다.

대법원 1993. 12. 14. 선고 93다43361 판결 "민법 제245조 제2항의 규정에 의한 소유권의 취득을 주장하는 경우에 자신이 부동산의 소유자로 등기한 기간만을 주장할 것인지, 또는 전점유자가 부동산의 소유자로 등기한 기간까지 아울러 주장할 것인지는 같은 법조항의 규정에 의한 소유권의 취득을 주장하는 당사자가 선택하여야 되는 것이므로, 당사자가 자신이 부동산의 소유자로 등기한 기간만으로 소유권의 취득을 주장한 경우에는, 법원으로서는 당사자가 한 그 주장에 대하여만 판단하면 되는 것이지, 그 주장이 인정되지 않는다고 하여 당사자가 주장하지도 아니한 전점유자가 부동산의 소유자로 등기한 기간까지 포함하여 점유로 인한 부동산소유권의 취득기간이 경과하였는지의 여부를 판단할 필요는 없다."

제5절 변론주의

변론주의는 민사소송법에 근거조문이 없다. 변론주의(辯論主義)란 재판의 기초가 되는 사실의 주장과 그에 대한 증거의 수집・제출을 당사자에게 맡긴다는 것을 의미한다. 사실과 증거의 수집 및 제출에 대한 책임이 당사자에게 있으므로, 당사자가 수집하여 변론에서 제출한 소송자료만이 재판의 기초가 되어야 한다. 그러나 소송자료의 가치에 대한 평가나 재판에 적용되는 법률 및 경험법칙의 적용 및 해석은 법원의 업무이고, 이에 대한 당사자의 주장은 법원을 구속하지 않는다. 변론주의 역시 사적 자치의 민사소송법적 표현이라고 보는 견해가 다수이나, 변론주의는 자기에게 유리한 자료의 제출은 당사자에게 맡길 때 가장 효율적이기 때문에 소송기술상 채택된 것일 뿐이며, 사적자치와는 직접 연관되는 것으로 볼 수 없다.

누가 재판을 위한 사실의 기초를 제공하여야 하는가, 그리고 누가 사실의 기초의 완전성에 대한 책임을 지고 있는가는 다른 문제이다.[5] 직권탐지주의는 법원이 직권으로 당사자와 독립하여 사실관계를 남김없이 완전하게 해명해야 할 책임이 있다는 입장이다. 변론주의는 당사자가 판결기초사실의 제공에 대한 책임을 지는 것이고, 법원은 당사자가 제출하는 자료에 근거해서만 판결한다는 입장이다. 민사소송법은 원칙적으로 변론주의에 서있다.

직권탐지주의와 변론주의 사이에 직권조사사항이 존재한다. 직권조사사항은 민사소송법이 일정한 사항에 대하여 직권으로 고려해야 한다고 규정하고 있거나(제32조) 성질상 직권조사의 필요성이 있는 경우에 인정된다. 직권조사는 소송요건에 한정되고 본안에 관하여서는 할 수 없다.[6] 직권조사사항에 대하여는 법원은 당사자의 행위(자백)로부터 영

---

5) Othmar Jauering, 김홍규 역, 「독일민사소송법」, 신원문화사(1992), 128면.

6) 강현중, 「신민사소송법강의」, 박영사(2015), 32면.

향을 받지 않고 사실을 조사해야 한다. 직권조사사항에 해당하는 사실에 대하여 법원이 직권으로 사실탐지를 하지는 않으며, 당사자는 그에 해당하는 사실을 제출할 의무가 있다.[7)]

변론주의의 내용은 크게 다음 세 가지이다. 첫째, 법원은 당사자가 주

7) 대법원 1971. 3. 23. 선고 70다2639 판결 "변론의 전취지에 의하면 피고들은 본안전항변으로 원고의 당사자적격을 다투다가 이를 철회한 사실을 엿 볼 수 있으나 이 당사자적격문제는 소송성립에 관한 것으로서 직권조사 사항인 만큼 원심은 이점을 심리하였어야 할 것인데, 원판결에는 이의 심리판단을 간과한 위법이 있다 할 것이므로 이점에 관한 상고논지는 이유있고 다른 논점에 대한 판단을 기다릴것 없이 원판결은 파기를 면치못할 것이다."; 대법원 1996. 3. 12. 선고 94다56999 판결 "종중에 당사자능력이 있는지의 여부가 법원의 직권조사사항이라 하더라도 상대방에서 그 당사자능력을 부인하거나 이것이 부적법한 것이 아닌 한 법원이 적극적으로 이를 석명하거나 심리판단할 필요는 없다."; 대법원 2004. 5. 14. 선고 2003다61054 판결 "법원이 직권으로 법인의 대표자에게 적법한 대표권이 있는지 여부를 조사하여야 하는 이유는 당해 소송에 있어 법인이 당사자능력 또는 소송능력이 있는지 여부를 판단하기 위한 것이므로 직권조사의 대상은 당해 소송에 있어 법인 대표자의 적법한 대표권 유무이고, 당해 소송 이전에 법인이 행한 어떠한 법률행위에 있어 법인 대표자가 적법한 대표권에 기하여 행한 것인지 여부는 여전히 당사자가 주장·입증하여야 할 문제라고 할 것이어서 법원이 이러한 사항까지 직권으로 탐지하여 조사하여야 할 의무가 있다고는 할 수 없다."; 대법원 2007. 3. 29. 선고 2006다74273 판결 "종중이 당사자인 사건에 있어서 그 종중의 대표자에게 적법한 대표권이 있는지 여부는 소송요건에 관한 것으로서 법원의 직권조사사항이므로, 법원으로서는 그 판단의 기초자료인 사실과 증거를 직권으로 탐지할 의무까지는 없다 하더라도, 이미 제출된 자료들에 의하여 그 대표권의 적법성에 의심이 갈 만한 사정이 엿보인다면 상대방이 이를 구체적으로 지적하여 다투지 않거나 본안전 항변으로 다투다가 철회한 경우에도 이에 관하여 심리·조사할 의무가 있다 할 것이다."; 대법원 2012. 4. 12. 선고 2011다110579 판결 "채권자취소의 소는 채권자가 취소원인을 안 날로부터 1년, 법률행위 있은 날로부터 5년 내에 제기하여야 하고, 위 채권자취소권의 행사기간은 제소기간이므로 법원은 그 기간의 준수 여부에 관하여 직권으로 조사하여 그 기간이 도과된 후에 제기된 채권자취소의 소는 부적법한 것으로 각하하여야 하므로 그 기간 준수 여부에 대하여 의심이 있는 경우에는 법원이 필요한 정도에 따라 직권으로 증거조사를 할 수 있으나, 법원에 현출된 모든 소송자료를 통하여 살펴보았을 때 그 기간이 도과되었다고 의심할 만한 사정이 발견되지 않는 경우까지 법원이 직권으로 추가적인 증거조사를 하여 기간 준수 여부를 확인하여야 할 의무는 없다."; 대법원 2013. 11. 28. 선고 2011다80449 판결 "특정한 권리나 법률관계에 관하여 분쟁이 있어도 제소하지 아니하기로 합의(부제소 합의)한 경우 이에 위배되어 제기된 소는 권리보호의 이익이 없고, 또한 당사자와 소송관계인은 신의에 따라 성실하게 소송을 수행하여야 한다는 신의성실의 원칙(민사소송법 제1조 제2항)에도 어긋나는 것이므로, 소가 부제소 합의에 위배되어 제기된 경우 법원은 직권으로 소의 적법 여부를 판단할 수 있다."

장하지 아니한 사실을 판결의 기초로 삼아서는 안 된다(주요사실의 주장책임).[8] 둘째, 당사자 사이에 다툼이 없는 사실은 그대로 판결의 기초로 하여야 한다(자백의 구속력).[9] 셋째, 당사자 사이에 다툼이 있는 사실을 인정할 때에는 반드시 당사자가 제출한 증거에 의하여야 한다(직권증거조사의 금지).[10]

---

8) 대법원 1990. 2. 27. 선고 89다카19412 판결 "피고의 가등기말소의무와 원고의 계약금반환의무가 동시이행관계에 있다고 하여도 이러한 동시이행관계의 항변이 없는 한 법원은 이를 판단할 수 없음은 소론과 같으나, 기록에 의하면 1심 제6차 변론기일에 피고 소송대리인은 피고가 원고에게 지급한 위 계약금을 반환받기 전에는 원고의 건물명도청구에 응할 수 없다고 동시이행의 항변을 하였음이 인정되고 여기에서 건물명도청구라 함은 가등기말소청구의 착오임이 명백하므로 이 동시이행의 항변에 따라 위 계약금의 지급과 상환으로 위 가등기의 말소를 명한 원심판단은 정당하고, 소론과 같이 채증법칙에 위반한 위법이 없으니 논지는 이유없다. 또 계약서 제7조는 매수인이 계약사항을 불이행시에는 매도인이 일방적으로 해약하여도 이의할 수 없고 납부한 계약금을 매도인의 소유로 한다고 규정하고 있으나, 위와 같은 약정에 따라 위 계약금이 위약금으로서 몰취되었다는 이른바 권리멸각에 관한 사유는 매도인인 원고에게 그 항변책임이 있는데 원고는 이러한 계약금 몰취의 항변을 제출하지 않았으므로 원심이 이 계약금 몰취 여부를 판단하지 않았다고 하여 위법이 있다고 할 수 없다."; 대법원 1996. 2. 27. 선고 95다43044 판결 "채무가 이행불능인 사실은 당사자의 항변사실에 불과하므로, 설사 당사자 일방의 소유권이전등기 채무가 이행불능이라 하더라도 원심 변론종결시까지 이행불능의 항변을 하지 아니한 이상, 변론주의의 원칙상 법원이 이행불능이라는 이유로 상대방의 청구를 배척할 수 없다."

9) 대법원 1996. 1. 26. 선고 94다24039 판결 "원고가 소외 이민창, 윤재성 명의로 된 주식의 실질적인 주주임을 이유로 위 소외인들 명의로 된 주주명부상의 주주명의를 원고 명의로 개서하는 절차의 이행을 구함에 있어서 피고는 1993. 12. 3.자 준비서면(기록 1374)에서 원심판결의 별지 1목록 기재의 소외 이민창의 주식 5,000주와 윤재성 명의의 주식 3,000주의 실질적인 소유자는 원고라고 진술하고 있는바, 이는 원고가 그 소유 주식 중 일부를 소외 이민창, 윤재성의 승낙을 받아 주주명부에 그 이름으로 등재하여 둔 것으로 그 실질적인 주주는 위 소외인들이 아니라 원고라는 사실에 대한 진술로 볼 수 있어 재판상 자백에 해당하므로 원심은 이에 반대되는 사실인정을 할 수 없다고 할 것이다. 그럼에도 불구하고 원심이 원고와 위 서립규가 두 사람 명의로 등재하고 남은 나머지 차명 주식을 공유하고 있다고 판단하였음은 재판상 자백에 관한 법리를 오해하였거나 심리를 다하지 아니하여 증거 없이 사실을 인정한 위법이 있다고 할 것이므로 이 점에 관한 상고이유의 주장은 이유가 있다."

10) 직권증거조사는 예외적·보충적으로만 실시된다(제292조). 공익과 관련된 사항은 직권탐지주의가 적용되어 당사자가 주장하지 않은 사항에 대하여도 법원이 직권으로 조사하여 판단하여야 한다. 대법원 2002. 6. 14. 선고 2001므1537 판결 "인지소송은 부와 자 사이에 사실상의 친자관계의 존재를 확정하고 법률상의 친자관계를 창설함을 목적으로 하는 소송으로서 친족·상속법상 중대한 영향을 미치는 인륜의 근본에

변론주의 하에서 당사자가 분쟁의 중요한 사실관계를 주장하지 않으면 자기에게 이익되는 법률판단을 받지 못하는 당사자의 위험 내지 불이익을 주장책임이라고 한다. 변론주의 하에서 법원은 당사자가 변론에서 제출한 것에 한하여 판결의 기초로 할 수 있으므로 당사자가 변론에서 주장하지 아니하면 법원은 알고 있는 사실도 존재하지 않는 것으로 다루어야 한다. 따라서 이러한 주장책임은 변론주의에만 특유한 제도이다. 변론주의가 인정되는 범위 내에서는 중요 사실관계의 주장이 있어야 비로소 소송자료가 마련되고 입증의 문제도 생긴다. 따라서 주장책임은 논리적, 시간적으로 입증책임에 선행하는 관계에 있다. 또한 양자는 그 분배원칙에 있어서도 일치하고 있다. 즉, 주장책임의 대상 및 범위는 원칙적으로 입증책임의 그것과 일치한다. 주장책임은 원칙적으로 독자적인 규정을 갖지 않고 입증책임에 관한 규정에 의해 보충되며 입증책임의 규정에 따라 결정된다. 따라서 주장책임에 관하여도 입증책임에 상응하는 학설의 대립이 있으나 통설인 법률요건분류설에 따르면 권리주장자가 권리근거규정의 요건사실에 대해 주장책임을 지며, 권리주장의 상대방은 권리장애, 권리멸각, 권리저지 규정의 요건사실에 대해 주장책임을 진다.

법률상의 요건사실에 해당하는 주요사실에 대하여 당사자가 주장하지도 아니한 사실을 인정하여 판단하는 것은 변론주의에 위배된다고 할 것이나, 당사자의 주요사실에 대한 주장은 직접적으로 명백히 한 경우

관한 것이고 공익에도 관련되는 중요한 것이기 때문에 이 소송에서는 직권주의를 채용하고 있는 것이므로 당사자의 입증이 충분하지 못할 때에는 가능한 한 직권으로도 사실조사 및 필요한 증거조사를 하여야 한다." 그러나 직권조사사항은 직권탐지사항과 마찬가지로 주장책임의 원칙이 적용되지 않고 자백의 구속력도 없으나 직권조사사항과 달리 직권으로 조사할 의무는 없다. 대법원 1981. 6. 23. 선고 81다124 판결 "민사소송에 있어서 기판력의 저촉여부와 같은 권리보호요건의 존부는 법원의 직권조사사항이나 이는 소위 직권탐지사항과 달라서 그 요건 유무의 근거가 되는 구체적인 사실에 관하여 사실심의 변론종결 당시까지 당사자의 주장이 없는 한 법원은 이를 고려할 수 없고, 또 다툼이 있는 사실에 관하여는 당사자의 입증을 기다려서 판단함이 원칙이라 할 것이다."

뿐만 아니라 당사자가 법원에 서증을 제출하며 그 입증취지를 진술함으로써 서증에 기재된 사실을 주장하거나 그 밖에 당사자의 변론을 전체적으로 관찰하여 간접적으로 주장한 것으로 볼 수 있는 경우에도 주요사실의 주장이 있는 것으로 보아야 할 것이다.[11] 민사소송절차에서의 변론주의 원칙은 권리의 발생·변경·소멸이라는 법률효과 판단의 요건이 되는 주요사실에 대한 주장·입증에 적용되는 것으로서 그 주요사실의 존부를 확인하는데 도움이 되는 간접사실이나 그의 증빙자료에 대하여는 적용되지 않는 것이고, 증거는 어느 당사자에 의하여 제출되거나 또 상대방이 이를 원용하는 여부에 불구하고 이를 당사자 어느 쪽의 유리한 사실인정 증거로 할 수 있는 것이다.[12] 변론주의에서 일컫는 사실이라 함은, 권리의 발생·소멸이라는 법률효과의 판단에 직접 필요한 주요사실 만을 가리키는 것이고 그 존부를 확인하는 데 있어 도움이 됨에 그치는 간접사실은 포함하지 않는 것이며, 부동산의 시효취득에 있어서 점유기간의 산정기준이 되는 점유개시의 시기는 취득시효의 요건사실인 점유기간을 판단하는 데 간접적이고 수단적인 구실을 하는 간접사실에 불과하므로 이에 대한 자백은 법원이나 당사자를 구속하지 않는 것이다.[13]

변론주의에 전적으로 의존할 경우 당사자 사이의 능력 차이에서 발생하는 문제점이 있을 수밖에 없는데, 변론주의를 핑계로 재판의 적정을 도모하지 않는 것은 국가가 비용을 들여 민사소송제도를 둔 취지에 정면으로 반하는 것이므로 민사소송법은 법원의 석명권(136조), 변호사 선임명령(144조), 보충적인 직권증거조사(292조) 등 방법을 동원하여 재판의 적정을 도모한다.

행정소송에 있어서는 특단의 사정이 있는 경우를 제외하면 당해 행정처분의 적법성에 관하여는 당해 처분청이 이를 주장·입증하여야 할

11) 대법원 2002. 6. 28. 선고 2000다62254 판결
12) 대법원 2004. 5. 14. 선고 2003다57697 판결
13) 대법원 1994. 11. 4. 선고 94다37868 판결

것이나, 행정소송에 있어서 직권주의가 가미되어 있다고 하여도 여전히 당사자주의, 변론주의를 그 기본 구조로 하는 이상 행정처분의 위법을 들어 그 취소를 청구함에 있어서는 직권조사사항을 제외하고는 그 위법된 구체적인 사실을 먼저 주장하여야 한다.[14)]

제6절 법원의 석명권과 석명의무

민사소송법 제136조(석명권 · 구문권 등) ① 재판장은 소송관계를 분명하게 하기 위하여 당사자에게 사실상 또는 법률상 사항에 대하여 질문할 수 있고, 증명을 하도록 촉구할 수 있다. ② 합의부원은 재판장에게 알리고 제1항의 행위를 할 수 있다. ③ 당사자는 필요한 경우 재판장에게 상대방에 대하여 설명을 요구하여 줄 것을 요청할 수 있다. ④ 법원은 당사자가 간과하였음이 분명하다고 인정되는 법률상 사항에 관하여 당사자에게 의견을 진술할 기회를 주어야 한다.[15)]

석명권(釋明權)은 민사소송법이 사건의 진상을 명확하게 하기 위하여 재판장에게 권한으로 이를 통하여 법원은 당사자에게 법률적, 사실

14) 대법원 2000. 5. 30. 98두20162; 행정소송에 있어 불복기간의 경과로 인한 불가쟁력의 발생은 기판력과는 상관없기 때문에 그 경우라도 당사자는 처분의 기초가 된 사실관계와 모순되는 주장을 할 수 있다. 즉 일반적으로 행정처분이나 행정심판 재결이 불복기간의 경과로 인하여 확정될 경우 그 확정력은, 그 처분으로 인하여 법률상 이익을 침해받은 자가 당해 처분이나 재결의 효력을 더 이상 다툴 수 없다는 의미일 뿐, 더 나아가 판결에 있어서와 같은 기판력이 인정되는 것은 아니어서 그 처분의 기초가 된 사실관계나 법률적 판단이 확정되고 당사자들이나 법원이 이에 기속되어 모순되는 주장이나 판단을 할 수 없게 되는 것은 아니다(대법원 2004. 7. 8. 2002두11288).

15) 대법원 1964. 4. 28. 선고 63다735 판결 "법원이 당사자의 일방에 대하여 어느 사실의 유무만을 석명하고 그 석명진술의 법률적 효과가 당사자에게 불이익함을 간과하여 그 불이익을 배제할 주장을 할 기회를 주지 않고 그 당사자에게 상기하지 않은 불이익한 판단으로 판결한다면 이와 같은 석명권의 행사는 석명권행사의 정당한 한계를 일탈하여 위법하다."

적인 사항에 대하여 설명할 수 있는 기회를 주고 입증을 촉구할 수 있다. 대법원판례는 판결에 영향을 미칠 만한 당사자의 중요한 사실상 주장에 불명 부정 모순 등 불명료한 점이 있을 때에는 사실심 재판관은 당해 당사자로 하여금 이에 대한 석명을 시켜야 할 의무가 있다고 일관하여 판시하여 왔다.[16] 재판장의 석명권 행사는 원칙적으르 변론주의를 보충하는 것으로 활용되어야 한다. 따라서 소극적 석명이 원칙이며, 소송관계가 불분명하지 않는 상황에서 민사소송법 제136조 제4항이 규정한 범위를 벗어나는 당사자가 생각하지 못한 쟁점의 부각이나 증거의 제출을 의도한 적극적 석명은 원칙적으로 허용되지 않는다할 것이다.[17]

16) 대법원 1995. 2. 28. 선고 94누4325 판결 "소송수행과정이나 심리과정에 비추어 볼 때, 원심이 이 사건 유가증권신고서의 제출, 수리가 이 사건 주식들의 매출행위가 있기 전에 이루어졌는지의 여부를 재판의 기초로 삼기 위하여는, 원고들에게 이 점에 관하여 석명을 하거나 그 누락사실을 지적하고 그에 대한 의견을 진술하게 하는 한편, 그에 대한 입증을 촉구하였어야 할 것임에도 불구하고, 이러한 조치를 취함이 없이, 원고들이 다른 쟁점에 대한 참고자료로 제출한 형사판결문의 기재에 의하여 반대사실을 적극적으로 인정하여 원고들의 비과세주장을 배척한 것은, 민사소송법 제126조 소정의 석명의무 및 법률사항지적의무를 다하지 아니하여 심리를 제대로 하지 아니한 위법을 저질렀다할 것이며, 이는 판결 결과에 영향을 미쳤음이 명백하므로 이 점을 지적하는 논지는 이유 있다."; 대법원 2002. 1. 25. 선고 2001다11055 판결 "무릇 당사자가 부주의 또는 오해로 인하여 명백히 간과한 법률상의 사항이 있거나 당사자의 주장이 법률상의 관점에서 보아 불명료 또는 불완전하거나 모순이 있는 경우, 법원은 적극적으로 석명권을 행사하여 당사자에게 의견진술의 기회를 부여하여야 하고, 만일 이를 게을리한 채 당사자가 전혀 예상하지 못하였던 법률적 관점에 기한 재판으로 당사자 일방에게 불의의 타격을 가하였다면 석명 또는 지적의무를 다하지 아니하여 심리를 제대로 하지 아니한 것으로서 위법하다."

17) 대법원 1964. 11. 10. 선고 64다325 판결 "법원은 증명을 요하는 계쟁사실에 대하여 입증책임을 진 당사자가 전연 입증을 하지 않을 경우에 주의를 환기시켜 입증을 촉구할 책임은 있다 할 것이다. 그렇다고 구체적으로 입증방법까지 지시하여 증거신청을 종용할 수는 없다 할 것이므로 원심이 본건 분묘가 원고 소유 임야 내에 위치하고 있는가 여부를 가리기위하여 입증책임을 진 원고에게 (비록 변호사가 아닌 원고 대표자가 소송을 직접 수행하였다 하더라도) 경계측량감정 등의 증거신청을 종용하지 않았다고 하여서 잘못이라고는 할 수 없고, 따라서 원심에 석명의무를 다하지 않은 잘못이 있다는 논지는 이유 없다 할 것이고 서로 인접해있는 원・피고 소유 본건임야가 38선 이북에 속하고 상고논지에서 지적하는 바와 같이 임야도도 없고 아직 회복등기조차 되어있지 않은 본건임야의 경계를 가리기위하여 원심에서 경계칙량을 하지 않고 판단하였다고 하여서 심리미진으로 인한 이유불비의 잘못이 있다고는 할 수 없을 것이므로 이를 비난하는 논지역시 이유 없다 할 것이다."; 대법원 1990. 4. 27.

대법원 1987. 12. 22. 선고 85다카2453 판결 "원심판결을 보면, 원심은 피고가 1983. 3. 7 소외 삼중연료공업주식회사를 상대로 피고소유의 이 사건 대지위에 건립된 원고소유의 이 사건 건물철거 등의 청구소송을 제기하여 같은 해 8. 18 승소판결을 얻고, 이어 확정된 그 판결에 기하여 같은 해 12. 7부터 같은 해 12. 19까지 사이에 이 사건 건물을 철거집행하였음은 피고의 귀책사유로 인한 것으로서 불법행위에 해당하므로, 피고는 이로 인하여 원고가 입은 손해를 배상할 의무가 있다고 단정한 다음, 그 배상할 손해의 범위에 관하여 보면, 소외 회사와 피고사이에 1981. 1. 1부터 1982. 12. 31까지 소외 회사가 이 사건 대지를 점유사용할 수 있는 임대차계약이 체결되어 있었을 뿐 이 사건 건물철거당시에는 그 계약기간마저 종료된 사실이 인정되고 달리 원고에게 이 사건 대지를 사용·수익할 수 있는 권원이 있었음을 인정할 자료가 없으므로, 이 사건 건물은 조만간 원고가 자진철거하거나, 소정의 법절차를 거쳐 강제 철거당할 운명에 놓여 있었다 할 것이고, 따라서 이 사건 건물의 철거로 인하여 원고가 입은 손해는 적법한 절차에 의하여 이 사건 건물이 철거될 때까지 권원없이 이 사건 대지를 점유한 채 이를 사용·수익할 수 있는 이익과 그 파괴된 건물잔재의 회수, 이익정도의 금액에 한정된다 할 것인데, 원고로부터 이러한 손해액에 관하여 아무런 주장 입증이 없으므로 원고의 청구를 받아들일 수 없다고 판시하고 있다. 그러나 불법행위로 인하여 손해가 발생한 사실이 인정되는 경우에는 법원은 손해액에 관한 당사자의 주장과 입증이 미흡하더라도 적극적으로 석명권을 행사하여 입증을 촉구하여야 하고 경우에 따라서는 직권으로라도 손해액을 심리 판단하여야 한다고 함이 당원의 견해인 바, 원심의

선고 89다카7563 판결 "법원의 석명권행사는 사안을 해명하기 위하여 당사자에게 그 주장의 모순된 점이나 불완전, 불명료한 부분을 지적하여 이를 정정보충할 수 있는 기회를 주고, 또 계쟁사실에 대한 증거의 제출을 촉구하는 것을 그 내용으로 하는 것이며 당사자가 주장하지도 않는 법률효과에 관한 요건사실이나 공격방어의 방법을 시사하여 그 제출을 권유함과 같은 행위는 변론주의의 원칙에 위배되는 것으로 석명권행사의 한계를 일탈하는 것이 되는 것이다."

피고의 불법행위로 인한 손해발생사실을 확정하고서도 그 손해액에 대한 심리를 다하지 아니하고 원고의 청구를 배척한 조처는 심리를 다하지 아니하여 판결결과에 영향을 미친 위법을 저질렀다 아니할 수 없는 것이다."

대법원 1995. 7. 11. 선고 94다34265 전원합의체판결 "토지임대인이 그 임차인에 대하여 지상물철거 및 그 부지의 인도를 청구한 데 대하여 임차인이 적법한 지상물매수청구권을 행사하게 되면 임대인과 임차인 사이에는 그 지상물에 관한 매매가 성립하게 되므로 임대인의 청구는 이를 그대로 받아들일 수 없게 된다. 이 경우에 법원으로서는 임대인이 종전의 청구를 계속 유지할 것인지, 아니면 대금지급과 상환으로 지상물의 명도를 청구할 의사가 있는 것인지(예비적으로라도)를 석명하고 임대인이 그 석명에 응하여 소를 변경한 때에는 지상물명도의 판결을 함으로써 분쟁의 1회적 해결을 꾀하여야 한다고 봄이 상당하다. 왜냐하면 이처럼 제소 당시에는 임대인의 청구가 이유 있는 것이었으나 제소 후에 임차인의 매수청구권 행사라는 사정변화가 생겨 임대인의 청구가 받아들여질 수 없게 된 경우에는 임대인으로서는 통상 지상물철거 등의 청구에서 전부 패소하는 것보다는 대금지급과 상환으로 지상물명도를 명하는 판결이라도 받겠다는 의사를 가질 수도 있다고 봄이 합리적이라 할 것이고, 또 임차인의 처지에서도 이러한 법원의 석명은 임차인의 항변에 기초한 것으로서 그에 의하여 논리상 예기되는 범위 내에 있는 것이므로 그러한 법원의 석명에 의하여 임차인이 특별히 불리하게 되는 것도 아니고, 오히려 법원의 석명에 의하여 지상물명도와 상환으로 대금지급의 판결을 받게 되는 것이 매수청구권을 행사한 임차인의 진의에도 부합한다고 할 수 있기 때문이다. 또한 위와 같은 경우에 법원이 이러한 점을 석명하지 아니한 채 토지임대인의 청구를 기각하고 만다면, 또다시 지상물명도 청구의 소를 제기하지 않으면 안되게 되어 쌍방 당사자에게 다같이 불리한 결과를 안겨 줄 수밖에 없으므로 소송경제상으로도 매우 불합리하다고 하지 않을 수 없다. 그러므로 이와는 달리 이러한 경우에도 법원에게 위와 같은 점을 석명하여 심리하지 아니한 것이 위법이 아니라는 취지의 당원 1972.5.23.선고 72다341 판결은 이로써 이를 변경하기로 한다."

대법원 1998. 5. 12. 선고 96다47913 판결 "원상회복의 대상인 토지에 관하여 근저당권설정등기가 경료되고, 소유권이전등기가 경료되었다면, 특별한 사정이 없는 한, 피고들의 토지에 관한 원물반환의무는 이행불능으로 되었고 이로써 원고는 토지의 이행불능 당시의 가액의 반환채권을 가지게 되었다고 할 것이므로, 위와 같은 가액반환채권이 발생한 이상, 원심법원으로서는 위 이행불능 당시의 토지의 가액에 관한 원고의 주장(원고가 '대상'이라는 용어를 쓰고 있기는 하지만 그 전체적인 취지는 이행불능 당시의 가액의 반환을 구하고 있는 것으로 보인다)과 입증이 미흡하더라도 적극적으로 석명권을 행사하여 주장을 정리함과 함께 입증을 촉구하여야 하고 경우에 따라서는 직권으로라도 그 가액을 심리·판단하여야 할 것이다. 그럼에도 불구하고 원심이 이러한 조치를 취하지 아니한 채 위 판시와 같은 이유만으로 원고의 주장을 배척한 것은 심리를 다하지 아니하여 판결 결과에 영향을 미친 잘못이 있다고 할 것이고, 이 점을 지적하는 논지는 이유 있다."

대법원 2003. 1. 10. 선고 2002다41435 판결 "진정한 등기명의의 회복을 위한 소유권이전등기청구는 이미 자기 앞으로 소유권을 표상하는 등기가 되어 있었거나 법률에 의하여 소유권을 취득한 자가 진정한 등기명의를 회복하기 위한 방법으로 현재의 등기명의인을 상대로 그 등기의 말소를 구하는 것에 갈음하여 허용되는 것이므로, 자기 앞으로 소유권을 표상하는 등기가 되어 있지 않았고 법률에 의하여 소유권을 취득하지도 않은 자가 소유권자를 대위하여 현재의 등기명의인을 상대로 그 등기의 말소를 청구할 수 있을 뿐인 경우에는 현재의 등기명의인을 상대로 진정한 등기명의의 회복을 위한 소유권이전등기청구를 할 수 없다는 것은 반복된 판례에 의하여 너무나 명백한 법리이다. 따라서 원고가 이 사건 부동산을 종중원 등 3인에게 명의신탁하여 그 명의로 사정을 받았다고 주장하면서 명의수탁자를 대위하여 피고들 명의의 소유권보존등기의 말소등기절차를 청구하여 제1심에서 승소하고서도, 항소심인 원심에서 자기 앞으로 소유권을 표상하는 등기가 되어 있지 않았고 법률에 의하여 소유권을 취득하지도 않았다는 종전의 주장을 그대로 유지한 채 진정명의회복을 위한 소유권이전등기절차의 이행을 청구하는 새로운 청구를 제기함으로써 원고의 주장 자체에 명백한 모순이 있게 되었는데, 이는 원고가 부주의나 법률적인 지식의 부족으로 진정명의회복을 위한 소유권이전등기의 법리를 제대로 이해하지 못하고 있는 데서 비롯된 것으로 보인다. 항소심에서 소를 교환적으로 변경한 경우 구 민사소송법 제240조 제2항에 의하여 종전의 소와 동일한 소를 제기할 수 없게 되는 중대한 법적 효과가 따르게 된다는 사정까지도 함께 고려하면, 이와 같은 경우 원심으로서는 원고의 소변경 신청에 법률적 모순이 있음을 지적하고 원고에게 의견을 진술할 기회를 부여함으로써 원고로 하여금 청구와 주장을 법률적으로 합당하게 정정할 수 있는 기회를 부여하여 분쟁을 실질적으로 해결하도록 하였어야 할 것이다. 그럼에도 불구하고, 원심은 이러한 조치 없이 원고의 청구변경의 취지를 교환적 변경인 것으로 단정하여 새로운 청구에 관하여만 판단하여 원고의 청구를 기각하였으므로 이러한 원심의 조치에는 청구변경에 관한 법리를 오해하였거나 석명의무를 게을리 하여 필요한 심리를 다하지 않은 위법이 있다고 할 것이다. 이 점을 지적하는 상고이유의 주장은 정당하다."

대법원 2006. 1. 26. 선고 2005다37185 판결 "설사 원심이 변론종결 당시까지 제출된 증거자료에 의하여 원고가 위 약정서를 피고로부터 작성·교부받을 당시 소외 2의 이 사건 부동산 처분행위가 사해행위에 해당함을 알고 있었다는 심증이 들었다고 할지라도, 원심으로서는 이를 재판의 기초로 삼기에 앞서 마땅히 원고에게 이 점에 대한 의견진술의 기회를 부여하고, 과연 위 약정서 작성 당시 이 사건 부동산이 소외 2의 유일한 부동산이었음을 원고가 이미 조사하여 알고 있었는지 여부에 관하여 좀더 자세히 심리해 보았어야 함에도 불구하고, 이에 이르지 아니한 채 그 때까지 당사자 사이에 쟁점이 되지 아니하였던 위와 같은 사유를 들어 제척기간 도과를 이유로 이 사건 사해행위 취소의 소를 각하하고 만 것은, 당사자가 전혀 예상하지 못하였던 법률적인 관점에 기한 예상외의 재판으로 원고에게 불의의 타격을 가하였을 뿐만 아니라, 위 약정서 작성 당시 소외 2의 이 사건 부동산 처분이 원고 등 채권자에 대한 관계에서 사해행위에 해당하는지를 원고가 알고 있었는지 여부에 관하여 심리를 다하지 아니하여 판결에 영향을 미친 위법이 있다고 할 것이고, 이 점을 지적하는 상고이유의 주장은 그 이유 있다."

대법원 2008. 9. 11. 선고 2006다50338 판결 "이 사건 소송의 심리과정에 비추어 볼 때, 환경정책기본법 제31조 제1항은 불법행위에 관한 민법 규정의 특별 규정이라고 할 것이므로 환경오염으로 인하여 손해를 입은 자가 환경정책기본법에 의하여 손해배상을 주장하지 않았다고 하더라도 법원은 민법에 우선하여 환경정책기본법을 적용하여야 하지만, 이 사건 원심 변론종결 당시까지 당사자 사이에는 건축주인 피고 1 주식회사가 위 지하 터파기 및 흙막이 공사의 도급 또는 지시에 관하여 중대한 과실이 있거나, 원심공동피고 주식회사를 구체적으로 지휘·감독함에 따른 사용자 책임이 있는지 여부에 대하여만 다투어졌을 뿐, 피고 1 주식회사가 환경정책기본법 제31조 제1항에 의한 책임을 지는지 여부에 대하여는 당사자 사이에 전혀 쟁점이 된 바가 없었고 원심도 그에 대하여 피고 1 주식회사에 의견진술의 기회를 주거나 석명권을 행사한 바 없음을 알 수 있다. 그럼에도, 원심이 피고 1 주식회사에 대하여 환경정책기본법 제31조 제1항에 의한 손해배상책임을 인정한 것은 당사자가 전혀 예상하지 못한 법률적인 관점에 기한 예상외의 재판으로서 당사자에게 불의의 타격을 가하였을 뿐 아니라 석명의무를 다하지 아니하여 심리를 제대로 하지 아니한 것이라 할 것이고, 이러한 위법은 판결결과에 영향을 미쳤음이 분명하다."

대법원 2009. 11. 12. 선고 2009다42765 판결 "이 사건에서 피고 1 주식회사의 손해배상책임이 인정될 것인지 여부의 관건이 되는 핵심적인 법률요건은 원고가 전화요금을 연체하였는지의 여부 및 피고 1 주식회사가 해지에 앞서 이행최고절차를 거쳤는지의 여부이다. 그런데 위 요건들에 대한 입증책임은 손해배상청구의 법률적 근거를 계약책임으로 구성하느냐 아니면 불법행위책임으로 구성하느냐에 따라 정반대로 달라진다. 즉 계약책임으로 구성할 경우 위 요건들에 대한 입증책임(원고가 전화요금을 연체하였다는 것과 피고 1 주식회사가 이행최고를 하였다는 것에 대한 입증책임)은 피고 1 주식회사가 부담하게 되는 반면, 불법행위책임으로 구성할 경우 그 입증책임(원고가 전화요금을 연체하지 않았다는 것과 피고 1 주식회사가 이행최고를 하지 아니하였다는 것에 대한 입증책임)은 일반원칙에 따라 원고가 부담하게 되는 것이다. 따라서 이 사건 손해배상청구의 법률적 성질을 어떻게 파악하느냐는 그에 따라 소송의 승패가 달라질 수도 있는 중대한 법률적 사항에 해당한다고 할 것이다. 기록에 의하면 원고는 제1심과 원심에서 이 사건 손해배상청구가 계약책임을 묻는 것인지 아니면 불법행위책임을 묻는 것인지 명시한 바 없음을 알 수 있는바, 이는 원고가 부주의나 법률적인 지식의 부족으로 입증책임의 법률적 효과에 관하여 명백히 이해하지 못하고 있거나 그 주장이 법률상의 관점에서 보아 불명료 또는 불완전한 경우라고 하지 않을 수 없다. 따라서 원심으로서는 마땅히 위와 같은 점을 지적하고 원고에게 의견을 진술할 기회를 부여함으로써 원고로 하여금 그 주장을 법률적으로 명쾌하게 정리할 기회를 주었어야 한다. 그럼에도 불구하고 원심은 이러한 조치를 취하지 아니하고 원고의 이 사건 손해배상청구의 법률적 근거를 불법행위책임을 묻는 것으로 단정한 뒤(이 경우 입증책임은 원고가 부담하게 된다는 점에서 이는 원고에게 심히 불리한 것이다) 원고의 입증이 부족하다는 이유로 원고의 청구를 받아들이지 아니하였는바, 이는 석명권을 적절하게 행사하지 아니하고 당사자에게 법률사항에 관한 의견 진술의 기회를 주지 아니하여 잘못이라고 할 것이고, 이는 판결 결과에 영향을 미쳤음이 분명하다."

제7절 자유심증주의

민사소송법 제202조(자유심증주의) 법원은 변론 전체의 취지와 증거조사의 결과를 참작하여 자유로운 심증으로 사회정의와 형평의 이념에 입각하여 논리와 경험의 법칙에 따라 사실주장이 진실한지 아닌지를 판단한다.

자유심증주의는 증거조사로 얻은 증거자료를 어느 정도까지 주요사실의 인정에 반영할 것인가 하는 증거력 평가를 법관의 자유에 맡기는 것이다. 그러나 자유심증주의가 증거조사 결과를 벗어난 법관의 자의적인 판단까지 허용하는 것은 아니고, 법관은 어디까지나 주어진 증거조사의 결과에 기초한 논리와 경험법칙에 따라야 한다.[18] 증거조

---

18) 대법원 1982. 8. 24. 선고 82다카317 판결 "민사소송법 제202조가 선언하고 있는 자유심증주의는 증거의 증거력을 법정하지 아니하고 오로지 법관의 자유로운 판단에 맡기는 것을 말하기는 하나 이는 형식적, 법률적인 증거규칙으로부터의 해방을 뜻할 뿐 법관의 자의적인 판단을 용인한다는 것이 아니므로 적법한 증거조사 절차를 거친 증거능력있는 적법한 증거에 의하여 사회정의와 형평의 이념에 입각하여 논리와 경험의 법칙에 따라 사실주장의 진실여부를 판단하여야 할 것이며 비록 사실의 인정이 사실심의 전권에 속한다고 하더라도 역시 이와 같은 제약에서 벗어날 수 없는 것이다. 그런데 원심은 제1심의 서울대학교 의과대학 부속병원장에의 신체감정촉탁에 의한 동 병원소속 교수 김예흠의 감정결과를 배척하고 원심의 감정인 서울시 마포구 성산동 47의 16 주정화의 감정결과에 의하여 위 진단과 같은 사실을 확정하였는바 민사소송법 제314조는 공무소, 학교 기타 상당한 설비있는 단체 또는 외국공무소 등 자연인 아닌 기관에 대하여 감정을 촉탁할 수 있도록 하고 이는 공무소나 학교 등 전문적 연구시설을 갖춘 권위있는 기관에 대한 촉탁인 까닭에 감정인 선서에 관한 규정을 적용하지 않는다고 규정하고 있는 것이므로 이 민사소송법 제314조에 의한 감정이라면 위와 같은 권위있는 기관에 의하여 그 공정성과 진실성 및 그 전문성이 담보 되어야 할 것 인데 원심의 신체감정촉탁에 의하여 감정서를 제출한 위 주정화의 이름으로 된 감정결과가 이 요건을 갖추지 아니하였음은 그 기재 자체에 의하여서도 명백하고 한편 고도로 전문지식을 가진 사람의 감정이라고 하더라도 위와 같은 요건을 갖추지 아니한 자연인의 감정이라면 민사소송법이 정하는 절차에 따라 선서를 하여야할 것임에도 불구하고 위 주정화가 감정인으로서 선서를 한 흔적을 일건기록상 찾아볼 수 없는 이 사건에 있어서 원심의 용의신체감정결과는 그 신빙성은 물론 적법한 증거능력조차 없다고 할 것임에도 불구하고 원심이 위와 같이 제1심의 서울대학교 의과대학 부속병원의 신체감정촉탁결과를 배척하고 그 결과내용에 있어서도 전 후 모순이 엿보이고 경험상 의문이 있는 신빙성과 증거능력이 없는 위 주정화

사의 결과에 대한 법관의 확신은 일체의 의심조차 생기지 않는 자연과학적 확신이 아니라 경험법칙상 고도의 개연성이 있다고 인정되는 수준의 확신이면 족하다.[19] 당사자 일방이 입증을 방해하는 행위를 하였더라도 법원으로서는 이를 하나의 자료로 삼아 자유로운 심증에 따라 방해자측에게 불리한 평가를 할 수 있음에 그칠 뿐 입증책임이 전환되거나 곧바로 상대방의 주장 사실이 증명된 것으로 보아야 하는 것도 아니다.[20]

증거조사의 결과를 제외한 일체의 소송자료로서 당사자의 주장내용·태도 기타 변론의 청취에서 얻은 인상 등을 변론의 전취지라 한다.[21] 증거재판주의(형사소송법 제307조)가 지배하는 형사소송과 달리 민사

의 감정결과를 취신하였음은 필경 민사소송법 제202조를 오해하고 채증법칙에 위반하여 사실을 오인한 잘못을 저질러 원심판결에는 현저하게 정의와 형평에 반하는 법률위반의 위법이 있다고 하지 않을 수 없다."

19) 대법원 2010. 10. 28. 선고 2008다6755 판결 "민사소송에서 사실의 증명은 추호의 의혹도 있어서는 아니 되는 자연과학적 증명은 아니나, 특별한 사정이 없는 한 경험칙에 비추어 모든 증거를 종합 검토하여 어떠한 사실이 있었다는 점을 시인할 수 있는 고도의 개연성을 증명하는 것이고, 그 판정은 통상인이라면 의심을 품지 않을 정도일 것을 필요로 한다[화재가 담뱃불로 발생하였을 상당한 가능성이 있다고 의심되나 이러한 의심만으로는 갑 회사 직원들이 피운 담뱃불로 인한 것이라고 인정하기에 부족하고, 아울러 화재의 원인이 갑 회사 직원들의 과실에 있음을 증명할 책임은 원고에게 있다는 이유로, 화재가 갑 회사 직원들이 피운 담뱃불로 인한 것임을 전제로 하는 원고의 주장을 배척한 원심판단을 수긍한 사례]."; 대법원 1990. 6. 26. 선고 89다카7730 판결 "민사소송에 있어서의 인과관계의 입증은 경험칙에 비추어 어떠한 사실이 어떠한 결과발생을 초래하였다고 시인할 수 있는 고도의 개연성을 증명하는 것이며 그 판정은 통상인이라면 의심을 품지 아니할 정도로 진실성의 확신을 가질 수 있는 것임이 필요하고 또 그것으로 족하다 할 것인바, 피해자가 교통사고로 7주 이상의 치료를 요하는 상하악골골절등의 상해를 입고 대학병원 치과에 입원하여 할로탄 등으로 전신마취를 한 가운데 안면골절부위 관혈적정복술을 받고, 그로부터 16일 후 전격성간기능부전증으로 인한 뇌부종 및 호흡중추마비로 사망하였다면, 적어도 할로탄 투여로 인하여 전격성간기능부전증이 발생하였고 전신마취 등 시술과정에서 의사 등의 중대한 과실이 있었다고 인정되지는 아니하는 경우라면, 의학이 고도로 발달된 오늘날에 있어서도 전신마취는 위험한 것으로서 전신마취로 인한 사망은 일반 경험상 그 가능성이 있다고 할 것이므로 교통사고와 피해자의 사망 간에는 상당인과관계가 있다고 할 것이다."

20) 대법원 1999. 4. 13. 선고 98다9915 판결

21) 대법원 1959. 9. 3. 선고, 4291민상582 판결

소송에서는 변론의 전취지도 증거원인이 된다. 당사자 사이에 다툼이 있는 사실을 변론의 전취지만으로 인정할 수 있느냐에 대하여 긍정설[22]과 부정설[23]이 대립한다. 판례는 문서의 진정성립[24]과 자백의 철회요건으로서의 착오[25]의 경우 변론의 전취지만으로 다툼이 있는 사실을 인정할 수 있다고 본다. 그러나 주요사실을 변론의 전취지만으로 인정하는 것은 부인하고 있다.[26] 변론의 전취지는 극히 모호한 것이고 원심이 무엇을 변론의 전취지로 보았는지 상급심이 심사하기 곤란하기 때문에 보충적으로 증거원인이 된다고 보아야 한다.

제8절 입증책임의 분배

민사소송은 소송당사자가 주장하는 법률효과를 발생시키는 법률이 정하는 요건에 대한 법원의 판단을 받는 절차인데, 그 절차에서 어느 사실관계의 존부가 확정되지 않을 때 당해 사실이 존재하지 않는 것으로 취급된다. 입증책임은 법률이 정하는 요건의 근거가 되는 사실을 증명할 소송당사자의 책임을 의미한다. A가 B를 상대로 대여금의 반환을 구하는 소송을 제기한 경우 A에게 B가 돈을 빌려갔다는 사실에 대한 입증책임이 있다. A가 입증을 하지 못하면, A는 소송에서 패소한다. 그런데 B가 돈을 빌렸는데 갚았다고 주장하는 경우 돈을 갚았다는 사실에 대한 입증책임은 B에게 있고, B가 이를 입증하지 못하면 B는 패소

---

22) 강현중, 전게서, 박영사(1990), 558면; 송상현, 「민사소송법」, 박영사(1990), 435면.

23) 김홍규, 「민사소송법」, 삼영사(1994), 601면; 방순원, 「민사소송법(상)」, 한국사법행정학회(1987), 454면; 정동윤, 「민사소송법」, 법문사(1991), 439면.

24) 대법원 1959. 10. 1. 선고, 4291민상728 판결; 대법원 1974. 7. 23. 선고, 74다119 판결; 대법원 1982. 3. 23. 선고, 80다1857 판결

25) 대법원 1991. 12. 24. 선고 91다21145 · 21152 판결

26) 대법원 1989. 10. 24. 선고, 87누285 판결; 대법원 1990. 6. 26. 선고, 88다카31095 판결

하고, A가 승소한다.

입증책임에 관한 민사소송법 규정은 없다. 입증책임은 법원이 심리를 끝낸 다음에 문제되는 것이다. 즉 재판 과정에서 소송당사자는 자신에게 유리한 증거를 제출하여야 하고, 법원이 심리에 부족하다고 판단하지 않으면 입증책임의 부담 문제는 등장할 필요가 없는 것이다. 민사소송에서 입증책임이 있는 자가 입증을 하지 못하면 그로 인한 불이익은 그가 져야 하므로, 민사소송에서 누가 입증책임을 지느냐는 매우 중요한 것이다. 이를 "입증책임의 분배"의 문제라 한다. 통설과 판례는 법률요건분류설에 따라 입증책임을 분배한다.[27] 법률의 규정을 권리근거규정(계약의 성립), 권리장애규정(계약의 무효사유), 권리멸각규정(변제, 공탁, 소멸시효완성), 권리저지구정(기한, 정지조건, 동시이행항변권)으로 나누고 그에 따라 입증책임을 분배하는 것이 법률요건분류설이다.

법률요건은 일정한 법률효과 발생을 목적으로 하는데, 법률효과는 권리 측면에서 보면 권리의 발생, 행사, 저지, 소멸로 작동하고, 동시에 의무 측면에서는 의무의 발생, 이행, 저지, 소멸로 작동한다. 법률요건분류설에 따르면 권리관계의 발생, 행사, 저지, 소멸의 법률효과를 주장하는 사람은 이것을 직접 규정하는 법률의 요건사실에 대한 입증책임을 진다. 법률요건분류설은 당사자가 자기에게 유리한 법규의 요건사실의 존부에 대해 입증책임을 지는 것으로, 소송요건의 존부는 원고에게 유리하므로 원고가 입증책임이 있고[28], 다음으로 본안문제에서는 권리의

27) 행정소송에서도 법률요건분류설에 의한다. 대법원 1984. 7. 24. 선고 84누124 판결 "민사소송법의 규정이 준용되는 행정소송에 있어서 입증책임은 원칙적으로 민사소송의 일반원칙에 따라 당사자간에 분배되고 항고소송의 경우에는 그 특성에 따라 당해 처분의 적법을 주장하는 피고에게 그 적법사유에 대한 입증책임이 있다 할 것인바 피고가 주장하는 당해 처분의 적법성이 합리적으로 수긍할 수 있는 일응의 입증이 있는 경우에는 그 처분은 정당하다 할 것이며 이와 상반되는 주장과 입증은 그 상대방인 원고에게 그 책임이 돌아간다고 할 것이다."

28) 소송요건은 원칙적으로 법원의 직권조사사항이지만 법원의 직권조사를 통해서도 그

존재를 주장하는 자가 권리근거규정의 요건사실을, 권리의 존재를 다투는 상대방이 권리장애, 권리멸각, 권리행사저지사실을 입증해야 하는 것을 말한다. 법률 규정의 但書조항이나 법률규정에 이어진 別項에서 정한 법률효과를 다투는 자가 입증책임을 진다.

추정(推定) 규정이 있는 때에는 그 추정을 깨려는 자가 추정되는 사실의 반대사실에 대한 입증책임이 있다. 점유계속의 추정(민법 제198조), 점유의 적법추정(민법 제200조), 구분소유물의 공유추정(민법 제215조 제1항), 경계표의 공유추정(민법 제239조), 조합 업무집행자의 대리권추정(민법 제709조), 부부 공유재산의 추정(민법 제830조 제2항), 부의 친생자추정(민법 제844조) 등이 그 예이다. 민법 제30조에 의하면, 2인 이상이 동일한 위난으로 사망한 경우에는 동시에 사망한 것으로 추정하도록 규정하고 있는바, 이 추정은 법률상 추정으로서 이를 번복하기 위하여는 동일한 위난으로 사망하였다는 전제사실에 대하여 법원의 확신을 흔들리게 하는 반증을 제출하거나 또는 각자 다른 시각에 사망하였다는 점에 대하여 법원에 확신을 줄 수 있는 본증을 제출하여야 하는데, 이 경우 사망의 선후에 의하여 관계인들의 법적 지위에 중대한 영향을 미치는 점을 감안할 때 충분하고도 명백한 입증이 없는 한 위 추정은 깨어지지 아니한다고 보아야 한다.[29)]

자동자손해배상보상법 제3조는 가해자가 과실없음을 입증하도록 하고 있는데, 이를 민법 제750조 일반불법행위책임의 경우 피해자가 가해자의 고의·과실을 입증하여야 하는 것과 대조하여 입증책임의 전환이라 한다.

제소단계에서의 소송대리인의 대리권 존부는 소송요건으로서 법원의 직권조사사항이고, 이와 같은 직권조사사항에 관하여도 그 사실의 존부가 불명한 경우에는 입증책임의 원칙이 적용되어야 할 것인바, 본

존부가 불분명할 경우 그 존재는 원고에게 유리한 것이므로 최종적으로 원고에게 입증책임이 있다.

29) 대법원 1998. 8. 21. 선고 98다8974 판결

안판결을 받는다는 것 자체가 원고에게 유리하다는 점에 비추어 직권조사사항인 소송요건에 대한 입증책임은 원고에게 있다 할 것이다.[30]

입증책임의 소재에 관하여 당사자 간에 특약이 있으면 특별한 사정이 없는 한 그에 따라야 한다.[31]

30) 대법원 1997. 7. 25. 선고 96다39301 판결

31) 대법원 1997. 10. 28. 선고 97다33089 판결

제3장 민사소송의 절차

제1절 소의 제기

Ⅰ. 소장제출과 소장심사

1. 분쟁의 해결을 구하는 원고가 '소장'이라는 서면을 작성하여 관할 법원에 제출하는 것을 '소의 제기'라고 한다(제248조). 소액사건의 경우 구술제소를 할 수 있고, 임의출석에 의한 진술로도 제소가 가능하다(소액심판법 제4조 제5조). 소장에는 당사자와 법정대리인, 청구의 취지와 원인을 적어야 한다. 소장에는 소송목적의 값에 따른 인지를 붙여야 하고, 피고에게 송달하기 위하여 피고 인원수만큼의 부본을 첨부하여 송달비용을 예납해야 한다(제116조). 소장이 법원에 접수되면 제1심 소송절차가 시작된다. '소의 제기'가 있으면 소송요건을 충족하는지 심사가 이루어지고, 소송요건에 문제가 없으면 '변론절차'에 돌입하게 된다. 변론 절차에서 당사자들은 서로 주장과 입증을 하게 되고, 더 이상 주장과 입증을 할 필요가 없을 단계에 이르면 법원은 판결을 선고한다.

2. 법원은 직권으로 민사소송을 개시할 수 없으며, 언제나 원고가 소장을 접수하여야 개시된다. 소장이 제출되면 법원은 사건기록을 제조하여 특정 재판부에 배당을 한다. 소장접수를 담당하는 법원 공무원은 당사자 · 관할 · 인지 등을 형식적으로 조사한다. 소장의 적법 여부를 정식으로 판단하는 것은 재판장이다. 재판장은 소장이 필수적 기재사항을 갖추고 있는지와 소장에 소정의 인지가 첩

부되어 있는지 조사한다. 심사 결과 소장에 흠이 있으면 재판장은 상당한 기간을 정하여 보정을 명한다. 원고가 보정기간 내에 보정을 하지 않으면 재판장은 명령으로 소장을 각하한다. 재판장은 소장을 심사하면서 필요하다고 인정하는 경우에는 원고에게 청구하는 이유에 대응하는 증거방법을 구체적으로 적어 내도록 명할 수 있으며, 원고가 소장에 인용한 서증(書證)의 등본 또는 사본을 붙이지 아니한 경우에는 이를 제출하도록 명할 수 있다.

3. 전자소송

전자소송은 법원이 운영하는 전자소송시스템을 이용하여 소를 제기하고 소송절차를 진행하는 재판을 말한다. 법원은 2010. 4. 26. 특허법원에 제기되는 사건을 대상으로 한 특허전자소송서비스를 시작으로, 2011. 5. 2. 민사전자소송을 실시하고 있는 등 향후 형사사건을 제외한 모든 사건에 전자소송을 단계적으로 도입할 계획에 있다. 전자소송은 민사소송 등에서의 전자문서 이용 등에 관한 법률(민소전자문서법)의 적용을 받는다. 전자문서란 컴퓨터 등 정보처리능력을 가진 장치에 의하여 전자적인 형태로 작성되거나 변환되어 송신・수신 또는 저장되는 정보를 말한다(동법 제2조 1호). 이 법은 민사소송법, 가사소송법, 행정소송법, 특허법(제9장에 한정한다), 민사집행법, 채무자 회생 및 파산에 관한 법률, 비송사건절차법과 이들 법률을 적용하거나 준용하는 법률에 따른 절차에 적용한다(동법 제3조).

전자소송에서는 사용자의 실명확인과 법원에 제출하는 전자문서에 대한 전자서명을 위하여, 공인인증서 또는 행정전자서명용 인증서가 필요하다. 법원 전자소송 홈페이지에서는 전자소송절차 진행에 동의한 사건에 대해서만 전자소송서비스 이용이 가능하다. 인터넷을 이용하여 법원 전자소송 홈페이지에서 소장과 증거 등 소송서류를 법원 방문 없이 전자적으로 제출할 수 있다. 원고로부터 소장부본을 우편으로 송달받은 피고는 소송절차안내서에 표시된 전자소송인증번호와 사건번호로 전자소송 동의를 한 후 온라인으로 답변서를 제출할 수 있다. 상대방이 소송서류를 제출한 경우 전자우편과 문자메시지를 통해 서류가 제출된 사실을 통지받고 즉시 법원 전자소송 홈페이지에 접속하여 확인할 수 있다. 소송서류의 인터넷 접수를 위해 사전에 법원에 제출하기 위한 소송서류를 모두 전자문서로 생성하거나 변환하여야 한다. 전자소송에 동의한 당사자 및 대리인은 해당 사건의 소송기록을 언제든지 온라인상에서 열람 및 출력할 수 있다.

4. 소액사건(이행권고결정)

소송목적의 값이 2,000만원을 초과하지 아니하는 금전 기타 대체물이나 유가증권의 일정한 수량의 지급을 목적으로 하는 사건을 소액사건이라 한다(소액사건심판규칙 제1조의2). 소액사건은 지방법원이나 지원의 단독판사가 관할하지만, 시・군법원 관할구역 안의 사건은 시・군법원판사가 관할한다(법원조직법 제7조 제4항, 제33조, 제34조). 소액사건심판법은 소액사건의 제1심에만 적용된다.

청구의 확장으로 2,000만원을 초과하면 관할지방법원으로 이송하여야 한다(소액사건심판규칙 제1조의2, 제34조 제1항). 간이한 절차로 빠르게 처리할 수 없는 사건의 경우 민사소송법 제34조 제2항에 의하여 지방법원 합의부로 이송할 수 있다.[1)]

소액사건심판법은 결정에 의한 이행권고제도를 도입하였다. 법원은 소액사건이 제기되었을 때에 원고가 낸 소장부본을 첨부하여 피고에게 원고의 청구 취지대로 이행할 것을 권고하는 취지의 결정을 하는데, 이를 이행권고결정이라 한다(소액사건심판법 제5조의3 제1항). 이행권고결정등본을 송달받은 피고가 2주 이내에 서면에 의한 이의신청하지 않으면 이행권고결정은 확정되고, 확정시 확정판결과 같은 효력을 갖는

1) 대법원 1974. 7. 23.자 74마71.

다. 이 때 법원사무관등은 결정서 정본을 원고에게 송달하여야 한다. 확정된 이행권고결정은 조건성취나 승계집행문이 문제되는 경우를 제외하고 집행문을 부여받을 필요 없이 강제집행으로 나아갈 수 있다.

5. 독촉절차(지급명령)

민사소송법은 독촉절차에 대하여 규정하고 있다. 금전, 그 밖에 대체물이나 유가증권의 일정한 수량의 지급을 목적으로 하는 청구에 대하여 법원은 채권자의 신청에 따라 지급명령을 할 수 있다(제462조). 독촉절차는 대한민국에서 공시송달 외의 방법으로 송달할 수 있는 경우에 한한다(제462조 단서). 채무자가 지급명령을 송달받은 날부터 2주 이내에 이의신청을 한 때에는 지급명령은 그 범위 안에서 효력을 잃는다(제470조 제1항). 채무자가 이의신청을 하면 통상소송절차로 넘어간다. 이때 지급명령을 신청한 때에 소가 제기된 것으로 본다. 지급명령에 대하여 이의신청이 없거나, 이의신청을 취하하거나, 각하결정이 확정된 때에는 지급명령은 확정판결과 같은 효력이 있다(제474조).

6. 증권관련 집단소송과 소비자기본법·개인정보보호법상 단체소송

증권의 매매 또는 그 밖의 거래과정에서 다수인에게 피해가 발생한 경우 그 중의 1인 또는 수인이 대표당사자가 되어 손해배상청구소송을 수행할 수 있다(증권관련 집단소송법 제2조 제1호). 대표당사자는 증권관련집단소송의 소장과 소송허가서를 피고의 보통재판적 소재지 지방법원 본원합의부에 제출하여야 한다(동법 제7조 제1항). 증권관련 집단소송의 구성은 증권거래로 인하여 손해를 입은 모든 피해자들인데, 소송당사자가 아니지만 확정판결의 기판력을 받는다(동법 제37조). 다만 법원에 기판력을 받지 아니하겠다고 제외신고를 하면 판결의 효력이 미치지 않는다(동법 제28조, 제37조). 증권관련 집단소송에서 승소하여 손해배상금을 받는 경우 분배관리인이 선임되고 이 금액을 구성원에게 분배한다(동법 제41조).

소비자기본법와 개인정보보호법은 법원의 허가를 얻어 일정한 요건을 갖춘 단체가 원고가 되어 단체소송을 제기할 수 있도록 하고 있다. 개인은 원고가 될 수 없다. 단체소송의 확정판결의 효력은 원고적격을 갖고 있는 단체 모두에 대하여 미친다(소비자기본법 제56조, 개인정보보호법 제75조).

Ⅱ. 소장부본의 송달

소장에 흠이 없는 경우 법원은 피고에게 소장부본을 송달한다. 소장부본을 송달할 수 없는 경우에는 주소를 보정하게 하고 이를 위반한 때에는 소장을 각하한다(제255조). 송달은 법원이 직권으로 한다(제174조). 송달은 우편 또는 집행관에 의한다(제176조). 송달은 특별한 규정이 없으면 송달받을 사람에게 서류의 등본 또는 부본을 교부하여야 한다(교부송달의 원칙, 제178조). 해당 사건에 출석한 사람에게는 법원사무관등이 직접 송달할 수 있다(제177조 제1항).

송달은 받을 사람의 주소·거소·영업소·사무소에서 한다. 법정대리인에게 할 송달은 본인의 영업소나 사무소에서도 할 수 있다(제183조 제1항). 위와 같은 장소를 알지 못하거나 그 장소에서 송달할 수 없는 때에는 송달받을 사람이 고용·위임 그 밖에 법률상 행위로 취업하고 있는 다른 사람의 주소·거소·영업소·사무소(근무장소)에서 송달할 수 있다(제183조 제2항). 송달받을 사람의 주소나 근무장소가 국내에 없거나 알 수 없는 때에는 그를 만나는 장소에서 송달할 수 있다(제183조 제3항). 주소나 근무장소가 있는 사람의 경우에도 송달받기를 거부하지 아니하면 만나는 장소에서 송달할 수 있다(제183조 제4항). 교도소·구치소 또는 국가경찰관서의 유치장에 체포·구속 또는 유치(留置)된 사람에게 할 송달은 교도소·구치소 또는 국가경찰관서의 장에게 한다(제182조). 당사자의 신청이 있는 때에는 공휴일 또는 해뜨기 전이나 해진 뒤에 집행관에 의하여 송달할 수 있다(제190조 제1항). 외국에서 하여야 하는 송달은 재판장이 그 나라에 주재하는 대한민국의 대사·공사·영사 또는 그 나라의 관할 공공기관에 촉탁한다(제191조).

당사자의 주소·거소·영업소·사무소·근무장소를 알 수 없는 경우 또는 외국에서 하여야 할 송달에 관하여 제191조의 규정에 따를 수 없거나 이에 따라도 효력이 없을 것으로 인정되는 경우에는 재판장은 직권으로 또는 당사자의 신청에 따라 공시송달을 명할 수 있다(제194조 제1항). 공시송달은 법원사무관등이 송달할 서류를 보관하고 그 사유를 법원게시판에 게시하여야 한다(제195조). 첫 공시송달은 법원게시판에 게시한 날부터 2주가 지나야 효력이 생긴다. 다만, 같은 당사자에게 하는 그 뒤의 공시송달은 실시한 다음 날부터 효력이 생긴다(제196조 제1항). 외국에서 할 송달에 대한 공시송달의 경우에는 2주가 아니라 2월이 지나야 효력이 생긴다(제196조 제2항).

Ⅲ. 소제기·소장송달의 효과

1. 소송계속

소가 제기되고, 소장이 피고에게 송달된 때에 원·피고 사이에 소송이 법원에서 있게 되는 소송계속 상태가 발생한다.[2] 이러한 소송계속은 보전처분절차나 집행절차 또는 증거보전절차나 중재절차에는 발생하지 않으며 오로지 판결절차에서만 고유하게 발생하는 것이다. 다만 제소전 화해절차나 독촉절차는 당사자의 소제기신청이나 채무자의 이의신청이 있게 되면, 당사자가 최초로 화해신청을 하거나 지급명령을 신청한 때에 소를 제기한 것으로 간주되므로, 이 두 경우에는 소송계속의 효과가 소급하여 인정된다. 소송계속은 피고에게 소장이 송달된 때부터 인정된

2) 대법원 1994. 11. 25. 선고 94다12517 판결

다.[3] 소송계속은 소의 취하·취하간주 또는 각하, 판결의 확정, 이행권고결정의 확정, 화해권고결정의 확정, 화해조서의 작성, 청구의 포기·인낙조서의 작성 등으로 소송이 끝날 때에 소멸된다. 당사자가 소송계속이 있다고 주장하며 기일지정을 신청한 경우, 소송계속이 없다고 인정되면 소송종료선언을 하고, 소송계속이 있다고 인정되면 변론을 속행하여야 한다.

2. 시효의 중단 및 법률상 기간준수

소제기에 의하여 소멸시효가 중단되며(민법 제168조), 법률상 기간준수의 효과(민법 제204조 제3항, 제205조 제2항, 제206조 제2항 등)가 발생한다. 시효중단이나 법률상 기간준수의 효력은 소의 취하·각하로 소급하여 소멸되지만, 6월 이내에 소의 제기, 파산절차참가, 압류·가압류·가처분을 하면 최초의 소를 제기한 때에 중단된 것으로 본다.[4]

시효를 주장하는 자가 원고가 되어 소를 제기한 경우에 있어서, 피고가 응소행위를 하였다고 하여 바로 시효중단의 효과가 발생하는 것은 아니고, 변론주의 원칙상 시효중단의 효과를 원하는 피고로서는 당해 소송 또는 다른 소송에서의 응소행위로서 시효가 중단되었다고 주장하지 않으면 아니 되고, 피고가 변론에서 시효중단의 주장 또는 이러한 취지가 포함되었다고 볼 만한 주장을 하지 아니하는 한, 피고의 응소행위가 있었다는 사정만으로 당연히 시효중단의 효력이 발생한다고 할 수는 없는 것이나, 응소행위로 인한 시효중단의 주장은 취득시효가 완성된 후라도 사실심 변론종결 전에는 언제든지 할 수 있다.[5]

---

3) 대법원 1989. 4. 11. 선고 87다카3155 판결

4) 민법 제170조

5) 대법원 2003. 6. 13. 선고 2003다17927, 17934 판결

3. 선의점유자의 악의 간주 등

선의 점유자의 악의의 간주(민법 제197조 제2항), 어음법상 상환청구권의 소멸시효 기산점(어음법 제70조 제3항) 등은 피고에게 소장이 송달된 때에 생긴다. 소장에 기재된 계약의 취소・해제는 민법 제111조 제1항 도달주의의 원칙에 따라 피고에게 소장이 송달된 때에 효과가 발생한다.[6] 이는 소장을 이용한 계약을 취소 또는 해제하겠다는 의사를 표시한 것이지, 소제기 자체의 효과와는 무관한 것이다. 따라서 제소된 소가 취하 또는 각하되더라도 취소・해제에 관한 의사표시가 피고에게 도달하였다는 사실은 그대로 존속한다.

4. 지연손해금에 관한 법정이율 적용

금전채무의 이행을 명하는 판결을 선고할 경우 소장송달 다음날부터의 지연손해금의 법정이율은 연15%이다. 그러나 채무자가 이행의무의 존부와 범위를 다툴 만한 이유가 있는 때에는 사실심의 판결선고 다음날부터 연15%의 이율을 적용한다(소송촉진등에관한특례법 제3조 제1항, 제2항). 청구취지를 확장하는 경우에는 청구취지변경을 구하는 서면이 채무자에게 송달된 다음 날부터 연15%의 이율이 적용된다.[7] 피고가 제1심에서 다툴 만한 이유가 있는 때에는 제1심 판결 선고일까지는 연15%의 법정이율을 적용하지 아니하고, 제1심 판결 선고일 다음 날부터 연15%의 법정이율이 적용된다.[8] 제1심과 항소심 모두 다툴 만한 이유가 있는 때에는 항소심 판결 선고일 다음날부터 연15%의 법정이율을 적용한다.[9]

---

6) 대법원 2000. 1. 28. 선고 99다50712 판결
7) 대법원 1995. 2. 17. 선고 94다56234 판결
8) 대법원 2000. 2. 25. 선고 99다20155 판결
9) 대법원 2013. 9. 12. 선고 2013다30356 판결

Ⅳ. 소송계속 중 피고의 경정과 소송승계

1. 피고의 경정

원고가 피고를 잘못 지정한 것이 분명한 경우에는 제1심 법원은 변론을 종결할 때까지 원고의 신청에 따라 결정으로 피고를 경정하도록 허가할 수 있다. 다만, 피고가 본안에 관하여 준비서면을 제출하거나, 변론준비기일에서 진술하거나 변론을 한 뒤에는 그의 동의를 받아야 한다(제260조 제1항). 피고의 경정은 서면으로 신청하여야 하고, 그 서면은 상대방에게 송달하여야 한다(제260조 제2항, 제3항). 피고가 피고 경정에 관한 서면을 송달받은 날부터 2주 이내에 이의를 제기하지 아니하면 그에 대해 동의를 한 것으로 본다(제260조 제4항). 피고의 경정이 있으면 이전의 피고에 대한 소는 취하된 것으로 본다(제261조 제4항). 피고가 교환적 변경절차에 의하여 반대 당사자인 원고를 경정하는 것은 있을 수 없다.[10)]

민사소송법 제260조 제1항 소정의 '피고를 잘못 지정한 것이 명백한 때'라고 함은 청구취지나 청구원인의 기재 내용 자체로 보아 원고가 법률적 평가를 그르치는 등의 이유로 피고의 지정이 잘못된 것이 명백하거나 법인격의 유무에 관하여 착오를 일으킨 것이 명백한 경우 등을 말하고, 피고로 되어야 할 자가 누구인지를 증거조사를 거쳐 사실을 인정하고 그 인정 사실에 터잡아 법률 판단을 해야 인정할 수 있는 경우는 이에 해당하지 않는다.[11)]

당사자표시정정은 당사자확정의 문제로서 소송에서 누가 당사자인가를 확정한 후에, 당사자가 아닌 자가 소장에 기재되어 있으면 잘못된 당사자의 표시를 수정하는 것에 불과하다. 이에 대하여 피고의 경정은 확정된 피고를 전제로, 제3자가 종래의 피고를 대신하는 것이다. 당사

10) 대법원 1994. 5. 24. 선고 92다50232 판결
11) 대법원 1997. 10. 17. 자 97마1632 결정

자확정의 기준에 대하여는 실질적 표시설이 통설·판례의 입장이다. 이에 따르면 소장의 당사자란의 기재뿐만 아니라, 청구취지·청구원인 기타 일체의 기재사항을 참작하여 합리적으로 소장의 기재를 해석하여 당사자를 결정하여야 한다. 실제로는 당사자표시정정과 당사자변경의 구별이 어려운 경우가 많은데, 당사자의 동일성 여부가 그 기준이다. 판례는 민사소송법이 당사자변경을 제234조의 2에 의하여 제한적으로 허용하고 있다고 본다.[12] 당사자표시정정은 상소심에서도 허용되고,[13] 원·피고를 불문하고 인정되며, 상대방의 동의가 필요없다.

2. 소송승계(당연승계와 특정승계)

소송승계는 앞 선 소송의 상태를 결과의 유리함과 불리함을 묻지 않고 모두 이어받는 것을 말한다. 소송승계에는 당연승계와 특별승계가 있다.

가. 당연승계

당연승계(포괄적 소송승계)는 당사자의 사망 또는 회사의 합병 등과 같이 당사자지위의 포괄적 승계가 있는 경우 소송이 당연히 신당사자에게 승계되는 것을 말한다. 당연승계에 관하여 법은 소송절차의 중단·수계라는 면에서 규정하고 있다.

당사자가 죽은 때에 소송절차는 중단된다. 이 경우 상속인·상속재산관리인, 그 밖에 법률에 의하여 소송을 계속하여 수행할 사람이 소송절차를 수계(受繼)하여야 한다(제233조 제1항). 상속인은 상속포기를 할 수 있는 동안 소송절차를 수계하지 못한다(제233조 제2항).

당사자인 법인이 합병에 의하여 소멸된 때에 소송절차는 중단된다.

---

12) 대법원 1997. 10. 17. 자 97마1632 결정

13) 항소심에 대하여 인정하는 판결로 대법원 1996. 10. 11. 선고 96다3852판결; 대법원 1996. 3. 22. 선고 94다61243판결; 대법원 1995. 1. 12. 선고, 93후1414판결

이 경우 합병에 의하여 설립된 법인 또는 합병한 뒤의 존속법인이 소송절차를 수계하여야 한다(제234조).

당사자가 소송능력을 잃은 때 또는 법정대리인이 죽거나 대리권을 잃은 때에 소송절차는 중단된다. 이 경우 소송능력을 회복한 당사자 또는 법정대리인이 된 사람이 소송절차를 수계하여야 한다(235조).

신탁으로 말미암은 수탁자의 위탁임무가 끝난 때에 소송절차는 중단된다. 이 경우 새로운 수탁자가 소송절차를 수계하여야 한다(제236조).

일정한 자격에 의하여 자기 이름으로 남을 위하여 소송당사자가 된 사람이 그 자격을 잃거나 죽은 때에 소송절차는 중단된다. 이 경우 같은 자격을 가진 사람이 소송절차를 수계하여야 한다(제237조 제1항) 선정당사자 전원이 자격을 잃거나 죽은 때에 소송절차는 중단된다. 이 경우 당사자를 선정한 사람 모두 또는 새로 당사자로 선정된 사람이 소송절차를 수계하여야 한다(제237조 제2항).

피승계인에게 소송대리인이 있어 소송절차가 중단되지 아니하는 경우에는 당연승계의 사유가 생기더라도 소송절차는 그대로 진행된다(제238조).

당사자가 파산선고를 받은 때에 파산재단에 관한 소송절차는 중단된다. 이 경우 「채무자 회생 및 파산에 관한 법률」에 따른 수계가 이루어지기 전에 파산절차가 해지되면 파산선고를 받은 자가 당연히 소송절차를 수계한다(제239조). 「채무자 회생 및 파산에 관한 법률」에 따라 파산재단에 관한 소송의 수계가 이루어진 뒤 파산절차가 해지된 때에 소송절차는 중단된다. 이 경우 파산선고를 받은 자가 소송절차를 수계하여야 한다(제240조).

소송절차의 수계신청은 상대방도 할 수 있다(제241조). 소송절차의 수계신청이 있는 때에는 법원은 상대방에게 이를 통지하여야 한다(제242조). 소송절차의 수계신청은 법원이 직권으로 조사하여 이유가 없다고 인정한 때에는 결정으로 기각하여야 한다(제243조 제1항). 재판이 송달된 뒤에 중단된 소송절차의 수계에 대하여는 그 재판을 한 법원이 결정하여야 한다(제243조 제2항). 법원은 당사자가 소송절차를 수계하지 아니하는 경우에 직권으로 소송절차를 계속하여 진행하도록 명할 수 있다.(제244조). 판결의 선고는 소송절차가 중단된 중에도 할 수 있다(제247조 제1항). 소송절차의 중단 또는 중지는 기간의 진행을 정지시키며, 소송절차의 수계사실을 통지한 때 또는 소송절차를 다시 진행한 때부터 전체기간이 새로이 진행된다(제247조 제2항).

나. 특정승계

특정승계는 소송계속 중에 당사자의 의사표시에 의하여 소송목적이 되는 권리 또는 법률관계가 제3자에게 양도됨으로써 당사자적격이 이전되는 것을 말한다. 계쟁물의 양도라고 한다. 소제기 이전에 소송목적이 되는 권리 또는 법률관계가 제3자에게 이전되었는데 원고가 이를 모르고 양도인을 상대로 소를 제기한 경우에 피고의 경정 문제만 남는다. 소제기 이후 변론종결 이전에 양도가 이루어진 경으가 전형적인 특정승계의 경우에 해당한다. 참가승계(제81조) 또는 인수승계(제82)에 의하여 소송승계가 이루어진다. 변론종결 후에 양도가 이루어진 경우 종전 당사자에 대한 판결의 효력이 승계인에게 미치므로(제218조 제1항) 소송에 영향이 없다.

(1) 참가승계

참가승계의 신청은 독립당사자참가 신청방식에 따른다(제81조). 따라서 반드시 서면에 의해야 한다. 그 서면에는 참가의 취지와 이유를 명시하고(제79조 2항, 제72조 1항), 소장의 필수적 기재사항(제249조)을 기재해야 한다.

참가신청은 소의 제기에 해당하므로 법률심인 상고심에서는 참가승계신청을 할 수 없다.[14]

---

14) 대법원 2001. 3. 9. 선고 98다51169 판결

피신청인이 신청인의 승계주장사실을 다투지 아니하는 경우에는 별도의 사건번호는 부여하지 않지만, 피신청인이 승계주장사실을 다투는 경우에는 독립당사자참가의 경우와 마찬가지로 삼면소송관계가 성립하므로 독립당사자참가에 준하여 처리해야만 한다.

승계참가신청 당시에는 피신청인이 승계를 다툴지의 여부를 알 수 없으므로 다투지 않음을 전제로 절차를 진행하다가 승계를 다툼이 명확해지면 별도의 사건번호를 부여한다. 신청서의 부본은 지체없이 양쪽 당사자에게 송달한다(민사소송규칙 제64조 2항).

소송계속 중 사망한 갑에게서 소송탈퇴에 관한 특별수권을 받은 소송대리인은, 승계참가인 을이 승계참가신청을 하자 소송탈퇴를 신청하였고 상대방 측 소송대리인이 위 탈퇴에 동의하였는데, 을이 소송물과 관련한 갑의 재산을 단독으로 상속하게 되었다면서 소송수계신청을 하였고 이후 을은 승계참가신청취하서를 제출하여 상대방 측 소송대리인이 위 취하에 동의한 사안에서, 갑의 상속인들과 상대방 사이의 소송관계는 소송탈퇴로 적법하게 종료되었고 을의 소송수계신청은 이미 종료된 소송관계에 관한 것이어서 이유 없음이 명백하고, 을과 상대방 사이의 소송관계도 승계참가신청취하와 상대방의 이에 대한 동의로 적법하게 종료되었다할 것이다.[15)]

민사소송법 제81조에 의하면, 소송이 법원에 계속되어 있는 동안에 제3자가 소송 목적인 권리 또는 의무의 전부 또는 일부를 승계한 경우 그 제3자는 소송이 계속된 법원에 승계참가신청을 할 수 있는바, 이러한 승계참가신청은 일종의 소의 제기에 해당하고 참가요건은 소송요건에 해당하므로 참가요건에 흠이 있는 때에는 변론을 거쳐 판결로 참가신청을 각하하여야 하고, 이때 승계참가인의 부적법한 참가신청을 각하하는 판결을 반드시 원래의 당사자 사이의 소송에 대한 판결과 함께 하여야 하는 것은 아니다. 한편 소송 계속 중에 승계참가인에게 소송목적

15) 대법원 2011. 4. 28. 선고 2010다103048 판결

인 권리나 의무를 양도한 피참가인은 상대방의 승낙을 받아 소송에서 탈퇴할 수 있고, 탈퇴한 당사자에 대하여도 판결의 효력이 미치는바(제80조), 이러한 소송의 탈퇴는 승계참가가 적법한 경우에만 허용되는 것이므로, 승계참가가 부적법한 경우에는 피참가인의 소송 탈퇴는 허용되지 않고 피참가인과 상대방 사이의 소송관계가 유효하게 존속한다. 따라서 승계참가인의 참가신청이 부적법함에도 불구하고 법원이 이를 간과하여 승계참가인의 참가신청과 피참가인의 소송 탈퇴가 적법함을 전제로 승계참가인과 상대방 사이의 소송에 대해서만 판결을 하였는데 상소심에서 승계참가인의 참가신청이 부적법하다고 밝혀진 경우, 피참가인과 상대방 사이의 소송은 여전히 탈퇴 당시의 심급에 계속되어 있으므로 상소심법원은 탈퇴한 피참가인의 청구에 관하여 심리·판단할 수 없다.[16)]

(2) 인수승계

인수참가신청은 소송계속 중에 있는 당사자가 제3자가 소송목적인 권리 또는 의무의 전부나 일부를 승계한 때 그 제3자를 강제적으로 소송에 끌어들이는 것이다(제82조 제1항). 인수참가신청의 방식에 관하여는 특별한 제한이 없으므로 서면 또는 말로 할 수 있다(민사소송규칙 제161조).

인수참가신청에는 인수를 구하는 범위와 이유를 분명히 하여야 한다. 인수참가신청은 독립된 사건이 아니므로 별도의 사건번호를 부여하지 않는다. 인수신청만으로는 인수참가의 효과가 발생하지 않고 법원의 허부의 결정이 있어야 한다.

인수신청이 있으면 법원은 양쪽 소송당사자와 피인수신청인(제3자)을 심문하여야 한다(제82조 2항).

피고의 인수참가인이 심문 당시 채무승계사실을 인정하였다면 이는

16) 대법원 2012 .4. 26. 선고 2011다85789 판결

채무승계에 관한 원고의 주장사실을 그대로 자백한 것이 되므로 그 자백이 유효하게 취소되지 않는 한 인수참가인은 그 후의 변론에서 인수참가의 전제가 된 승계사실을 다툴 수 없으며 법원도 그 자백에 구속된다[17].

인수를 명하는 결정에 대하여는 독립하여 항고할 수 없고,[18] 종국판결에 대한 상소로 다툴 수 있을 뿐이다(제392조). 인수신청을 기각하는 결정에 대하여는 민사소송법 제439조에 의하여 통상의 항고를 할 수 있다.

V. 소송고지

1. 소송이 법원에 계속된 때에는 당사자는 참가할 수 있는 제3자에게 소송고지(訴訟告知)를 할 수 있다(제84조 제1항). 소송고지를 받은 사람은 다시 소송고지를 할 수 있다(제84조 제2항).[19] 소송고지를 위하여서는 그 이유와 소송의 진행정도를 적은 서면을 법원에 제출하여야 하며[20], 그 서면은 상대방에게 송달되어야 한다(제85조).[21] 소송고지를 받은 사람이 참가하지 아니한 경우라도 제77조

---

17) 대법원 1987. 11. 10. 선고 87다카473 판결

18) 대법원 1990. 9. 26. 자 90그30 결정

19) 계속중인 소송의 당사자인 원·피고(독립당사자참가인, 승계참가·인수참가인, 공동소송참가인을 포함), 보조참가인 및 이들로부터 고지를 받은 사람이 소송고지를 할 수 있다.

20) 소송고지신청서와 함께 소송고지서를 필요한 통수만큼 첨부하여 제출하여야 한다. 소송고지신청서에는 사건의 표시(사건번호와 당사자의 성명)와 함께 "별첨 소송고지서와 같은 소송고지를 신청한다"는 내용의 문구를 기재하고 신청인이 기명날인 또는 서명한다. 소송고지서에는 사건의 표시(사건번호와 당사자의 성명, 주소)를 기재하고 누가 고지자인지를 명시한 다음 피고지자의 성명과 주소를 명기하고, 고지의 이유와 소송의 진행정도를 기재한다.

21) 법원은 고지자가 제출한 고지서를 그대로 피고지자에게 송달한다. 소송고지의 효력은 피고지자에게 적법하게 송달된 때에 비로소 생기고, 소송고지서가 송달불능이면 소송고지의 효력이 발생하지 않는다. 고지자의 상대방 당사자에게도 고지서를 송달하여야 하는데(제85조 2항), 이 송달은 고지의 효력발생과는 관계가 없다. 고지서의 송달에 소요된 비용은 본안소송(고지자와 상대방 간)의 소송비용에는 산입되지 않고,

(참가인에 대한 재판의 효력)의 규정을 적용할 때에는 참가할 수 있었을 때에 참가한 것으로 본다(제86조).

2. 소송고지는 소송계속 중에 소송당사자가 제3자에게 소송계속의 사실을 알리는 제도로, 소송고지를 통해 피고지자에게 계속 중인 소송에 참가할 기회를 주고 참가적 효력을 미치게 하여 피고지자가 전 소송의 사실상・법률상의 판단에 반하는 주장과 항변을 막는 기능을 한다. 피고지자의 주장에 제한되는 것은 피고지자가 보조참가하여 상대방에 대하여 고지자와 공동이익으로 주장하거나 다툴 수 있는 사항에 한정되는 것이고, 고지자와 피고지자 사이에서만 이해가 대립되는 사항에 대하여는 참가적 효력이 생기지 않는다(대법원 85다카2091). 피고지자가 소송에 참가하지 않았으면 비록 피고지자에게 참가적 효력이 발생한다 하더라도 판결에는 피고지자의 이름을 표시하여서는 안 된다.[22]

3. 소송고지를 할 것인지 여부는 소송당사자의 자유이나 고지의무가 있는 추심의 소(민사집행법 제238조), 주주대표소송(상법 제404조 제2항), 채권자대위행사(민사집행법 제405조)의 경우에는 고지를 하지 않으면 판결의 효력이 피고지자에게 미치지 않는다.

4. 피고지자가 참가신청을 한 경우에 상대방은 이의할 수 있으나 고지자는 이의할 수 없다. 소송고지를 하면 실체법상 시효중단의 효력과 재판상 최고의 효과가 있다. 즉 소송고지서에 고지자가 피고지자에 대하여 채무의 이행을 청구하는 의사가 표명되어 있으면 민법 174조에 정한 시효중단사유로서의 최고의 효력이 인정된다.

고지자가 부담한다.

22) 대법원 1962. 4. 18. 선고 4294민상1195 판결

당해 소송이 계속 중인 동안은 최고에 의하여 권리를 행사하고 있는 상태가 지속되는 것으로 보아 민법 174조에 규정된 6월의 기간은 당해 소송이 종료된 때로부터 기산되는 것으로 해석하여야 한다.[23]

제2절 답변서제출

소장부본을 송달 받은 피고는 30일 이내에 답변서를 제출하여야 한다. 공시송달로 받은 경우에는 그렇지 않다(제256조 제1항). 법원은 소장부본을 송달할 때에 30일 내에 답변서를 제출하여야 한다는 취지를 피고에게 알려야 한다(제256조 제2항). 피고가 답변서를 제출하면 법원은 답변서의 부본을 원고에게 송달하여야 한다(제256조 제3항).

답변서에는 준비서면에 관한 규정이 준용되기 때문에(제256조 제4항), 청구취지 및 청구원인에 관한 답변을 적어 내야 한다. 답변서에는 피고가 어떠한 판결을 구하는지 그 결론과 이유를 기재하고, 소장에 기재된 개개 사실에 대한 인정 여부, 항변사실과 이를 뒷받침하는 구체적 사실 및 증거방법을 기재하며, 중요한 서증의 사본을 첨부하여야 한다(민사소송규칙 제65조 제1항, 제2항). 피항소인 또는 피상고인이 항소이유서 또는 상고이유서에 대하여 제출하는 최초의 준비서면도 답변서에 해당하기 때문에 제1심 답변서에 준하여 작성하여야 한다.

관할위반에 의한 소의 이송을 구하는 본안 전 답변을 하는 경우에는 그러한 소송이송신청은 직권촉구의 의미 밖에 없고, 법원이 이송신청을 거부하여도 이에 대해 항소할 수 없으므로 청구취지에 대한 답변으로서 "이 사건을 ○○○ 법원으로 이송한다"라고 기재하면 족하다.[24] 전속관

---

23) 대법원 2009. 7. 9. 선고 2009다 14340 판결

24) 사법연수원, 「민사실무 I」, 사법연수원 출판부(2012), 130면.

할의 위반이 아닌 이상 본안에 관하여 변론하거나 준비절차에 관한 변론을 하는 경우 변론관할이 생긴다(제30조). 원고의 소에 대하여 소송요건의 흠결을 들어 소 각하의 신청을 답변서에서 할 경우 답변서에 청구취지에 대한 답변으로 "이 사건 소를 각하한다"라고 쓰고, 본안의 답변으로 청구기각을 구하는 경우 "「원고의 청구를 기각한다」는 판결을 구한다"라고 쓴다. 피고가 원고의 청구를 그대로 받아들여 청구 인낙을 하고 그 취지가 조서에 기재되면 확정판결과 같은 효력이 있다. 청구인낙은 피고가 변론기일 또는 준비절차에 직접 출석하여 진술을 하는 것이 원칙이나 답변서나 준비서면에 그 의사를 기재하고 인증을 받으면 출석하지 않아도 법원이 그 사항을 진술한 것으로 간주하면 청구인낙이 성립한다(제148조 제2항).

피고가 30일 이내에 답변서를 제출하지 않거나 답변서를 제출하였더라도 원고의 주장사실을 모두 자백하는 취지이고 따로 항변을 하지 아니한 때에는 법원은 원고가 소장에서 주장한 사실을 피고가 자백한 것으로 보아 변론 없이 선고기일을 지정하여 무변론 판결을 할 수 있다(제257조).

피고에게 공시송달로 소장 부본을 송달한 경우(제256조 제1항 단서), 소송요건 등 직권으로 조사할 사항이 있는 경우(제257조 제1항 단서), 행정소송·가사소송과 같이 직권주의 요소가 강한 성질에 비추어 무변론판결이 적합하지 않은 경우 등에는 제1회 변론기일과 선고기일을 일괄 지정하여 통지할 수 있다.

피고가 답변서 기타의 준비서면을 제출하지 아니하고 기일에 출석하지 아니하면 자백한 것으로 간주되어 피고 패소판결을 받을 수가 있다(제150조 제3항). 합의사건에서는 답변서나 준비서면에 기재하지 아니한 사항은 상대방이 출석하지 않은 변론기일에서는 진술할 수 없다(제276조). 답변서를 미리 제출하여 두면 변론기일에 피고가 출석하지 아니하더라도 이를 진술 간주하고 원고에게 변론을 명할 수 있다(제148조). 본안에 관한 답변서나 준비서면이 제출된 후 원고가 소를 취하하고

자 하는 경우에는 피고의 동의를 얻어야 한다(제266조).

제3절 변론기일, 변론준비절차

피고가 답변서를 제출하면 재판장은 바로 사건을 검토하여 가능한 최단 기간 안의 날로 제1회 변론기일을 지정하여야 한다(민사소송규칙 제69조 제2항).

재판장은 변론기일을 정하기 전 변론이 효율적이고 집중적으로 실시될 수 있도록 당사자의 주장과 증거를 정리하는 변론준비절차를 열 수 있다(제279조 제1항). 반소 등으로 사건이 복잡하게 되는 특별한 사정이 있는 때에는 변론기일을 연 뒤에도 사건을 변론준비절차에 부칠 수 있다(제279조 제2항).

변론준비기일에 제출하지 아니한 공격방어방법은 원칙적으로 변론에서 제출할 수 없다. 그러나 ① 그 제출로 인하여 소송을 현저히 지연시키지 아니하는 때, ② 중대한 과실 없이 변론준비절차에서 제출하지 못하였다는 것을 소명한 때, ③ 법원이 직권으로 조사할 사항인 때 중 어느 하나에 해당하는 경우에는 변론에서 제출할 수 있다(제285조).

변론준비절차에 회부하는 경우 준비서면 제출에 관한 공방의 횟수는 원칙적으로 원고측 1회, 피고측 1회로 한다.[25] 법원은 변론준비절차를 마친 경우에는 첫 변론기일을 거친 뒤 바로 변론을 종결할 수 있도록 하여야 하며, 당사자는 이에 협력하여야 한다. 당사자는 변론준비기일을 마친 뒤의 변론기일에서 변론준비기일의 결과를 진술하여야 하며, 법원은 변론기일에 변론준비절차에서 정리된 결과에 따라서 바로 증거조사를 하여야 한다.

한쪽 당사자가 변론기일에 출석하지 아니하거나 출석하여도 본안에

---

25) 대법원 2009. 12. 30. 재판예규 제1292호 사건관리방식에 관한 예규(재일 2001-2)

관하여 변론을 하지 아니한 때에는, 그가 제출한 소장・답변서 그 밖의 준비서면에 적혀 있는 사항을 진술한 것으로 보고 출석한 상대방에게 변론을 명할 수 있다(제148조 1항).[26] 출석한 당사자는 상대방의 출석 없이도 변론과 증거신청을 할 수 있으나, 이 경우 할 수 있는 변론과 증거조사의 범위는 그가 미리 준비서면에 적은 사실의 주장과 증거신청 및 증거조사에 한정되는 것이 원칙이다(제276조). 변론이나 증거조사가 그 기일에서 완결되지 아니할 경우 또는 출석한 당사자가 준비서면에 기재하지 아니한 새로운 사실이나 증거를 제출하려고 하는 경우에는 재판장은 속행될 다음 기일을 지정한다. 만일 변론이나 증거조사가 완결되었거나 아래에서 보는 자백간주의 결과 소송이 판결을 하기에 충분하도록 성숙하게 되면 변론을 종결하여 선고기일을 고지한다.

소장・답변서 그 밖의 준비서면에 기재한 사실에 관하여 불출석한 당사자가 답변서 또는 준비서면조차 제출하지 아니하였거나 제출하였더라도 그 기재에 의하여 이를 명백히 다투고 있지 않은 경우에는, 자백한 것으로 간주된다(제150조 제1항, 제3항). 다만, 공시송달에 의하여 기일이 통지된 경우에는 자백간주의 효과가 발생하지 않는다. 공시송달에 의하여 소장부본이 송달되면 피고에게 답변서 제출을 기대할 수 없기 때문이다(제256조 제1항 단서). 일단 자백간주의 효과가 발생한 후에는 그 이후의 기일통지서가 송달불능으로 되어 공시송달로 진행되었다 하더라도 그 자백간주의 효과는 그대로 유지되므로, 증거로 판단하여 자백간주된 사실과 배치되는 사실인정을 하는 것은 위법하다.[27] 그러나 일단 제1심에서 자백간주가 있었다고 하더라도 당해 심급에서는 물론 항소심에서 변론종결시까지 이를 다투었다면 자백간주를 할 수 없다.[28] 당사자가 청구의 포기・인낙의 의사표시를 기재한 답변서 그 밖

26) 최초의 기일이든 그 후의 기일이든 불문한다. 제1심 기일, 항소심 기일, 변론준비기일도 모두 포함된다.

27) 대법원 1988. 2. 23. 선고 87다카961 판결

28) 대법원 1987. 12. 8. 선고 87다368 판결

의 준비서면을 공증사무소의 인증을 받아 제출한 경우 그 당사자가 출석하지 않더라도 청구의 포기·인낙이 성립된 것으로 본다(제148조 제2항). 당사자가 화해의 의사표시를 기재한 답변서 그 밖의 준비서면을 공증하여 제출한 경우에도 출석한 상대방 당사자가 그 화해의 의사표시를 받아들인 때에는 그 취지와 같이 화해가 성립된 것으로 본다(제148조 제3항).

소송 양 당사자 모두 기일에 불출석하거나, 모두 출석은 하였으나 변론은 하지 않거나, 당사자 일방은 불출석하고 다른 일방은 출석했으나 출석한 당사자가 변론하지 않은 경우에는 재판장은 다시 변론기일을 정하여 양쪽 당사자에게 통지하여야 한다(제268조 제1항). 이 경우에 변론종결 여부는 법원의 재량이 아니며, 변론의 정도가 판결하기에 충분할 정도로 성숙하였다 하더라도 변론을 종결하는 것은 위법이다. 양쪽 소송당사자가 적법한 기일통지[29]를 받고도 2회의 기일에 출석하지 않거나, 출석하였다 하더라도 변론하지 아니한 때에는 1월 이내에 기일지정신청을 하지 아니하면 소를 취하한 것으로 본다(제268조 제2항).[30]

---

29) 기일통지는 적법한 공시송달에 의한 기일통지를 받은 경우를 포함된다. 대법원 1997. 7. 11. 선고 96므1380 판결 "당사자의 주소, 거소 기타 송달할 장소를 알 수 없는 경우가 아님이 명백함에도 재판장이 당사자에 대한 변론기일 소환장을 공시송달에 의할 것으로 명함으로써 당사자에 대한 변론기일 소환장이 공시송달된 경우, 그 당사자는 각 변론기일에 적법한 절차에 의한 송달을 받았다고 볼 수 없으므로, 위 공시송달의 효력이 있다 하더라도 각 변론기일에 그 당사자가 출석하지 아니하였다고 하여 쌍방 불출석의 효과가 발생한다고 볼 수 없다."

30) 양쪽 당사자가 2회 모두 불출석하거나 2회 모두 출석은 하였으나 변론하지 않거나 한 번은 변론하지 아니하고 한 번은 불출석하는 경우 등이 모두 포함된다. 기일해태는 반드시 연속하여 2회 계속될 필요는 없고 단속적이어도 상관없다. 동일 심급의 동종의 기일에서 2회의 기일해태만 있으면 된다. 제1심에서 1회, 항소심에서 1회의 쌍방 기일해태가 있는 경우에는 2회 기일해태의 효과가 발생하지 않는다. 환송 전의 항소심에서 1회, 환송 후의 항소심에서 1회의 쌍방 기일해태가 있는 경우에는 같은 심급이지만 기일해태가 아니다(대법원 1963. 6. 20. 선고 63다166 판결). 소송 도중 소의 교환적 변경이 있고 그 전후에 걸쳐 한 차례씩 불출석한 경우에는 2회 불출석에 해당하지 않는다. 교환적 변경에 의하여 구 청구는 취하되었기 때문이다. 소의 추가적 변경, 반소, 중간확인의 소 등이 제기된 경우 전후로 1회 불출석한 경우, 2회 불출석의 효과가 미치는 것은 원래의 소에 한한다.

양쪽 당사자가 2회 불출석한 후 1월 내[31]에 기일지정 신청을 하고, 그 기일지정신청에 의하여 정한 변론기일이나 또는 그 뒤의 변론기일에 다시 양쪽 당사자가 불출석하면 소를 취하한 것으로 본다(제268조 제3항). 상소심에서는 소의 취하가 아니라 상소의 취하로 간주되어(제268조 제4항), 원판결이 그대로 확정된다. 법원이 직권으로 새로운 기일을 지정한 때에는 당사자의 기일지정신청에 의한 기일지정이 있는 경우와 마찬가지로 보아야 하고, 그와 같이 직권으로 정한 기일 또는 그 후의 기일에 당사자 쌍방이 출석하지 아니하거나 출석하더라도 변론하지 아니한 때에는 소의 취하가 있는 것으로 보아야 한다.[32] 2회 불출석 이후에 소취하서가 제출되고 상대방이 이에 대한 부동의서를 제출한 경우에도 위와 같은 3회 불출석이 있으면 소취하로 종국처리 한다. 변론준비기일의 불출석 효과는 변론기일에 승계되지 않는다.[33] 배당이의의 소의 취하간주를 규정한 민사집행법 158조의 '첫 변론기일'에 '첫 변론준비기일'은 포함되지 않는다.[34]

---

31) 이때 1개월은 양쪽 당사자가 불출석한 변론기일 다음날부터 기산된다(민법 제157조). 기일지정 신청인이 그 사실을 안 때부터 그 기간을 기산할 수 없다(대법원 1992. 4. 14. 선고 92다3441 판결). 이 기간은 불변기간이 아니므로 기일지정신청의 추후보완은 허용될 수 없다(대법원 1992. 4. 21.자 92마175 결정).

32) 대법원 1994. 2. 22. 선고 93다56442 판결; 대법원 2002. 7. 26. 선고 2001다60491 판결

33) 대법원 2006. 10. 27. 선고 2004다69581 판결

34) 대법원 2007. 10. 25. 선고 2007다34876 판결 "민사집행법 158조의 문언이 '첫 변론기일'이라고 명시하고 있을 뿐만 아니라, 변론준비절차는 변론이 효율적이고 집중적으로 실시될 수 있도록 당사자의 주장과 증거를 정리하여 소송관계를 뚜렷이 하기 위하여 마련된 제도로서 당사자는 변론준비기일을 마친 뒤의 변론기일에서 변론준비기일의 결과를 진술하여야 하는 등 변론준비기일의 제도적 취지, 그 진행방법의 효과, 규정의 형식 등에 비추어 볼 때, 민사집행법 158조에서 말하는 '첫 변론기일'에 '첫 변론준비기일'은 포함되지 않는다."

제4절 변론

당사자는 소송에 대하여 법원에서 변론하여야 한다. 다만, 결정으로 완결할 사건에 대하여는 법원이 변론을 열 것인지 아닌지를 정한다. 변론은 재판장(합의부의 재판장 또는 단독판사를 말한다)이 지휘한다. 재판장은 발언을 허가하거나 그의 명령에 따르지 아니하는 사람의 발언을 금지할 수 있다. 변론기일은 공개법정에서 재판장이 사건번호(예컨대, 2014가합5698호 양수금 사건)와 당사자의 이름을 부름으로써 시작된다.

변론은 집중되어야 하며, 당사자는 변론을 서면으로 준비하여야 한다(제272조 제1항). 준비서면에는 ① 당사자의 성명·명칭 또는 상호와 주소, ② 대리인의 성명과 주소, ③ 사건의 표시, ④ 공격 또는 방어의 방법, ⑤ 상대방의 청구와 공격 또는 방어의 방법에 대한 진술, ⑥ 덧붙인 서류의 표시, ⑦ 작성한 날짜, ⑧ 법원의 표시를 적고, 당사자 또는 대리인이 기명날인 또는 서명한다(제274조). 준비서면은 그것에 적힌 사항에 대하여 상대방이 준비하는 데 필요한 기간을 두고 제출하여야 하며, 법원은 상대방에게 그 부본을 송달하여야 한다(제273조). 준비서면에 적지 아니한 사실은 상대방이 출석하지 아니한 때에는 변론에서 주장하지 못한다(제276조). 재판장은 당사자의 공격방어방법의 요지를 파악하기 어렵다고 인정하는 때에는 변론을 종결하기에 앞서 당사자에게 쟁점과 증거의 정리 결과를 요약한 준비서면을 제출하도록 할 수 있다(요약준비서면, 제278조).

재판결과에 영향을 미치는 사실 중 다툼이 있는 사실에 대하여는 증거조사가 필요하다. 법관이 잘 알기 어려운 일반상식이 아닌 전문적 지식에 해당하는 경험법칙, 외국법·지방법령·관습법·실효된 법률·구법 등도 증거조사가 필요하다. 증거조사절차는 증거신청, 채부결정, 증거조사의 실시, 증거조사 결과에 의한 심증형성의 순서로 진행된다. 증거방법에는 증인, 감정인, 문서, 검증물, 당사자본인, 도면·사진·녹음테이프 · 비디오테이프 · 컴퓨터용 자기디스크, 사실조회(조사 · 송부촉탁) 등이 있다. 증거를 신청할 때에는 증명할 사실을 표시하여야 한다(제289조 제1항). 증거의 신청과 조사는 변론기일전에도 할 수 있다(제289조 제2항).

법원사무관등은 변론기일에 참여하여 기일마다 조서를 작성하여야 한다. 다만, 변론을 녹음하거나 속기하는 경우 그 밖에 이에 준하는 특별한 사정이 있는 경우에는 법원사무관등을 참여시키지 아니하고 변론기일을 열 수 있다(변론조서의 작성, 제152조 제1항). 조서에는 변론의 요지를 적되, 특히 화해, 청구의 포기 · 인낙, 소의 취하와 자백, 증인 · 감정인의 선서와 진술, 검증의 결과, 재판장이 적도록 명한 사항과 당사자의 청구에 따라 적는 것을 허락한 사항, 서면으로 작성되지 아니한 재판, 재판의 선고에 관한 사항을 분명히 하여야 한다(변론조서의 실질적 기재사항, 제154조).

제5절 화해권고결정

법원은 소송의 정도와 관계없이 화해를 권고하거나, 수명법관 또는 수탁판사로 하여금 권고하게 할 수 있다. 이 때 법원 · 수명법관 또는 수탁판사는 당사자 본인이나 그 법정대리인의 출석을 명할 수 있다. 법원 · 수명법관 또는 수탁판사는 소송에 계속 중인 사건에 대하여 직권으로 당사자의 이익, 그 밖의 모든 사정을 참작하여 청구의 취지에 어긋나지 아니하는 범위 안에서 사건의 공평한 해결을 위한 화해권고결정을 할 수 있다(제225조).

당사자는 화해권고결정에 대하여 그 조서 또는 결정서의 정본을 송달받은 날부터 2주 이내에 이의를 신청할 수 있다. 다만, 그 정본이 송달되기 전에도 이의를 신청할 수 있다(제226조). 2주의 이의신청기간은 불변기간이다. 이의신청을 한 당사자는 그 심급의 판결이 선고될 때까지 상대방의 동의를 얻어 이의신청을 취하할 수 있다(제228조 제1항). 이의신청권은 그 신청 전까지 포기할 수 있다(제229조 제1항). 이의신청이 적법한 때에는 소송은 화해권고결정 이전의 상태로 돌아간다. 이 경우 그 이전에 행한 소송행위는 그대로 효력을 가진다(제232조 제1항). 화해권고결정은 그 심급에서 판결이 선고된 때에는 그 효력을 잃는다(제232조 제2항).

2주의 기간 이내에 이의신청이 없는 경우, 이의신청에 대한 각하결정이 확정된 경우, 당사자가 이의신청을 취하하거나 이의신청권을 포기한 경우에는 화해권고결정은 재판상 화해와 같은 효력을 가진다(제231조).

제6절 당사자에 의한 소송의 종료
(소의 취하, 청구의 포기와 인낙, 소송상 화해)

Ⅰ. 소의 취하

소는 판결이 확정될 때까지 그 전부나 일부를 취하할 수 있다(제266조 제1항). 소의 취하는 상대방이 본안에 관하여 준비서면을 제출하거나 변론준비기일에서 진술하거나 변론을 한 뒤에는 상대방의 동의를 받아야 효력을 가진다(제266조 제2항).

소의 취하는 서면으로 하는 것이 원칙이지만, 변론 또는 변론준비기일에서 말로 할 수 있다(제266조 제3항). 소장을 송달한 뒤에는 취하의 서면을 상대방에게 송달하여야 한다(제266조 제4항). 소취하를 변론 또는 변론준비기일에 말로 하는 경우에 상대방이 변론 또는 변론준비기일에 출석하지 아니한 때에는 그 기일의 조서등본을 송달하여야 한다(제266조 제5항).

소취하의 서면이 송달된 날부터 2주 이내에 상대방이 이의를 제기하지 아니한 경우에는 소취하에 동의한 것으로 본다. 소취하를 변론 또는 변론준비기일에 말로 한 경우 상대방이 기일에 출석한 경우에는 소를 취하한 날부터, 상대방이 기일에 출석하지 아니한 경우에는 그 기일의 조서등본이 송달된 날부터 2주 이내에 상대방이 이의를 제기하지 아니하는 때에도 또한 같다(제266조 제6항). 취하된 부분에 대하여는 소가 처음부터 계속되지 아니한 것으로 본다(제267조 제1항).

본안에 대한 종국판결이 있은 뒤에 소를 취하한 사람은 같은 소를 제기하지 못한다(재소의 금지, 제267조 제2항).

민사소송법 제267조 제2항은 "본안에 대한 종국판결이 있은 뒤에 소를 취하한 사람은 같은 소를 제기하지 못한다"라고 규정하고 있는데, 이는 소취하로 인하여 그동안 판결에 들인 법원의 노력이 무용화되고 종국판결이 당사자에 의하여 농락당하는 것을 방지하기 위한 제재적 취지의 규정이므로, 본안에 대한 종국판결이 있은 후 소를 취하한 자라 할지라도 이러한 규정의 취지에 반하지 아니하고 소제기를 필요로 하는 정당한 사정이 있다면 다시 소를 제기할 수 있다[35]

항소심에 있어서 1심에서의 청구취지와 청구원인의 진술을 철회하고 새로운 청구취지와 청구원인을 진술한 청구의 변경은 청구의 교환적 변경이라는 것이 판례이고, 청구의 교환적 변경은 신청구의 추가적 병합과 구청구의 취하인 이상 항소심에서 청구를 교환적으로 변경한 뒤에 다시 구청구로 청구를 변경하는 것은 재소금지에 해당하므로 허용될 수 없다.[36]

중복소송에 해당하는 후소에 관하여 본안 종국판결 선고 뒤에 소를 취하한 경우에 전소에 대하여도 재소금지의 효력이 미치므로 전소는 부적법 각하된다.[37]

---

35) 대법원 1993. 8. 24. 선고 93다22074 판결; 대법원 1998. 3. 13. 선고 95다48599, 48605 판결; 대법원 2009. 6. 25. 선고 2009다22037 판결

36) 대법원 1969. 5. 27. 선고 68다1798 판결

양 쪽 당사자가 변론기일에 출석하지 아니하거나 출석하였다 하더라도 변론하지 아니한 때에는 재판장은 다시 변론기일을 정하여 양 쪽 당사자에게 통지하여야 한다(제268조 제1항). 새로 열린 변론기일 또는 그 뒤에 열린 변론기일에 양 쪽 당사자가 또 출석하지 아니하거나 출석하였다 하더라도 변론하지 아니한 때에는 1월 이내에 기일지정신청을 하지 아니하면 소를 취하한 것으로 본다(제268조 제2항). 1월 이내에 기일지정신청을 한 경우 그 신청에 따라 정한 변론기일 또는 그 뒤의 변론기일에 양쪽 당사자가 출석하지 아니하거나 출석하였다 하더라도 변론하지 아니한 때에는 소를 취하한 것으로 본다(제268조 제3항). 상소심의에서의 소 취하도 위와 같다. 다만, 상소심에서는 상소를 취하한 것으로 본다(제268조 제4항).

Ⅱ. 청구의 포기와 인낙

청구의 포기는 원고가 소송상 청구했던 자기의 청구가 이유 없음을 법원에 진술하는 것을 말한다. 청구의 인낙은 원고의 청구가 이유 있음을 피고 스스로 인정하는 의사표시를 법원에 하는 것을 말한다. 청구의 포기나 인낙의 진술이 있으면 법원은 법원사무관등에 명하여 포기나 인낙의 진술을 조서로 기재하게 한다(제154조, 제155조). 청구의 포기나 인낙조서는 별도로 작성한다(민사소송규칙 제31조). 포기・인낙의 진술이 조서에 기재되기 전에는 상대방의 동의를 얻어 철회할 수 있다.

청구의 포기・인낙을 변론조서・변론준비기일조서에 적은 때에는 그 조서는 확정판결과 같은 효력을 가진다(제220조). 청구의 포기・인낙조서에 대한 불복은 준재심에 의한다(제461조). 청구의 포기・인낙조서는 확정판결과 같기 때문에, 소송요건에 흠이 없어야 한다. 즉 당사자에게 소송능력이 있어야 하고, 대리권의 흠이 없어야 하는 것은 물론,

---

37) 대법원 1967. 7. 18. 선고 67다1042 판결

변론주의가 적용되는 영역의 청구에 한해 포기·인낙을 하여야 한다.

법정대리인이나 소송대리인이 청구의 포기·인낙을 하려면 특별수권이 있어야 하고(제56조 제2항, 제90조 제2항), 필수적 공동소송의 경우 모든 공동소송인의 포기·인낙이 있어야 한다(제67조 제1항). 독립당사자참가에서 본소 당사자가 포기·인낙을 하여도 참가인이 이를 다투면 포기·인낙의 효과는 발생할 수 없다(제79조 제2항).

Ⅲ. 소송상 화해, 제소전 화해

소송 계속 중 당사자들이 서로 양보하고 소송을 종료하기로 한 합의를 소송상 화해라고 한다. 청구의 포기·인낙과 마찬가지로 소송상 화해 역시 변론조서·변론준비기일조서에 그 내용을 적은 때 그 조서는 확정판결과 같은 효력을 가진다(제220조). 이에 대한 불복방법은 준재심의 소이다(제461조). 소권은 실체법적 측면과 절차법적 측면을 모두 가지고 있고, 소송상 화해는 소송 중 당사자 사이에서 이루어지는 소권에 대한 합의이다. 그 합의가 조서에 기재되면 확정판결과 동일한 효력을 가지는 것인데, 이러한 소송상 화해의 성질은 청구의 포기·인낙과 본질적으로 같은 것으로 파악되어야 할 것이다. 판례는 소송상 화해에 대한 무제한기판력설 입장이다.[38] 재판상의 화해를 조서에 기재한 때에

38) 대법원 1987. 10. 13. 선고 86다카2275 판결 "민사소송법 제206조 소정의 재판상의 화해가 성립되면 가령 그 내용이 강행법규에 위배된 경우라 하더라도 그것이 단지 재판상화해에 하자가 있음에 지나지 아니하여 재심의 절차에 의하여 구제받는 것은 별문제로 하고 그 화해조서를 무효라고 주장할 수는 없는 것이며 이 법리는 민사소송법 제355조에 의한 화해에 관하여서도 같다."; 대법원 2000. 3. 10. 선고 99다67703 판결 "재판상의 화해를 조서에 기재한 때에는 그 조서는 확정판결과 동일한 효력이 있고 당사자간에 기판력이 생기는 것이므로 확정판결의 당연무효 사유와 같은 사유가 없는 한 재심의 소에 의하여만 효력을 다툴 수 있는 것이나, 당사자 일방이 화해조서의 당연무효 사유를 주장하며 기일지정신청을 한 때에는 법원으로서는 그 무효사유의 존재 여부를 가리기 위하여 기일을 지정하여 심리를 한 다음 무효사유가 존재한다고 인정되지 아니한 때에는 판결로써 소송종료선언을 하여야 한다."; 대법원 2002. 12. 6. 선고 2002다44014 판결 "제소전 화해조서는 확정판결과 동일한 효력이

는 그 조서는 확정판결과 동일한 효력이 있고 당사자간에 기판력이 생기는 것이므로 확정판결의 당연무효 사유와 같은 사유가 없는 한 준재심의 소에 의해서만 다툴 수 있고 그 효력을 다투기 위하여 기일지정신청을 함은 허용되지 않는다.[39] 화해조서에 명백한 오류가 있을 때에는 경정(제211조)이 허용된다고 볼 것이다.

민사상 다툼에 관하여 당사자는 청구의 취지・원인과 다투는 사정을 밝혀 상대방의 보통재판적이 있는 곳의 지방법원에 화해를 신청할 수 있다(제385조 제1항). 이를 제소전(提訴前和解) 화해라 한다. 제소전 화해가 성립된 때에는 법원사무관등은 조서에 당사자, 법정대리인, 청구의 취지와 원인, 화해조항, 날짜와 법원을 표시하고 판사와 법원사무관등이 기명날인한다(제386조). 제소전 화해가 성립되지 아니한 때에는 법원사무관등은 그 사유를 조서에 적어야 한다(제387조 제1항). 신청인 또는 상대방이 기일에 출석하지 아니한 때에는 법원은 이들의 화해가 성립되지 아니한 것으로 볼 수 있다(제387조 제2항). 제소전 화해가 성립되지 않은 경우 당사자는 제소전화해가 성립되지 않았다는 조서등본이 송달되기 전이나 송달된 날부터 2주이내에 소제기신청을 할 수 있다(제388조 제1항). 적법한 소제기신청이 있으면 화해신청을 한 때에 소가 제기된 것으로 보며, 법원사무관등은 바로 소송기록을 관할법원에 보내야 한다(제388조 제2항). 화해비용은 화해가 성립된 경우에는 특별한 합의가 없으면 당사자들이 각자 부담하고, 화해가 성립되지 아니한 경우에는 신청인이 부담한다. 다만, 소제기신청이 있는 경우에는 화해비용을 소송비용의 일부로 한다(제389조).

있어 당사자 사이에 기판력이 생기는 것이므로, 거기에 확정판결의 당연무효 사유와 같은 사유가 없는 한 설령 그 내용이 강행법규에 위반된다 할지라도 그것은 단지 제소전 화해에 하자가 있음에 지나지 아니하여 준재심절차에 의하여 구제받는 것은 별문제로 하고 그 화해조서를 무효라고 주장할 수는 없는 것이[다]."

39) 대법원 1990. 3. 17. 자 90그3 결정

제7절 법원에 의한 소송의 종료(판결의 선고)

Ⅰ. 재판

재판이란 재판기관인 법원이나 법관의 판단행위를 말한다. 재판기관이 아닌 법원사무관 등이 하는 판단행위는 처분이라고 한다. 재판기관의 판단행위가 아닌 변론의 청취나 증거조사, 결의 선고는 사실상 행위이지, 재판이 아니다. 재판의 종류에는 판결, 결정, 명령이 있다. 판결과 결정은 법원이 하는 재판이고, 명령은 법관이 하는 재판이다. 판결은 변론을 필수적으로 거쳐야 하지만, 명령과 결정의 경우 변론은 임의적인 것이다. 판결은 판결서를 작성하여 법관이 서명·날인하여야 하지만, 결정과 명령은 상당한 방법으로 고지하면 성립하고, 조서로 갈음할 수 있다. 판결에 대한 불복방법은 항소, 상고이고, 결정이나 명령에 대한 불복방법은 항고, 재항고이다.

법원은 소송의 심리를 마치고 나면 종국판결(終局判決)을 한다(제198조). 법원은 증거조사를 하여 이것을 가지고 판결을 내릴 수 있거나 그 이상 증거조사를 하더라도 무의미하다고 여길 때에는 변론을 종결하고 판결을 선고하는 것이다. 판결은 선고로 효력이 생긴다(제205조). 판결은 재판장이 판결원본에 따라 주문을 읽어 선고하며, 필요한 때에는 이유를 간략히 설명할 수 있다(제206조). 판결은 변론이 종결된 날부터 2주 이내에 선고하여야 하며, 복잡한 사건이나 그 밖의 특별한 사정이 있는 때에도 변론이 종결된 날부터 4주를 넘겨서는 아니 된다(제207조 제1항). 판결은 당사자가 출석하지 아니하여도 선고할 수 있다(제207조 제2항). 판결서에는 당사자와 법정대리인, 주문, 청구의 취지 및 상소의 취지, 이유, 변론을 종결한 날짜. 다만, 변론 없이 판결하는 경우에는 판결을 선고하는 날짜, 법원에 대한 사항을 적고, 판결한 법관이 서명·날인하여야 한다(제208조 제1항). 판결서의 이유에는 주문이 정당하다는 것을 인정할 수 있을 정도로 당사자의 주장, 그 밖의 공격・방어방법에 관한 판단을 표시한다(제208조 제2항).

판결에 잘못된 계산이나 기재, 그 밖에 이와 비슷한 잘못이 있음이 분명한 때에 법원은 직권으로 또는 당사자의 신청에 따라 경정결정(更正決定)을 할 수 있다(제211조 제1항). 경정결정은 판결의 원본과 정본에 덧붙여 적어야 한다. 다만, 정본에 덧붙여 적을 수 없을 때에는 결정의 정본을 작성하여 당사자에게 송달하여야 한다(제211조 제2항). 경정결정에 대하여는 즉시항고를 할 수 있다. 다만, 판결에 대하여 적법한 항소가 있는 때에는 그러하지 아니하다(제211조 제3항).

재판장으로부터 교부받은 판결문의 정본을 법원사무관등은 당사자에게 2주 이내에 송달하여야 한다(제210조). 판결은 상소를 제기할 수 있는 기간 또는 그 기간 이내에 적법한 상소제기가 있을 때에는 확정되지 아니한다. 판결의 선고와 동시에 판결을 한 법원도 이를 철회하거나 그 내용을 변경할 수 없다. 판결은 일반적으로 상소기간인 2주가 지나거나 상소를 취하하거나 상소권을 포기하면 확정된다. 대법원 판결은 더 이상 불복수단이 없기 때문에 선고와 동시에 확정된다.

외국법원의 확정판결 또는 이와 동일한 효력이 인정되는 재판은 대한민국의 법령 또는 조약에 따른 국제재판관할의 원칙상 그 외국법원의 국제재판관할권이 인정될 것, 패소한 피고가 소장 또는 이에 준하는 서면 및 기일통지서나 명령을 적법한 방식에 따라 방어에 필요한 시간여유를 두고 송달받았거나(공시송달이나 이와 비슷한 송달에 의한 경우는 제외) 송달받지 아니하였더라도 소송에 응하였을 것, 그 확정재판등의 내용 및 소송절차에 비추어 그 확정재판등의 승인이 대한민국의 선량한 풍속이나 그 밖의 사회질서에 어긋나지 아니할 것, 상호보증이 있거나 대한민국과 그 외국법원이 속하는 국가에 있어 확정재판등의 승인요건이 현저히 균형을 상실하지 아니하고 중요한 점에서 실질적으로 차이가 없을 것이라는 네 가지 요건을 모두 갖추어야 승인된다(제217조 제1항). 법원은 손해배상에 관한 확정재판등이 대한민국의 법률 또는 대한

민국이 체결한 국제조약의 기본질서에 현저히 반하는 결과를 초래할 경우에는 해당 확정재판등의 전부 또는 일부를 승인할 수 없다(제217조의2 제1항).

Ⅱ. 소송판결과 본안판결

소송판결은 소송요건의 흠을 이유로 부적법 각하하는 판결을 말하고, 본안판결은 소송상 청구 내용의 당부를 판단하여 청구를 인용하거나 기각하는 판결을 말한다.

Ⅲ. 중간판결과 종국판결

1. 중간판결

법원은 독립된 공격 또는 방어의 방법, 그 밖의 중간의 다툼에 대하여 필요한 때에는 중간판결을 할 수 있다(제201조 제1항). 청구의 원인과 액수에 대하여 다툼이 있는 경우에 그 원인에 대하여도 중간판결을 할 수 있다(제202조 제2항).

중간판결은 중간확인의 소(제264조)에 대한 중간확인판결과는 다른 것이다. 중간확인판결은 소송계속 중 쟁점이 되는 선결적 법률관계에 관하여 기판력을 얻기 위하여 본소에 병합하여 제기하는 중간확인의 소에 대한 판결이다.

중간판결은 그 심급에서 사건의 전부 또는 일부를 완결하는 재판인 종국판결을 하기에 앞서 종국판결의 전제가 되는 개개의 쟁점을 미리 정리・판단하여 종국판결을 준비하는 재판이다. 중간판결이 선고되면 판결을 한 법원은 이에 구속되므로 종국판결을 할 때에도 그 주문의 판단을 전제로 하여야 하며, 설령 중간판결의 판단이 그릇된 것이라 하더라도 이에 저촉되는 판단을 할 수 없다.[40] 중간판결은 독립하여 상소할 수 없고, 종국판결과 함께 상소심의 판단을 받는다(제329조, 제425조).

2. 종국판결

종국판결이란 소나 상소로 계속된 사건의 전부나 일부에 대하여 그 심급에서 종결짓는 판결을 말한다(제198조).

법원은 소송의 일부에 대한 심리를 마친 경우 그 일부에 대한 종국판결을 할 수 있다(일부판결, 제199조 제1항). 변론을 병합한 여러 개의 소송 가운데 한 개의 심리를 마친 경우와, 본소(本訴)나 반소의 심리를 마친 경우에도 일부판결을 할 수 있다(제199조 제2항).

법원이 청구의 일부에 대하여 재판을 누락한 경우에 그 청구부분에 대하여는 그 법원이 계속하여 재판한다(재판의 누락, 제212조 제1항). 재판의 누락으로 남게 된 청구에 대하여 판결을 하는 것을 추가판결이라 한다. 추가판결은 판결주문에 대한 것을 의미하는 것이고, 판결이유의 누락은 추가판결을 할 필요가 없다.

Ⅳ. 판결의 확정

판결의 확정이란 상소로써 더 이상 다툴 수 없는 상태를 뜻한다. 상소를 할 수 있는 판결은 당사자 쌍방의 상소기간(판결정본 송달일부터 2주간, 제498조, 제396조, 제425조)이 만료됨으로써 확정되며, 상소가 있는 경우에도 상소기간 경과 후에 취하(또는 취하간주)되거나 상소가 부적법하여 각하된 때에는 상소기간 만료시에 소급하여 확정된다. 상고심 판결은 더 이상 다툴 수 없으므로 판결선고와 동시에 확정된다.[41]

---

40) 대법원 2011. 9. 29. 선고 2010다65818 판결.

41) 상고이유서 미제출 또는 심리불속행으로 인한 상고기각판결은 상고인에게 송달되는 시점에 확정된다. 대법원 2009. 9. 10. 선고 2009다41977 판결 "상고심절차에 관한 특례법에 정한 심리불속행 판결은 상고인에게 송달됨으로써 효력이 생기는 것이다(상고심절차에 관한 특례법 제5조 제2항). 기록에 의하면, 재심대상판결에 대하여 원고(재심원고)가 상고를 제기하였고, 위 상고는 2008. 6. 12. 심리불속행 판결로 기각

판결선고 전에 불상소의 합의를 한 경우에는 판결 선고시에 판결이 확정된다.[42] 상소가 제기된 사건에 대하여 상소기각의 판결이 확정되었을 때(제414조, 제425조, 제430조), 상소기간이 만료하지 않은 경우에도 당사자 쌍방이 상소권을 포기한 때(일방이 포기한 경우에는 타방이 상소기간을 경과한 때에 확정된다)에 확정된다. 판결은 상소기간이 만료되면 바로 확정되므로 추후보완상소가 있다고 하더라도 확정판결의 효력이 배제되지 않는다.

원고의 청구를 일부 인용한 제1심판결에 대하여 원고만이 그 패소 부분에 대한 항소를 제기하고 피고는 항소나 부대항소를 제기하지 않은 경우, 제1심판결 중 원고 승소 부분은 항소심의 심판대상에서 제외됨으로써 항소심판결의 선고와 동시에 확정되는 것이고, 원고가 위와 같이 승소 확정된 부분에 대하여 상고를 제기하였다면 상고의 이익이 없어 부적법하다.[43]

원고의 1개의 청구의 일부를 기각하는 제1심판결에 대하여 피고만이 항소를 하였더라도 제1심판결의 심판대상이었던 청구 전부가 불가분적으로 항소심에 이심되나, 항소심의 심판범위는 이심된 부분 가운데 피고가 불복 신청한 한도로 제한되고, 나머지 부분에 관하여는 원고가 불복한 바 없어 항소심의 심판대상이 되지 아니하므로 항소심으로서는 원고의 1개의 청구 중 불복하지 아니한 부분을 인용할 수 없으며, 이와 같이 항소심의 심판대상이 되지 아니한 부분에 관하여는 항소심판결 선고와 동시에 확정되어 소송이 종료된다고 할 것이다.[44]

된 다음 2008. 6. 18. 원고에게 송달된 사실을 알 수 있는바, 재심대상판결은 2008. 6. 18. 심리불속행 판결의 효력이 발생함으로써 비로소 확정되었고, 위 확정일부터 30일 이내에 제기된 이 사건 재심의 소는 재심제기의 기간을 준수한 것이다. 그럼에도 불구하고 재심대상판결이 2008. 6. 12. 심리불속행 판결이 있은 날에 확정되었다고 속단하여 그로부터 재심제기의 기간을 산정함으로써 이 사건 재심의 소가 부적법하다고 보아 이를 각하한 원심의 조치는 위법하다."

42) 대법원 1987. 6. 23. 선고 86다카2728 판결

43) 대법원 2008. 3. 14. 선고 2006다2940 판결

44) 대법원 2006. 4. 27. 선고 2006두2091 판결

피고가 수개의 청구를 인용한 제1심판결 중 일부에 대하여만 항소를 제기한 경우, 항소되지 않은 나머지 부분도 확정이 차단되고 항소심에 이심은 되나, 피고가 그 변론종결시까지 항소취지를 확장하지 않는 한 그 나머지 부분에 관하여는 불복한 바가 없어 항소심의 심판대상이 되지 않고 항소심의 판결선고와 동시에 확정되어 소송이 종료된다고 할 것이다.[45]

1심법원이 기각한 본소청구 부분과 반소청구 부분 중 본소청구 부분에 대하여 원고가 불복하지 않아 항소심의 심판대상이 되지 않는 경우, 그 본소청구 부분의 확정 시점은 항소심판결 선고시이다.[46]

원고의 주위적 청구를 기각하면서 예비적 청구를 일부 인용한 환송 전 항소심판결에 대하여 피고만이 상고하고 원고는 상고도 부대상고도 하지 않은 경우에, 주위적 청구에 대한 항소심판단의 적부는 상고심의 조사대상으로 되지 아니하고 환송 전 항소심판결의 예비적 청구 중 피고 패소 부분만이 상고심의 심판대상이 되는 것이므로, 피고의 상고에 이유가 있는 때에는 상고심은 환송 전 항소심판결 중 예비적 청구에 관한 피고 패소 부분만 파기하여야 하고, 파기환송의 대상이 되지 아니한 주위적 청구부분은 예비적 청구에 관한 파기환송판결의 선고와 동시에 확정되며 그 결과 환송 후 원심에서의 심판범위는 예비적 청구 중 피고 패소 부분에 한정된다.[47]

확정되어야 효력이 있는 재판에 관하여 집행문부여신청을 하는 경우에 그 재판이 확정되었음이 기록상 명백한 경우를 제외하고는 신청서에 재판의 확정을 증명하는 서면을 첨부하여야 한다(민사집행법규칙 제19조 제2항). 판결확정증명은 확정 여부에 관하여 다툼이 있을 때 기판력의 항변(제216조)을 위하여, 형성판결이나 의사의 진술을 명하는 판결 등 집행문의 부여를 필요로 하지 않는 판결에 의한 부동산등기의 신청

45) 대법원 2011. 7. 28. 선고 2009다35842 판결
46) 대법원 2008. 6. 26. 선고 2008다24791,24807 판결
47) 대법원 2001. 12. 24. 선고 2001다62213 판결

(부동산등기법 제23조 4항), 가족관계의 등록 등에 관한 법률 상의 신고나 공탁물의 수령・회수(공탁법 제8조)를 위하여, 강제집행절차에 있어서 민사집행법 제49조 1호에 의한 강제집행정지를 신청하기 위하여 요구된다.

원고 또는 피고가 판결확정증명서를 신청한 때에는 제1심 법원의 법원사무관등이 기록에 따라 내어 준다(제499조 1항). 소송기록이 상급심에 있는 때에는 상급법원의 법원사무관등이 그 확정부분에 대하여만 증명서를 내어 준다(제499조 2항).

확정일자의 판단은 원고 전부 승소판결의 경우에는 피고에게 판결정본이 송달된 날을 기준으로 2주가 경과한 다음날이다(제396조, 425조). 원고 일부 승소인 경우에는 원고・피고 쌍방 중 최후에 송달된 날을 기준으로 한다. 통상공동소송은 공동소송인 개별적으로 확정되지만, 필수적 공동소송 또는 독립당사자참가소송인 경우에는 당사자 중 최후에 송달된 날짜를 기준으로 삼아야 한다.

판결확정증명서의 부여를 거부당한 신청인은 그 법원사무관등이 소속된 법원에 이의를 신청할 수 있고, 법원은 거부처분의 당부를 심사한 후 부여하여야 한다고 인정하는 때에는 당해 법원사무관등에게 결정으로 증명의 부여를 명하게 된다(223조).

V. 확정판결의 효력

1. 기판력

기판력이라 함은 기판력 있는 전소판결의 소송물과 동일한 후소를 허용하지 않는 것임은 물론, 후소의 소송물이 전소의 소송물과 동일하지 않다고 하더라도 전소의 소송물에 관한 판단이 후소의 선결문제가 되거나 모순관계에 있을 때에는 후소에서 전소판결의 판단과 다른 주장을 하는 것을 허용하지 않는 작용을 하는 것이다.

갑이 을에 대하여 전소에서 토지를 대물변제 받아 점유하기 시작하여 취득시효가 완성되었다는 사실을 그 이유로 하여 소유권이전등기절차이행을 구하였다가 배척되었음에도 불구하고 후소에서는 이를 증여받아 점유하기 시작하여 취득시효가 완성되었다고 주장하는 것은 전소의 소송물인 취득시효완성을 원인으로 한 소유권이전등기청구권의 존부에 관한 공격방법의 하나에 불과한 사실을 후소에서 다시 주장하는 것으로 이는 전소의 사실심 변론종결 전에 주장할 수 있었던 사유임이 명백할 뿐만 아니라, 후소에서 갑이 이러한 주장을 하는 것을 허용한다면 위 토지에 관한 취득시효완성을 이유로 하여 을의 위 토지상의 건물철거청구를 거부할 수 있게 된다는 결론에 도달하게 되는 것이니, 갑의 위와 같은 주장은 전소판결의 소송물과 서로 모순관계에 있다고 하지 않을 수 없고, 따라서 전소판결의 기판력에 저촉되어 허용될 수 없다.[48)]

원고가 피고 갑을 상대로 소유권에 기하여 건물철거 및 대지인도청구소송을 제기한 결과, 원고가 대지의 실질적인 소유자가 아니라는 이유로 청구기각 판결이 선고되어 확정되었고 위 패소확정된 사건의 변론종결 이후에 피고 을이 피고 갑으로부터 위 건물을 매수하였다면 피고 을은 그의 지위를 승계한 변론종결후의 승계인에 해당하므로, 원고가 다시 피고 을을 상대로 소유권에 기하여 위 건물의 철거와 그 대지의 인도를 청구하는 이 사건 소는 비록 그 사이에 원고가 피고 갑을 상대로 위 대지에 관한 소유권확인소송을 제기하여 승소판결을 받아 확정되었고, 위 패소확정된 사건의 판결이 선고된 때로부터 10여년이 지났다고 하여 그 판결의 기판력을 배제하여야 할 만한 사정변경이 있다고 볼 수도 없으므로 위 패소확정판결의 기판력에 저촉되어 기각되어야 할 것이다.[49)]

확정된 전소의 기판력 있는 법률관계가 후소의 소송물 자체가 되지 아니하여도 후소의 선결문제가 되는 때에는 전소의 확정판결의 판단은

48) 대법원 1995. 3. 24. 선고 94다46114 판결

49) 대법원 1991. 3. 27. 선고 91다650 판결

후소의 선결문제로서 기판력이 작용한다고 할 것이므로, 소유권확인청구에 대한 판결이 확정된 후 다시 동일 피고를 상대로 소유권에 기한 물권적 청구권을 청구원인으로 하는 소송을 제기한 경우에는 전소의 확정판결에서의 소유권의 존부에 관한 판단에 구속되어 당사자로서는 이와 다른 주장을 할 수 없을 뿐만 아니라 법원으로서도 이와 다른 판단은 할 수 없다.[50)]

전·후 양소의 소송물이 동일하지 않다고 하더라도, 후소의 소송물이 전소에서 확정된 법률관계와 모순되는 정반대의 사항을 소송물로 삼았다면 이러한 경우에는 전소 판결의 기판력이 후소에 미치는 것이고, 제소전 화해조서는 확정판결과 같은 효력이 있어 당사자 사이에 기판력이 생기는 것이므로, 원고가 피고에게 이 사건 각 토지에 관하여 신탁해지를 원인으로 한 소유권이전등기절차를 이행하기로 한 이 사건 제소전 화해가 준재심에 의하여 취소되지 않은 이상, 그 제소전 화해에 기하여 마쳐진 소유권이전등기가 원인무효라고 주장하며 말소등기절차의 이행을 청구하는 것은 제소전 화해에 의하여 확정된 소유권이전등기청구권을 부인하는 것이어서 그 기판력에 저촉된다. 그리고 진정한 등기명의의 회복을 위한 소유권이전등기청구는 이미 자기 앞으로 소유권을 표상하는 등기가 되어 있었거나 법률에 의하여 소유권을 취득한 자가 진정한 등기명의를 회복하기 위한 방법으로 현재의 등기명의인을 상대로 그 등기의 말소를 구하는 것에 갈음하여 허용되는 것인데, 말소등기에 갈음하여 허용되는 진정명의회복을 원인으로 한 소유권이전등기청구권과 무효등기의 말소등기청구권은 어느 것이나 진정한 소유자의 등기명의를 회복하기 위한 것으로서 실질적으로 그 목적이 동일하고, 두 청구권 모두 소유권에 기한 방해배제청구권으로서 그 법적 근거와 성질이 동일하므로, 비록 전자는 이전등기, 후자는 말소등기의 형식을 취하고 있다고 하더라도 그 소송물은 실질상 동일한 것으로 보아야 하는 것인바,

50) 대법원 2000. 6. 9. 선고 98다18155 판결

이 사건에서 원고가 내세우는 진정명의회복을 위한 소유권이전등기청구는 이 사건 제소전 화해에 기하여 경료된 소유권이전등기의 말소등기청구에 갈음하여 청구하는 것으로서 실질적으로는 말소등기청구와 소송물이 동일하다 할 것이므로, 이 사건 제소전 화해의 기판력은 진정명의회복을 원인으로 한 소유권이전등기청구에도 역시 미친다고 보아야 한다.[51]

원고의 청구가 확정판결의 기판력에 저촉되어 배척되어야 할 경우라면 그 청구원인사실의 실체적 당부에 관하여는 판단할 필요가 없는 것이다.[52]

전소 확정판결의 존부는 당사자 주장이 없더라도 법원이 직권으로 조사하여 판단하지 않으면 안 되고, 더 나아가 당사자가 확정판결의 존재를 사실심 변론종결 시까지 주장하지 아니하였더라도 상고심에서 새로이 주장·증명할 수 있다.[53]

2. 집행력

가집행선고가 있거나 확정된 이행판결에 집행문이 부여되면 판결문에 부여된 이행의무를 강제집행절차에 의하여 실현할 수 있게 된다.

3. 형성력

형성의 소를 인용하는 형성판결이 확정되면 판결 내용대로 새로운 법률관계가 발생하거나 종래의 법률관계가 변경 또는 소멸된다.

---

51) 대법원 2002. 12. 6. 선고 2002다44014 판결
52) 대법원 1989. 11. 28. 자 89다카21309 결정
53) 대법원 2011. 5. 13. 선고 2009다94384 판결

Ⅵ. 판결의 경정, 확정판결의 효력배제

판결에 잘못된 계산이나 기재, 이 밖에 이와 비슷한 잘못이 있는 것이 분명한 때나 표현상의 잘못이 생겼을 때에 판결내용을 실질적으로 변경하지 않는 범위 내에서 그 잘못을 법원 스스로가 결정으로써 정정 또는 보충하여 스스로 고칠 수 있다(제211조).

판결이 상소기간을 넘어서 확정되더라도 일정한 사유가 있으면 상소기간의 추후보완이 가능하다(제409조, 제173조). 또한 재심의 소를 통해 확정판결의 효력을 배제할 수 있다.

Ⅶ. 가집행선고와 소송비용

1. 가집행선고

재산권의 청구에 관한 판결은 가집행(假執行)의 선고를 붙이지 아니할 상당한 이유가 없는 한 직권으로 담보를 제공하거나, 제공하지 아니하고 가집행을 할 수 있다는 것을 선고하여야 한다. 다만, 어음금·수표금 청구에 관한 판결에는 담보를 제공하게 하지 아니하고 가집행의 선고를 하여야 한다(제213조 제1항). 가집행 선고는 판결주문에 적어야 한다(제213조 제3항). 가집행선고는 미확정 종국판결에 승소한 당사자의 신속한 권리실현을 위해 미리 집행력을 주는 재판이다. 가집행선고는 중간판결(제201조), 소각하판결, 청구기각판결에는 허용되지 않으며, 종국판결로서 가집행할 수 있는 재산권의 청구에 관한 이행판결[54]에만 붙일 수 있다. 청구이의의 소나 제3자이의의 소에 있어서 잠정처분의 취소·변경 또는 인가판결에는 직권으로 가집행선고를 하여야 한

54) 대법원 1966. 1. 25. 선고 65다2374 판결; 그러나 통설은 확인판결이나 형성판결에도 가집행선고를 붙일 수 있다고 한다.

다(민사집행법 제47조 제2항, 제48조 제3항).

가집행선고있는 판결에 기한 강제집행은 확정판결에 기한 경우와 같이 본집행이므로 상소심의 판결에 의하여 가집행선고의 효력이 소멸되거나 집행채권의 존재가 부정된다고 할지라도 그에 앞서 이미 완료된 집행절차나 이에 기한 경락인의 소유권취득의 효력에는 아무런 영향을 미치지 아니한다.[55]

가집행의 선고는 그 선고 또는 본안판결을 바꾸는 판결의 선고로 바뀌는 한도에서 그 효력을 잃는다(제215조 제1항). 가집행선고가 붙은 본안판결이 바뀌거나 가집행선고가 바뀐 뒤 본안판결이 바뀐 경우 법원은 피고의 신청에 따라 그 판결에서 가집행의 선고에 따라 지급한 물건을 돌려 줄 것과, 가집행으로 말미암은 손해 또는 그 면제를 받기 위하여 입은 손해를 배상할 것을 원고에게 명하여야 한다(제215조 제2항, 제3항).

2. 소송비용[56]

소송비용은 패소한 당사자가 부담하는 것이 원칙이다(제98조). 그러나 법원은 사정에 따라 승소한 당사자로 하여금 그 권리를 늘리거나 지키는 데 필요하지 아니한 행위로 말미암은 소송비용 또는 상대방의 권리를 늘리거나 지키는 데 필요한 행위로 말미암은 소송비용의 전부나 일부를 부담하게 할 수 있다(제99조). 또한 당사자가 적당한 시기에 공격이나 방어의 방법을 제출하지 아니하였거나, 기일이나 기간의 준수를 게을리 하였거나, 그 밖에 당사자가 책임져야 할 사유로 소송이 지연된 경우에도 법원은 지연됨으로 말미암은 소송비용의 전부나 일부를 승소한 당사자에게 부담하게 할 수 있다(제100조). 일부패소의 경우에 당사

55) 대법원 1990. 12. 11. 선고 90다카19098 판결

56) 인지액, 송달료, 증인・감정인 등의 일당・여비, 소송서류 작성료, 변호사보수 등을 말한다. 비용과 관련한 법규로 민사소송비용법, 민사소송비용규칙, 증인의 일당・여비 등의 지급에 관한 예규, 변호사보수의 소송비용산입에 관한 규칙 등이 있다.

자들이 부담할 소송비용은 법원이 정한다. 다만, 사정에 따라 한 쪽 당사자에게 소송비용의 전부를 부담하게 할 수 있다(제101조). 공동소송인은 소송비용을 균등하게 부담한다. 다만, 법원은 사정에 따라 공동소송인에게 소송비용을 연대하여 부담하게 하거나 다른 방법으로 부담하게 할 수 있다(제102조 제1항). 당사자가 법원에서 화해한 경우 화해비용과 소송비용의 부담에 대하여 특별히 정한 바가 없으면 그 비용은 당사자들이 각자가 부담한다(제106조).

법원은 사건을 완결하는 재판에서 직권으로 그 심급의 소송비용 전부에 대하여 재판하여야 한다. 다만, 사정에 따라 사건의 일부나 중간의 다툼에 관한 재판에서 그 비용에 대한 재판을 할 수 있다(제104조). 상급법원이 본안의 재판을 바꾸는 경우 또는 사건을 환송받거나 이송받은 법원이 그 사건을 완결하는 재판을 하는 경우에는 소송의 총비용에 대하여 재판하여야 한다(제105조).

소송을 대리한 변호사에게 당사자가 지급하였거나 지급할 보수는 대법원규칙이 정하는 금액의 범위 안에서 소송비용으로 인정한다(제109조 제1항). 여러 변호사가 소송을 대리하였더라도 한 변호사가 대리한 것으로 본다(제109조 제2항).

소송비용의 부담을 정하는 재판에서 그 액수가 정하여지지 아니한 경우에 제1심 법원은 그 재판이 확정되거나, 소송비용부담의 재판이 집행력을 갖게된 후에 당사자의 신청을 받아 결정으로 그 소송비용액을 확정한다(소송비용액의 확정결정, 제110조 제1항), 소송비용액의 확정결정을 신청할 때에는 비용계산서, 그 등본과 비용액을 소명하는 데 필요한 서면을 제출하여야 한다(제110조 제2항). 소송비용액 확정결정에 대하여는 즉시항고를 할 수 있다(제110조 제3항).

원고가 대한민국에 주소·사무소와 영업소를 두지 아니한 때 또는 소장·준비서면, 그 밖의 소송기록에 의하여 청구가 이유 없음이 명백한 때 등 소송비용에 대한 담보제공이 필요하다고 판단되는 경우에 피고의 신청이 있거나 직권으로 법원은 원고에게 소송비용에 대한 담보를 제공하도록 명하여야 한다(제117조 제1항, 제2항). 담보를 제공할 사유가 있다는 것을 알고도 피고가 본안에 관하여 변론하거나 변론준비기일에서 진술한 경우에는 담보제공을 신청하지 못한다(제118조). 담보제공을 신청한 피고는 원고가 담보를 제공할 때까지 소송에 응하지 아니할 수 있다(제119조).

제8절 상소

Ⅰ. 상소 일반론

상소란 재판의 결과에 납득할 수 없는 소송당사자가 재판의 확정 전에 상급법원에 대하여 하는 불복신청이다. 재판의 확정 전에 하는 것이 상소이고 재판의 확정 후에 하는 것이 재심·준재심이다. 상소는 상급법원에 하는 것이고, 각종 이의신청은 같은 심급에서 하는 것이다.

소송비용 및 가집행에 관한 재판에 대하여는 독립하여 상소를 하지 못한다(제391조, 제425조, 제443조 제1항).

소의 제기가 적법하려면 소송요건을 갖추어야 하듯이 상소는 상소요건을 갖추어야 한다. 상소요건은 법원의 직권조사사항이다.[57)]

원고가 소제기 이전에 이미 사망한 사실이 인정된다면 이를 간과한 채 본안판단에 나아가 원고 청구를 인용한 원심판결은 당연무효라 할 것이나 민사소송이 당사자의 대립을 그 본질적 형태로 하는 것임에 비추어 사망한 자를 상대로 한 상고는 허용될 수 없다 할 것이므로, 이미 사망한 자를 상대방으로 하여 제기한 상고는 부적법하다.[58)]

피참가인은 참가인의 행위와 저촉되는 행위를 할 수 있고, 따라서 보

57) 대법원 1980. 1. 29. 선고 79다2066 판결
58) 대법원 1994. 1. 11. 선고 93누9606 판결

조참가인들이 제기한 항소를 포기 또는 취하할 수도 있다. 항소제기후의 항소권포기는 항소를 제기하지 아니하고 항소기간을 도과하여 항소권이 소멸된 경우와는 달리 항소심판결의 선고시까지는 언제나 할 수 있는 것이며 위 항소권포기서를 제1심법원에 제출하였다 하여도 동 서면이 기록에 편철되어 항소법원에 도착되면 그때 항소권포기의 효력이 생기고 따라서 항소취하의 효력도 있다.59)

행정처분취소판결의 효력은 당사자는 물론, 그 관계의 제3자에게 대하여도 그 효력이 미치는 것이고, 당사자에 대한 소송 판결이 보조참가인과 피참가인의 상대방과의 관계에 있어서도 그 효력이 미치는 경우에는 보조참가인이 상고를 제기한 후에 피참가인이 상고권포기 및 상고취하를 하여도 보조참가인의 상고는 그 효력이 지속된다.60)

구체적인 어느 특정 법률관계에 관하여 당사자 쌍방이 제1심판결선고전에 미리 항소하지 아니하기로 합의하였다면, 제1심판결은 선고와 동시에 확정되는 것이므로 그 판결선고 후에는 당사자의 합의에 의하더라도 그 불항소합의를 해제하고 소송계속을 부활시킬 수 없다. 불항소의 합의는 심급제도의 이용을 배제하여 간이신속하게 분쟁을 해결하고자 하는 당사자의 의사를 존중하여 인정되는 제도이므로 당사자의 일방만이 항소를 하지 아니하기로 약정하는 합의는 공평에 어긋나 불항소합의로서의 효력이 없다. 항소권의 포기는 불이익한 판결에 대하여 그 심사 변경을 구할 이익이 있는 항소권자가 법원에 대하여 서면으로 그 권리를 포기하는 의사를 표시하는 단독행위이므로 항소포기의 의사를 표시하는 서면이 법원에 제출되기 전에 그 약정을 해제하기로 다시 합의하고 항소를 제기하였다면 그 합의 해제의 효력에 따라 위 항소는 적법하다 할 것이다.61)

민사소송법 제259조는 법원에 계속되어 있는 사건에 대하여 당사자

59) 대법원 1984. 12. 11. 선고 84다카659 판결

60) 대법원 1967. 4. 25. 선고 66누96 판결

61) 대법원 1987. 6. 23. 선고 86다카2728 판결

는 다시 소를 제기하지 못한다고 규정하고 있고, 이 규정은 민사소송법 제408조, 제425조 및 제443조에 의하여 재항고에 관한 소송절차에도 준용되는바, 신청인은 제1차 원심결정에 대하여 2004. 2. 18. 이미 재항고를 제기하였다가 이를 각하하는 제2차 원심결정을 받은 후 2004. 3. 6. 제2차 원심결정에 대한 재항고를 제기하면서 제1차 원심결정에 대하여 위 2004. 2. 18.자 재항고와 동일한 내용의 재항고를 또다시 제기하였으니, 이는 중복 재항고에 해당하여 부적법하다고 할 것이다.[62)]

Ⅱ. 상소불가분의 원칙

상소가 제기되면 원재판의 확정이 차단된다(제498조). 당해 사건은 상급심으로 이심되어 계속된다. 이러한 확정차단과 이심의 효력은 상소인의 불복범위와 상관없이 원판결 전부에 대하여 생긴다. 이를 상소불가분의 원칙이라 한다.

상소인이 불복하지 않은 패소부분에 관해서도 확정은 차단되고 이심되므로, 상소심에서 청구의 확장이 가능하고, 피상소인이 부대상소를 하면 심리의 범위가 확장된다.

원재판의 일부에 대해서만 불복하고 나머지 부분에 대해서는 상소권의 포기 내지 불상소합의를 한 경우에는 불복하지 않은 부분은 가분적으로 확정된다. 통상공동소송의 경우 불복하지 않은 공동소송인에 대한 부분은 이심되지 않고 확정된다. 그러나 필수적 공동소송이나 독립당사자참가 등의 경우에는 상소불가분의 원칙이 적용된다.

원고의 청구를 모두 기각한 제1심판결에 대하여 원고가 그 중 일부에 대해서만 항소를 제기한 경우, 항소되지 않았던 나머지 부분도 항소로 인하여 확정이 차단되고 항소심에 이심된다.[63)] 기록에 의하면 원고는

62) 대법원 2004. 5. 17. 자 2004마246 결정

63) 대법원 2004. 4. 9. 선고 2003다69676 판결

이 사건 소를 제기하면서 원고의 손해 중 일부만 청구하는 것임을 명시하였고, 항소심에서 청구취지를 감축하였다가 다시 청구취지를 확장하면서 이는 종전의 위 일부청구에 대한 확장이 아니라 원고의 손해 중 종전에 청구하지 않았던 나머지 부분에 대한 청구취지의 확장임을 밝혔음을 알 수가 있다(따라서 원고의 위와 같은 청구취지 확장이 재소금지의 원칙에 반한다고 할 수도 없다). 그렇다면 원심이 원심에서 감축되었다가 확장된 청구 부분도 원심의 심판대상이 된다고 보아 그에 관하여 나아가 판단한 것은 정당하고, 거기에 주장하는 바와 같은 항소심의 심판 범위에 관한 법리오해 등의 위법이 없다.64)

주위적 청구와 예비적 청구가 병합심리된 사건에서 제1심법원이 원고의 주위적 청구를 기각하고 예비적 청구만을 인용하는 판결을 선고한데 대하여 피고만 항소를 제기한 경우에 그 주위적 청구 부분도 항소심에 이심되는 것이므로 항소심변론에서 피고가 주위적 청구를 인낙한다는 진술을 하였다면 그것을 조서에 기재함으로서 확정판결과 동일한 효력이 있는 것이다.65)

수개의 청구 중 각 일부를 인용한 제1심판결에 대하여 적법한 항소의 제기가 있으면 그 청구 전부의 확정이 차단되어 항소심에 이심되고, 다만 불복하지 아니한 부분은 항소심의 심리판단의 대상이 될 수 없을 뿐이다.66)

1개의 청구의 일부를 기각하는 제1심판결에 대하여 일방의 당사자만

---

64) 대법원 2007. 11. 15. 선고 2007다44156 판결

65) 대법원 1991. 11. 26. 선고 91다30163 판결

66) 대법원 2002. 4. 23. 선고 2000다9048 판결 [피고가 항소하면서 제1심판결의 인용액 중 일정금액을 초과하여 지급을 명한 피고 패소 부분의 취소를 구한 경우, 피고의 항소취지는 그 일정금액에 대하여 제1심판결이 지급을 명한 지연손해금에 대하여도 불복하는 취지라고 해석함이 상당하다고 한 사례. 피고가 항소하면서 제1심판결의 인용액 중 일정금액을 초과하여 지급을 명한 피고 패소 부분의 취소를 구하였으나 항소심이 제1심의 인용액보다는 적고 피고의 불복범위보다는 많은 범위에서 원고의 청구를 인용한 경우, 항소심이 그 인용액 전부에 대하여 항소심판결 선고일까지 소송촉진등에관한특례법 소정의 지연손해금의 이율을 적용하지 아니한 것은 정당하다고 한 사례]

이 항소를 하였더라도 제1심판결의 심판대상이었던 청구 전부가 불가분적으로 항소심에 이심되나, 항소심의 심판범위는 이심된 부분 가운데 항소인이 불복신청한 한도로 제한되지만, 심판범위에 속하는 청구의 당부를 심사하기 위하여 그 청구권의 발생 등 당해 청구권의 전반에 관하여 심리하는 것은 부득이 하고, 그것이 심판범위를 제한한 취지에 반하는 것이라고 할 수 없다.[67)]

통상공동소소에서는 공동소송인독립의 원칙(제66조)가 적용되기 때문에 공동소송인 중 일부만 상소한 경우 상소를 하지 않은 나머지 공동소송인들에 대하여는 상소의 효력이 미치지 않지만, 공유물분할청구와 같은 고유필수적 공동소송의 경우에는 공동소송인과 상대방 사이에 판결의 합일확정을 필요로 하기 때문에 공동소송인 중 일부가 제기한 상소는 다른 공동소송인에게도 그 효력이 미쳐 공동소송인 전원에 대한 관계에서 판결의 확정이 차단되고 그 소송은 전체로서 상소심에 이심되며, 상소심판결의 효력은 상소를 하지 아니한 공동소송인에게 미치므로 상소심으로서는 공동소송인 전원에 대하여 심리・판단하여야 한다.[68)]

예비적 공동소송에 있어서는 모든 공동소송인에 관한 청구에 대하여 판결하여야 하고, 공동소송인 가운데 한 사람의 소송행위는 모두의 이익을 위하여서만 효력을 가지고, 공동소송인 가운데 한 사람에 대한 상대방의 소송행위는 공동소송인 모두에게 효력이 미치므로, 주위적 공동소송인과 예비적 공동소송인 중 어느 한 사람에 대하여 상소가 제기되면 다른 공동소송인에 대한 청구 부분도 상소심에 이심되어 상소심의 심판대상이 된다고 할 것이다.[69)]

민사소송법 제79조 제1항에 따라 원・피고, 독립당사자참가인 간의 소송에 대하여 본안판결을 할 때에는 위 3당사자를 판결의 명의인으로 하는 하나의 종국판결만을 내려야 하는 것이지 위 당사자의 일부에 관

67) 대법원 2003. 4. 11. 선고 2002다67321 판결
68) 대법원 2003. 12. 12. 선고 2003다44615,44622 판결
69) 대법원 2008. 3. 27. 선고 2006두17765 판결

해서만 판결을 하는 것은 허용되지 않고, 같은 조 제2항에 의하여 제67조가 준용되는 결과 독립당사자참가소송에서 원고승소의 판결이 내려지자 이에 대하여 참가인만이 상소를 한 경우에도 판결 전체의 확정이 차단되고 사건 전부에 관하여 이심의 효력이 생긴다. 독립당사자참가소송에서 원고승소 판결에 대하여 참가인만이 상소를 했음에도 상소심에서 원고의 피고에 대한 청구인용 부분을 원고에게 불리하게 변경할 수 있는 것은 참가인의 참가신청이 적법하고 나아가 합일확정의 요청상 필요한 경우에 한한다.[70)]

Ⅲ. 항소일반

항소란 제1심 종국판결에 대하여 불복하여 상급법원에 다시 판결을 구하는 상소를 말한다(제390조). 항소를 신청하는 소송당사자를 항소인, 그 상대방을 피항소인이라 한다. 항소는 판결서가 송달된 날부터 2주 이내에 하여야 한다. 다만, 판결서 송달 전에도 할 수 있다(제396조 제1항). 항소장은 제1심법원에 제출해야 한다(제397조 제1항).

항소는 항소심의 종국판결이 있기 전에 취하할 수 있다(제393조 제1항). 소취하는 소 자체를 취하하는 것이고, 항소취하는 항소만 취하하는 것을 말한다. 항소취하를 하더라도 제1심판결에는 영향이 없다. 항소의 일부취하는 상소불가분의 원칙에 따라 허용되지 않는다.

항소심의 소송절차에는 특별한 규정이 없으면 제1심 소송절차를 준용한다(제408조). 제1심의 소송행위는 항소심에서도 그 효력을 가진다(제409조). 제1심의 변론준비절차는 항소심에서도 그 효력을 가진다(제410조).

70) 대법원 2007. 12. 14. 선고 2007다37776,37783 판결 [독립당사자참가소송에서 원고의 피고에 대한 청구를 인용하고 참가인의 참가신청을 각하한 제1심판결에 대하여 참가인만이 항소하였는데, 참가인의 항소를 기각하면서 제1심판결 중 피고가 항소하지도 않은 본소 부분을 취소하고 원고의 피고에 대한 청구를 기각한 것은 부적법하다고 한 사례]

당사자는 항소심에서 제1심 법원의 관할위반을 주장하지 못한다. 다만, 전속관할에 대하여는 그러하지 아니하다(제411조).

항소심에서의 반소는 상대방의 심급의 이익을 해할 우려가 없는 경우 또는 상대방의 동의를 받은 경우에 제기할 수 있다(제412조 제1항). 상대방이 이의를 제기하지 아니하고 반소의 본안에 관하여 변론을 한 때에는 반소제기에 동의한 것으로 본다(제412조 제2항).

부적법한 항소로서 흠을 보정할 수 없으면 변론 없이 판결로 항소를 각하할 수 있다(제413조). 항소법원은 제1심 판결을 정당하다고 인정한 때에는 항소를 기각하여야 한다(제414조 제1항). 제1심 판결의 이유가 정당하지 아니한 경우에도 다른 이유에 따라 그 판결이 정당하다고 인정되는 때에는 항소를 기각하여야 한다(제414조 제2항).

제1심 판결은 그 불복의 한도안에서 바꿀 수 있다. 다만, 상계에 관한 주장을 인정한 때에는 그러하지 아니하다(제415조). 항소법원은 제1심 판결을 정당하지 아니하다고 인정한 때에는 취소하여야 한다(제416조). 제1심 판결의 절차가 법률에 어긋날 때에 항소법원은 제1심 판결을 취소하여야 한다(제417조). 관할위반을 이유로 제1심 판결을 취소한 때에는 항소법원은 판결로 사건을 관할법원에 이송하여야 한다(제419조).

소가 부적법하다고 각하한 제1심 판결을 취소하는 경우에는 항소법원은 사건을 제1심 법원에 환송(還送)하여야 한다. 다만, 제1심에서 본안판결을 할 수 있을 정도로 심리가 된 경우, 또는 당사자의 동의가 있는 경우에는 항소법원은 스스로 본안판결을 할 수 있다(제418조).

민사소송법 제396조에 의하면, 항소기간은 판결의 송달을 받은 날로부터 진행되는 것이고, 다만 판결송달 전에도 항소를 제기할 수 있을 따름이므로, 패소 당사자가 판결송달 전에 판결이 선고된 사실을 알았다고 하여 그 안 날로부터 항소기간이 진행하는 것은 아니다. 그리고 항소제기기간은 불변기간이고, 이에 관한 규정은 성질상 강행규정이므로 그 기간 계산의 기산점이 되는 위 판결정본의 부적법한 송달의 하자는 이에 대한 피고의 책문권의 포기나 상실로 인하여 치유

될 수 없다.[71)]

상소는 자기에게 불이익한 재판에 대하여 유리하게 취소 변경을 구하는 것이므로 전부 승소한 판결에 대하여는 항소를 허용하지 아니하는 것이 원칙이고 재판이 항소인에게 불이익한 것인지 여부는 원칙적으로 재판의 주문을 표준으로 하여 판단한다. 가분채권에 대한 이행청구의 소를 제기하면서 그것이 나머지 부분을 우보하고 일부만 청구하는 것이라는 취지를 명시하지 아니한 경우에는 그 확정판결의 기판력은 나머지 부분에까지 미치는 것이어서 별소로써 나머지 부분에 관하여 다시 청구할 수는 없으므로, 일부 청구에 관하여 전부 승소한 채권자는 나머지 부분에 관하여 청구를 확장하기 위한 항소가 허용되지 아니한다면 나머지 부분을 소구할 기회를 상실하는 불이익을 입게 되고, 따라서 이러한 경우에는 예외적으로 전부 승소한 판결에 대해서도 나머지 부분에 관하여 청구를 확장하기 위한 항소의 이익을 인정함이 상당하다.[72)]

상소는 자기에게 불이익한 재판에 대하여 유리하게 취소변경을 구하기 위하여 하는 것이므로 전부 승소한 판결에 대하여는 항소가 허용되지 않는 것이 원칙이나, 하나의 소송물에 관하여 형식상 전부 승소한 당사자의 상소이익의 부정은 절대적인 것이라고 할 수도 없는바, 원고가 재산상 손해(소극적 손해)에 대하여는 형식상 전부 승소하였으나 위자료에 대하여는 일부 패소하였고, 이에 대하여 원고가 원고 패소부분에 불복하는 형식으로 항소를 제기하여 사건 전부가 확정이 차단되고 소송물 전부가 항소심에 계속되게 된 경우에는, 더욱이 불법행위로 인한 손해배상에 있어 재산상 손해나 위자료는 단일한 원인에 근거한 것인데 편의상 이를 별개의 소송물로 분류하고 있는 것에 지나지 아니한 것이므로 이를 실질적으로 파악하여, 항소심에서 위자료는 물론이고 재산상 손해(소극적 손해)에 관하여도 청구의 확장을 허용하는 것이 상당하다.[73)]

---

71) 대법원 2007. 12. 14. 선고 2007다52997 판결

72) 대법원 1997. 10. 24. 선고 96다12276 판결

구체적인 사건의 소송 계속중 그 소송 당사자 쌍방이 판결선고 전에 미리 상소하지 아니하기로 합의하였다면 그 판결은 선고와 동시에 확정되는 것이므로, 이러한 합의는 소송당사자에 대하여 상소권의 사전포기와 같은 중대한 소송법상의 효과가 발생하게 되는 것으로서 반드시 서면에 의하여야 할 것이며, 그 서면의 문언에 의하여 당사자 쌍방이 상소를 하지 아니한다는 취지가 명백하게 표현되어 있을 것을 요한다. 당사자 쌍방이 소송 계속중 작성된 서면에 불상소 합의가 포함되어 있는가 여부의 해석을 둘러싸고 이견이 있어 그 서면에 나타난 당사자의 의사해석이 문제로 되는 경우, 이러한 불상소 합의와 같은 소송행위의 해석은 일반 실체법상의 법률행위와는 달리 내심의 의사가 아닌 철저한 표시주의와 외관주의에 따라 그 표시를 기준으로 하여야 하고 표시된 내용과 저촉되거나 모순되어서는 아니될 것이며, 다만 당해 소송제도의 목적과 당사자의 권리구제의 필요성 등을 고려할 때 그 소송행위에 관한 당사자의 주장 전체를 고찰하고 그 소송행위를 하는 당사자의 의사를 참작하여 객관적이고 합리적으로 소송행위를 해석할 필요는 있고, 따라서 불상소의 합의처럼 그 합의의 존부 판단에 따라 당사자들 사이에 이해관계가 극명하게 갈리게 되는 소송행위에 관한 당사자의 의사해석에 있어서는, 표시된 문언의 내용이 불분명하여 당사자의 의사해석에 관한 주장이 대립할 소지가 있고 나아가 당사자의 의사를 참작한 객관적・합리적 의사해석과 외부로 표시된 행위에 의하여 추단되는 당사자의 의사조차도 불분명하다면, 가급적 소극적 입장에서 그러한 합의의 존재를 부정할 수밖에는 없을 것이다.[74]

---

73) 대법원 1994. 6. 28. 선고 94다3063 판결

74) 대법원 2002. 10. 11. 선고 2000다17803 판결

Ⅳ. 부대항소

부대항소란 항소인이 항소심에서 심판의 범위를 확장할 수 있는 것에 대응하여 피항소인이 항소심절차에서 자기에게 유리하도록 항소심의 심판범위를 확장시키는 신청을 말한다. 피항소인의 부대항소가 있으면 항소인의 항소에는 불이익변경금지의 원칙이 당연히 적용되지 않는다. 피항소인은 항소권이 소멸된 뒤에도 변론이 종결될 때까지 부대항소(附帶抗訴)를 할 수 있다(제403조).

부대항소는 항소가 취하되거나 부적법하여 각하된 때에는 그 효력을 잃는다. 다만, 항소기간 이내에 한 부대항소는 독립된 항소로 본다(제404조). 부대항소에는 항소에 관한 규정을 적용한다(제405조).

부대항소란 피항소인의 항소권이 소멸하여 독립하여 항소를 할 수 없게 된 후에도 상대방이 제기한 항소의 존재를 전제로 이에 부대하여 원판결을 자기에게 유리하게 변경을 구하는 제도로서, 피항소인이 부대항소를 할 수 있는 범위는 항소인이 주된 항소에 의하여 불복을 제기한 범위에 의하여 제한을 받지 아니한다.[75]

통상의 공동소송에 있어 공동당사자 일부만이 상고를 제기한 때에는 피상고인은 상고인인 공동소송인 이외의 다른 공동소송인을 상대방으로 하거나 상대방으로 보태어 부대상고를 제기할 수는 없다.[76]

항소는 항소심의 종국판결이 있기 전에 취하할 수 있는 것으로서, 일단 항소심의 종국판결이 있은 후라도 그 종국판결이 상고심에서 파기되어 사건이 다시 항소심에 환송된 경우에는 먼저 있은 종국판결은 그 효력을 잃고 그 종국 판결이 없었던 것과 같은 상태로 돌아가게 되므로 새로운 종국판결이 있기까지는 항소인은 피항소인이 부대항소를 제기하였는지 여부에 관계없이 항소를 취하할 수 있고, 그 때문에 피항소인

75) 대법원 1999. 11. 26. 선고 99므1596,1602 판결

76) 대법원 1994. 12. 23. 선고 94다40734 판결

이 부대항소의 이익을 잃게 되어도 이는 그 이익이 본래 상대방의 항소에 의존한 은혜적인 것으로 주된 항소의 취하에 따라 소멸되는 것이어서 어쩔 수 없다 할 것이므로, 이미 부대항소가 제기되어 있다 하더라도 주된 항소의 취하는 그대로 유효하다.[77]

V. 불이익변경 금지의 원칙

항소심에서 변론은 당사자가 제1심 판결의 변경을 청구하는 한도 안에서 한다(제407조 제1항). 당사자는 제1심 변론의 결과를 진술하여야 한다(제407조 제2항) 항소심은 제1심 판결을 당사자가 불복한 한도 안에서 바꿀 수 있다. 다만, 상계에 관한 주장을 인정한 때에는 그러하지 아니하다(제415조).

항소심은 당사자가 불복한 범위 내에서 심판하여야 한다. 따라서 항소가 배척되더라도 항소인은 제1심보다 불리한 판결을 받지 않는다. 이를 불이익변경금지의 원칙이라 한다. 항소인이 불복하지 않은 부분에서 유리한 판결도 금지된다.

원고는 금 10만원을 청구하고 있음에 대하여 제1심 판결은 금 5만원만 확정하고 나머지 청구는 기각하고 이에 대하여 피고만이 항소를 하였고 원고는 부대항소도 한 바 없음에도 불구하고 항소심 판결이 피고에게 금 8만원의 지급을 명하였음은 위법이다.[78]

원고는 항소를 제기하지 아니하였음에도 불구하고 항소심법원이 1심 법원보다 위자료를 인상하여 피고에게 그 지급을 명한 것은 당사자의 불복이 없어서 심판범위에 포함되지 아니한 청구를 인용한 위법을 저지른 것이다.[79]

제1심의 각하판결에 대하여 원고가 항소한 경우에 항소심이 1심의

---

77) 대법원 2004. 4. 28. 선고 2004다4225 판결
78) 대법원 1967. 2. 28. 선고 66다2633 판결
79) 대법원 1990. 2. 27. 선고 89다카26809 판결

소가 적법하지만, 원고의 청구를 기각을 할 사안이라고 판단하더라도 청구기각판결은 할 수 없고, 항소기각을 해야 한다는 것이 판례의 입장이다.[80)]

제1심판결에 대하여 피고만이 항소를 제기하고 원고는 항소를 제기하지 아니하였음에도 원심이 피고에 대하여 제1심이 지급을 명한 금원보다 많은 금원의 지급을 명한 조치는 불이익변경금지의 원칙에 위배된 것이다. 그 차액부분은 원고의 나머지 청구를 기각한다는 제1심판결 주문에 포함되어 있다고 보아야 하고 그 부분에 대한 파기만을 선언하여 원심판결의 주문을 정리해야 한다.[81)]

항소심은 당사자의 불복신청범위내에서 제1심 관결의 당부를 판단할 수 있을 뿐이므로 설사 제1심 판결이 부당하다고 인정되는 경우라 하더라도 그 판결을 불복당사자의 불이익으로 변경하는 것은 당사자가 신청한 불복의 한도를 넘어 제1심 판결의 당브를 판단하는 것이 되어 허용될 수 없다.[82)]

항소심은 당사자의 불복신청범위 내에서 제1심판결의 당부를 판단할 수 있을 뿐이므로, 설사 제1심판결이 부당하다고 인정되는 경우라 하더라도 그 판결을 불복당사자의 불이익으로 변경하는 것은 당사자가 신청한 불복의 한도를 넘어 제1심판결의 당부를 판단하는 것이 되어 허용될 수 없다 할 것인바, 원고만이 항소한 경우에 항소심으로서는 제1심보다 원고에게 불리한 판결을 할 수는 없고, 한편 불이익하게 변경된 것인지 여부는 기판력의 범위를 기준으로 하나 공동소송의 경우 원·피고별로 각각 판단하여야 하고, 동시이행의 판결에 있어서는 원고가 그 반대급부를 제공하지 아니하고는 판결에 따른 집행을 할 수 없어 비록 피고의 반대급부이행청구에 관하여 기판력이 생기지 아니하더라도 반대급부의 내용이 원고에게 불리하게 변경된 경우에는 불이익변경금지 원칙에 반

80) 대법원 1983. 12. 27. 선고 82누491 판결; 대법원 1993. 7. 13. 선고 93다3721 판결
81) 대법원 1992. 9. 25. 선고 91다37553 판결
82) 대법원 1983. 12. 27. 선고 83다카1503 판결

하게 된다.[83)]

원고의 수 개의 청구 중 하나의 청구를 인용하고 나머지 청구를 기각한 제1심판결에 대하여 원고만이 항소를 제기하고 피고가 부대항소를 하지 아니하였다고 하더라도 원고 승소 부분은 원고의 항소로 인하여 항소심에 이심되는 것이고, 제1심판결의 변경은 불복신청의 한도에서 할 수 있다는 민사소송법 제385조의 규정은 법원이 당사자의 신청과는 관계없이 직권으로 조사하여야 할 사항에는 그 적용이 없는 것이므로, 항소심이 원고들이 불복하지 않은 청구에 대하여도 확인의 이익의 유무를 조사하여 원고들의 청구를 각하한 조치는 정당하고, 불이익변경금지의 원칙에 반하지 않는다.[84)]

민사소송법 제79조에 의한 독립당사자참가소송은 동일한 권리관계에 관하여 원고, 피고, 참가인이 서로간의 다툼을 하나의 소송절차로 한꺼번에 모순 없이 해결하는 소송형태로서, 독립당사자참가가 적법하다고 인정되어 원고, 피고, 참가인간의 소송에 대하여 본안판결을 할 때에는 위 세 당사자를 판결의 명의인으로 하는 하나의 종국판결을 선고함으로써 위 세 당사자들 사이에서 합일확정적인 결론을 내려야 하고, 이러한 본안판결에 대하여 일방이 항소한 경우에는 제1심판결 전체의 확정이 차단되고 사건 전부에 관하여 이심(이심)의 효력이 생긴다. 그리고 이러한 경우 항소심의 심판대상은 실제 항소를 제기한 자의 항소 취지에 나타난 불복범위에 한정하되 위 세 당사자 사이의 결론의 합일확정의 필요성을 고려하여 그 심판의 범위를 판단하여야 하고, 이에 따라 항소심에서 심리·판단을 거쳐 결론을 내림에 있어 위 세 당사자 사이의 결론의 합일확정을 위하여 필요한 경우에는 그 한도 내에서 항소 또는 부대항소를 제기한 바 없는 당사자에게 결과적으로 제1심판결보다 유리한 내용으로 판결이 변경되는 것도 배제할 수는 없다.[85)]

---

83) 대법원 2005. 8. 19. 선고 2004다8197,8203 판결

84) 대법원 1995. 7. 25. 선고 95다14817 판결

85) 대법원 2007. 10. 26. 선고 2006다86573,86580 판결

가집행선고는 당사자의 신청 유무에 관계없이 법원이 직권으로 판단할 사항으로 처분권주의를 근거로 하는 민사소송법 제385조의 적용을 받지 아니하므로, 가집행선고가 붙지 아니한 제1심판결에 대하여 피고만이 항소한 항소심에서 항소를 기각하면서 가집행선고를 붙였어도 불이익변경금지의 원칙에 위배되지 아니한다.[86]

Ⅵ. 상고

상고란 종국판결에 대한 법률심에의 상소를 뜻한다. 상고는 고등법원이 선고한 종국판결과 지방법원 합의부가 제2심으로서 선고한 종국판결에 대하여 할 수 있다(제422조 제1항). 그러나 비약상고의 합의가 있는 때에는 제1심 판결에 대해서도 상고할 수 있다(제442조 제2항).

상고심은 스스로 사실인정을 하는 것이 아니라 원심의 사실인정을 기초로 법령의 해석이나 적용면에서 심사를 한다(제432조). 소송요건이나 상소요건 등 직권조사사항에 대하여는 새로운 주장이나 입증이 가능하다.

상고심판결은 선고와 동시에 확정된다. 상고남용의 방지를 위해 상고심절차에 관한 특례법은 상고이유가 있더라도 일정한 심리속행사유가 없으면 본안심리를 속행하지 않고 상고기각판결을 하도록 하고 있다. 심리속행사유는 직권조사사항이다. 상고기록을 송부받은 날부터 4개월 안에 속행사유의 존부여부를 심사해야 한다.

상고는 판결서를 송달받은 날부터 2주 이내에 상고장을 원심법원에 제출함으로서 한다(제425조, 제396조, 제397조). 상고인은 상고심 사무관등으로부터 기록접수의 통지를 받은 날부터 20일 이내에 상고이유서를 제출하여야 한다(제427조). 상고인이 상고이유서를 제출하지 않으면, 상고법원은 변론 없이 상고기각판결을 해야 한다(제429조).

---

86) 대법원 1998. 11. 10. 선고 98다42141 판결

피상고인은 원판결을 자기에게 유리하게 변경하도록 상고인의 상고이유서 제출기간까지 부대상고할 수 있다. 부대상고에는 부대항소의 규정이 준용된다(제425조, 제403조). 그러나 상고심은 법률심이므로 전부 승소한 자는 부대상고를 할 수 없다.

상고는 판결에 영향을 미친 헌법·법률·명령 또는 규칙의 위반이 있다는 것을 이유로 드는 때에만 할 수 있다(제423조). 이를 일반적 상고이유라 한다. 일반적 상고이유와 달리 판결의 결과에 영향이 없더라도 상고이유가 되는 경우가 있는데 이를 절대적 상고이유라고 한다.[87]

제436조(파기환송, 이송) ① 상고법원은 상고에 정당한 이유가 있다고 인정할 때에는 원심판결을 파기하고 사건을 원심법원에 환송하거나, 동등한 다른 법원에 이송하여야 한다. ②사건을 환송받거나 이송받은 법원은 다시 변론을 거쳐 재판하여야 한다. 이 경우에는 상고법원이 파기의 이유로 삼은 사실상 및 법률상 판단에 기속된다. ③원심판결에 관여한 판사는 제2항의 재판에 관여하지 못한다.

제437조(파기자판) 다음 각호 가운데 어느 하나에 해당하면 상고법원은 사건에 대하여 종국판결을 하여야 한다.

1. 확정된 사실에 대하여 법령적용이 어긋난다 하여 판결을 파기하는 경우에 사건이 그 사실을 바탕으로 재판하기 충분한 때
2. 사건이 법원의 권한에 속하지 아니한다 하여 판결을 파기하는 때

---

87) 제424조(절대적 상고이유) ① 판결에 다음 각호 가운데 어느 하나의 사유가 있는 때에는 상고에 정당한 이유가 있는 것으로 한다. 1. 법률에 따라 판결법원을 구성하지 아니한 때 2. 법률에 따라 판결에 관여할 수 없는 판사가 판결에 관여한 때 3. 전속관할에 관한 규정에 어긋난 때 4. 법정대리권·소송대리권 또는 대리인의 소송행위에 대한 특별한 권한의 수여에 흠이 있는 때 5. 변론을 공개하는 규정에 어긋난 때 6. 판결의 이유를 밝히지 아니하거나 이유에 모순이 있는 때 ② 제60조 또는 제97조의 규정에 따라 추인한 때에는 제1항 제4호의 규정을 적용하지 아니한다.

Ⅶ. 항고

항고는 판결 이외의 재판인 결정이나 명령에 대한 불복절차이다. 통상항고는 항고제기기간에 제한이 없는 것으로, 항고의 이익이 있는 한 언제든지 할 수 있다. 즉시항고는 1주일 내에 제기하여야 하며(제444조), 즉시항고를 할 수 있다는 법률의 규정이 있어야 가능하다. 즉시항고에는 집행정지의 효력이 있다(제447조).

제1심의 결정이나 명령에 대하여 항고를 한 결과, 그에 대한 항고법원의 결정, 고등법원이나 항소법원의 결정・명령에 대한 항고를 재항고라 한다. 최초의 항고에는 항소에 관한 규정이, 재항고에는 상고에 관한 규정이 준용된다(제443조).

수명법관이나 수탁판사의 재판에 불복하는 당사자는 수소법원에 이의신청을 할 수 있는데, 이 이의신청에 대한 재판에 대한 항고를 준항고라고 한다(제441조).

불복신청을 할 수 없는 결정이나 명령에 대하여 헌법위반 등 일정한 사유가 있을 때에 대법원에 할 수 있는 항고를 특별항고라 한다(제449조 제1항).

제4장 공격방어방법

제1절 의의

소송당사자가 소송 과정에서 법률상의 주장, 사실상의 주장, 입증을 하는 것을 통틀어 공격방어방법이라 한다. A가 B를 상대로 소유권이전등기소송을 제기한 경우, A가 B의 소유권이전등기절차 이행의무를 입증하기 위해 매매계약서를 제출하는 것은 공격방법의 제출이고, B가 매매계약이 기망에 의해 체결된 것이라고 주장하면서 관련 형사사건기록의 사본을 제출하는 것은 방어방법의 제출이다. A가 B의 방어방법의 제출에 대하여 다시 부인·재항변하는 것은 공격방법이다. B가 A의 부인·재항변에 대하여 부인·재재항변하는 것은 방어방법이다.

제2절 공격방어방법의 제출시기

민사소송법 제146조(적시제출주의) 공격 또는 방어의 방법은 소송의 정도에 따라 적절한 시기에 제출하여야 한다.

민사소송법 제147조(제출기간의 제한) ① 재판장은 당사자의 의견을 들어 한 쪽 또는 양 쪽 당사자에 대하여 특정한 사항에 관하여 주장을 제출하거나 증거를 신청할 기간을 정할 수 있다. ② 당사자가 제1항의 기간을 넘긴 때에는 주장을 제출하거나 증거를 신청할 수 없다. 다만, 당사자가 정당한 사유로 그 기간 이내에 제출 또는 신청하지 못하였다는 것을 소명한 경우에는 그러하지 아니하다.

민사소송법 제148조(한 쪽 당사자가 출석하지 아니한 경우) ① 원고 또는 피고가 변론기일에 출석하지 아니하거나, 출석하고서도 본안에 관하여 변론하지 아니한 때에는 그가 제출한 소장·답변서, 그 밖의 준비서면에 적혀 있는 사항을 진술한 것으로 보고 출석한 상대방에게 변론을 명할 수 있다. ② 제1항의 규정에 따라 당사자가 진술한 것으로 보는 답변서, 그 밖의 준비서면에 청구의 포기 또는 인낙의 의사표시가 적혀 있고 공증사무소의 인증을 받은 때에는 그 취지에 따라 청구의 포기 또는 인낙이 성립된 것으로 본다. ③ 제1항의 규정에 따라 당사자가 진술한 것으로 보는 답변서, 그 밖의 준비서면에 화해의 의사표시가 적혀 있고 공증사무소의 인증을 받은 경우에, 상대방 당사자가 변론기일에 출석하여 그 화해의 의사표시를 받아들인 때에는 화해가 성립된 것으로 본다.

민사소송법 제149조(실기한 공격·방어방법의 각하) ① 당사자가 제146조의 규정을 어기어 고의 또는 중대한 과실로 공격 또는 방어방법을 뒤늦게 제출함으로써 소송의 완결을 지연시키게 하는 것으로 인정할 때에는 법원은 직권으로 또는 상대방의 신청에 따라 결정으로 이를 각하할 수 있다. ② 당사자가 제출한 공격 또는 방어방법의 취지가 분명하지 아니한 경우에, 당사자가 필요한 설명을 하지 아니하거나 설명할 기일에 출석하지 아니한 때에는 법원은 직권으르 또는 상대방의 신청에 따라 결정으로 이를 각하할 수 있다.

제3절 공격방어방법의 종류

Ⅰ. 법률에 대한 주장

소송상 청구를 이유 있게 하거나 배척하게 하기 위해 그 전제가 되는 법률상태 또는 권리관계의 존부에 대해서 하는 주장을 법률상의 주장이라 한다. 즉 법적 삼단논법의 대전제인 법률의 적용과 해석에 대한 주장을 법률상 주장이라 하는 것이다.

A가 B를 상대로 소유물반환을 구하는 소송을 제기한 경우 A가 소송에서 민법 제213조 소유물반환청구권에 기하여 물건의 반환을 구하는 것을 법률상의 주장이라 한다. 이에 대하여 B가 민법 제213조가 정한 "물건을 점유할 권리가 있는 때에는 반환을 거부할 수 있다"는 규정을 주장하는 것 역시 법률상의 주장이다.

법률상 주장은 법률의 적용에 대한 것이므로 법원의 직권조사사항이다. 따라서 법원은 당사자의 법률상 주장에 구속되지 않는다. 그러나 법률상 주장하는 것이 동시에 청구를 특정시킴에 필요한 경우, 예컨대 동일한 사실관계로부터 2개 이상의 청구권이 경합적으로 발생하는 경우 법률상의 주장을 하는 것은 그 청구를 특정함에 필요한 요소가 되므로 법원은 그 주장에 구속된다.[1)]

당사자가 소송대상인 사건이 매매에 해당한다고 법률상 주장을 하는 경우, 법률상 주장과 동시에 사실관계에 대한 표현도 포함하고 있다. 상대방이 매매라는 주장에 대하여 자백한 경우는 매매라는 주장에 포함된 사실관계에 대한 자백이 성립한다.

---

1) 사법연수원, 「민사실무Ⅰ」, 사법연수원 출판부(2015), 221-220면.

Ⅱ. 사실에 대한 주장

사실상의 주장이란 법률효과를 발생시키는 주요사실이나 간접사실을 내세우는 주장을 뜻한다. 이는 법적 삼단논법의 소전제에 해당하는 사실의 존부에 관한 것이다. 외부적 사실은 물론 고의・과실, 선의・악의 같은 심리에 대한 주장도 포함한다. 공격방어방법을 좁게 해석하면 사실상의 주장만을 의미한다.

A가 B를 상대로 소유물반환을 구하는 소송을 제기한 경우 A가 소송에서 민법 제213조 소유물반환청구권에 기하여 물건의 반환을 구하는 것을 법률상의 주장이고, 그 근거 사실로서 자신이 물건의 소유자라고 주장하는 것이 사실상의 주장이다. B가 민법 제213조가 정한 "물건을 점유할 권리가 있는 때에는 반환을 거부할 수 있다"는 규정을 주장하는 것은 법률상의 주장인데, 그 근거사실로 B가 A와의 적법한 임대차계약이 체결되었다는 사실과, 그 임대차 계약 기간이 남아있다는 사실을 주장하는 것이 사실상의 주장이다.

사실에 관한 주장은 청구를 이유 있게 하거나 이를 저지할 요건사실(주요사실)에 관한 주장와 요건사실을 추인할 수 있는 간접사실, 보조사실에 관한 주장으로 구분된다. 요건사실(주요사실)은 당사자가 변론에서 주장하지 아니하는 한 법원이 판결의 기초로 삼을 수 없으나, 간접사실이나 보조사실은 당사자의 주장이 없어도 법원은 증거에 의해서 이를 인정하여 요건사실을 인정할 수 있는 자료로 사용할 수 있다.

사실상의 주장에 대한 상대방의 대응은 "아니다"라는 否認, "모른다"라는 不知, "맞다"라는 自白, 아무 말도 하지 않는 沈黙, 사실상 주장을 배척하기 위하여 권리의 발생을 방해하거나 소멸시키는 사실을 주장하는 抗辯[2])이 있다. 상대방이 자백하면 사실상의 주장은 입증이 필요없

---

2) 관할위반의 항변, 소송계속의 항변, 기판력의 항변 등 소송요건에 관한 본안 전 항변은 소의 각하를 법원에 신청하는 것이다. 이는 사실상의 주장에서 다루어지는 본안에서의 항변과 무관하다. 본안 전 항변은 본안에서의 항변과 달리 법원의 직권발동을 촉구

고, 부인하면 입증이 필요하다. 부인에는 아무런 설명없이 처음부터 “아니다”라는 진술만 하는 직접부인과 사실상의 주장과 논리적으로 양립할 수 없는 사실을 주장하는 간접부인이 있다. A의 대여금반환주장에 대하여 B가 공사대금으로 받은 것이지 대여금으로 받은 것이 아니다라고 주장하는 것이 간접부인이다. B가 돈을 빌린 것은 인정하나, 변제하였다고 주장하거나 A · B 사이의 통정허위표시에 해당하여 소비대차계약 자체가 무효라고 주장하는 것은 항변이다. A는 소비대차계약 사실을 입증해야 한다. B가 항변한 경우 소비대차계약의 존재에 대한 자백이 전제되므로 A는 이를 입증할 필요가 없고, B는 항변한 내용에 대하여 입증해야 한다.

Ⅲ. 소송상 상계권 행사

1. 상계의 의사표시가 소송전이나 소송절차 밖에서 이루어지면 민법의 적용을 받는다.[3] 그러나 소송 절차 속에서 이루어지면 이는 권리멸각사실을 주장하는 방어방법으로 항변에 해당하고, 상계적상에 있는 상대방의 채권을 소멸시키는 민법상 법률효과를 발생시키

하는 의미를 가질 뿐이다.

3) 상계항변의 요건사실은 자동채권의 발생사실, 자동채권과 수동채권이 상계적상에 있는 사실, 피고가 원고에게 수동채권과의 상계 의사표시를 한 사실이다. 상계적상 요건은 쌍방이 동종의 채무를 부담하고, 모두 이행기에 도래할 것이다(민법 제492조). 항변권이 붙어 있는 채권을 자동채권으로 하여 타의 채무와의 상계를 허용한다면 상계자 일방의 의사표시에 의하여 상대방의 항변권행사의 기회를 상실케 하는 결과가 되므로 이와 같은 상계는 그 성질상 허용될 수 없다(대법원 2002. 8. 23. 선고 2002다25242 판결). 그러나 자동채권과 수동채권이 서로 동시이행관계에 있는 경우에는 이러한 우려가 없으므로 상계가 허용된다(대법원 2001. 3. 27. 선고 2000다43819 판결). 채무의 성질상 상계가 허용되지 않는다는 주장은 상계항변에 대한 재항변이다. 상계항변에 재항변하는 원고가 자동채권에 동시이행의 항변권이 붙어 있는 사실의 주장 · 입증책임을 진다. 상계의 효력 발생은 상계적상이 있었던 때까지 소급한다(민법 493조), 따라서 소멸된 수동채권에 대한 상계적상 이후의 이자 및 지연손해금은 발생하지 않기 때문에 상계항변은 수동채권의 원본 외에 상계적상 이후의 이자 및 지연손해금에 대한 항변도 된다[법원행정처 사법지원실, 「민사소송 실무교재(2013)」, 147면].

면서 동시에 민사소송법의 적용도 받게 된다. 상계는 피고의 채권 소멸을 수반하기 때문에 소송에서 승소하기 위하여 피고가 최후에 고려하는 방어방법이기도 하지만, 원고의 청구금액을 감액시키기 위하여 불분명한 채권을 가지고 상계로 주장하는 경우도 허다하다. 법원은 피고의 상계항변에 의하여 실제 피고가 그 채권을 가지고 있는지 조사해야 한다. 상계로 주장하는 채권에 기초하여 반소를 제기하지 않는 이상 그 채권에 대한 소송계속은 발생하지 않는다.

2. 소송상 상계항변의 법적 성격

가. 취소권・해제권・상계권을 묶어서 소송상 형성권의 행사라는 논점으로 해설하는 경우가 많은데, 취소권・해제권은 계약이라는 법률관계 속에서 이루어지는 개별적 의사표시이고, 형성권이 아니므로 상계권만을 다루는 것이 바람직하다. 취소・해제의 의사표시가 실제 법원에 의해 받아들여져서 소급적 무효라는 법률관계가 형성되는 것은 계약에 관한 법률관계 전체에 대한 법원의 판단에 의한 것으로 파악되어야지 단지 취소・해제의 의사표시의 실체법적 효과에 의한 것이라고 파악하는 것은 잘못이다. 소의 제기로써 계약해제권을 행사한 후 그 소송을 취하하였다고 하여도 해제권 행사의 효력에는 영향이 없다.[4)]

나. 소송상 상계항변과 관련하여 소의 취하・각하, 실기한 공격방어방법의 각하 등의 경우에도 그 실체법상 효과가 남아 있느냐가 문제된다. 이에 대하여 법률행위설(병존설), 소송행위설, 양성설의 대립이 있다.[5)] 병존설에 의하면 상계항변을 임의 철회

4) 대법원 1982. 5. 11. 선고 80다916 판결

5) 법률행위설(병존설)은 하나의 행위지만 민법상 법률행위와 민사소송법상 소송행위 두

는 허용되지 않지만, 소송행위설에 의하면 원칙적으로 철회가 가능하다. 판례는 “소송상 방어방법으로서의 상계항변은 그 수동채권의 존재가 확정되는 것을 전제로 하여 행하여지는 일종의 예비적 항변으로서 상대방의 동의 없이 이를 철회할 수 있고, 그 경우 법원은 처분권주의의 원칙상 이에 대하여 심판할 수 없다.”는 입장이다.[6]

3. 상계항변은 방어방법이지 소송목적(소송물)이 아니므로 상계항변으로 주장한 자동채권을 별소나 반소로 제기하여도 중복소송에 해당하지 않고, 별소로 계속 중인 채권을 자동채권으로 하는 소송상 상계항변도 가능하다는 것이 판례의 입장이다.[7] 이에 대해 상

개의 행위가 병존하는 것으로 보아 민법과 민사소송법에 의하여 각각 요건, 방식, 효과를 결정되고 상호간 관계는 없다는 견해다. 따라서 소가 취하되어도 법률행위인 상계권행사의 효과를 존속한다고 본다. 소송행위설는 상계권은 소송에서 행사하는 방어방법으로 소송행위일 뿐이므로 요건 · 효과는 민사소송법의 적용만 받는다고 한다. 상계의 효과는 당사자의 상계권 행사라는 의사표시에 의해 발생하는 것이 아니고 소송상 상계항변을 판결에 포함시킨 경우에만 그 판결에 의해서 효과가 발생하는 것으로 파악한다. 당연히 소가 취하되면 상계의 법률효과도 없다. 양성설은 민법상 법률행위와 민사소송법상 소송행위가 결합된 하나의 행위라는 견해이다. 민법상 효과와 민사소송법상 효과는 서로 의존하고 있으므로 소가 취하되면 민법상 법률행위로서의 효력도 발생하지 않는다고 본다. 법률행위설(병존설)에 따르되, 소송상 상계항변이 실기한 공격방어방법으로 각하되는 경우에는 상계라는 법률행위로서 민법상 효과도 소멸된다는 견해가 신병존설인데 현재 통설이다. 신병존설의 이론적 근거에 관하여 이시윤 교수는 소송상 형성권 행사는 그것이 공격 · 방어방법으로서 법원의 판단을 받을 때에만 그 사법상 효과를 발생케 하려는 조건부 의사표시이기 때문이라고 한다(이시윤, 전게서, 348면). 이러한 견해는 민법 제493조 제1항 후문이 상계의 의사표시에 조건을 붙일 수 없다고 하여 문제가 되는데, 소송상 상계권의 행사의 경우에는 그 예외에 해당한다고 해석한다(정동윤 · 유병현, 「민사소송법」, 법문사(2010), 433면).

6) 대법원 2011. 7. 14. 선고 2011다23323 판결; 대법원 2012. 8. 30. 선고 2012다40790,40806 판결

7) 대법원 1975. 6. 24. 선고 75다103 판결; 대법원 2001. 4. 27. 선고 2000다4050 판결 “상계의 항변을 제출할 당시 이미 자동채권과 동일한 채권에 기한 소송을 별도로 제기하여 계속 중인 경우, 사실심의 담당재판부로서는 전소와 후소를 같은 기회에 심리 · 판단하기 위하여 이부, 이송 또는 변론병합 등을 시도함으로써 기판력의 저촉 · 모순을 방지함과 아울러 소송경제를 도모함이 바람직하였다고 할 것이나, 그렇다고 하여

계항변으로 주장한 자동채권을 별소나 반소로 제기하는 경우 중복소송금지에 관한 민사소송법 제259조를 유추적용하자거나[8], 별소는 제기할 수 없고 반소로 제기하도록 하자거나[9], 상계항변이 예비적이며 후소가 적법한 소이고, 무조건적인 것이면 중복된 소제기에 해당한다[10]는 견해들이 주장되고 있다. 독일민사소송법 제148조는 상계로 주장된 채권에 관하여 별소가 제기되었을 때에는 어느 한 쪽의 변론을 중지할 수 있도록 하고 있다.[11]

4. 상계를 주장한 청구가 성립되는지 아닌지에 대한 관결 속 법원의 판단은 상계하자고 대항한 액수에 한하여 기판력을 가진다(제216조 제2항). 소송절차 진행 중 조정이 성립된 경우 당해 소송절차에서 제출된 상계항변의 효력이 문제된다. 이에 대해 판례는 "소송상 방어방법으로서의 상계항변은 수동채권의 존재가 확정되는 것을 전제로 하여 행하여지는 일종의 예비적 항변으로서 당사자가 소송상 상계항변으로 달성하려는 목적, 상호양해에 의한 자주적 분쟁해결수단인 조정의 성격 등에 비추어 볼 때, 당해 소송절차 진행 중 당사자 사이에 조정이 성립됨으로써 수동채권의 존재에 관한 법원의 실질적인 판단이 이루어지지 아니한 경우에는 그 소송절차에서 행하여진 소송상 상계항변의 사법상 효과도 발생하지 않는다"는 입장이다.[12]

특별한 사정이 없는 한 별소로 계속 중인 채권을 자동채권으로 하는 소송상 상계의 주장이 허용되지 않는다고 볼 수는 없다."

8) 강현중, 「민사소송법」, 박영사(2004), 229면.

9) 이시윤, 전게서, 253면.

10) 호문혁, 전게서, 148면.

11) 김홍규 역, Othmar Jauering, 「독일민사소송법 Zivilprozessrecht」, 신원문화사(1992), 279면.

12) 대법원 2013. 3. 28. 선고 2011다3329 판결

Ⅳ. 입증

1. 증거에 대한 주장

민사소송은 사실을 확정하고 거기에 법률을 적용함여 분쟁을 해결하는 제도이다. 따라서 재판의 쟁점은 사실인정과 법률의 해석에 있다. 사실인정은 당사자 간에 다툼이 없는 경우에는 문제가 되지 않지만, 당사자 간에 다툼이 있는 경우가 대부분이고, 이 때 사실인정은 증거에 의하여야 한다. 모든 재판은 증거재판이다. 증거는 사실에 관한 주장을 뒷받침하는 것이므로 증거에 관한 주장은 일반적으로 사실상 주장의 내용을 이루는 것이지만, 예외적으로 외국 법규와 같은 법규의 존재를 당사자가 주장·증명하는 경우에는 그 증거는 법률상 주장의 내용을 이룬다.[13)]

2. 증거신청과 증거채부

소송당사자는 자신들이 주장하는 사실의 입증을 위해 증거의 신청을 한다. 입증은 사실상의 주장을 상대방이 부정하는 경우 이를 증명하기 위한 소송행위이다. 입증을 위하여 증거신청을 한다. 증거신청은 법원에 대하여 특정한 증거방법의 조사를 신청하는 것이다. 증거는 법관에게 주장사실의 진위에 관하여 확신을 주는 자료를 뜻한다.

증거조사를 함에 있어서는 원칙적으로 당사자의 증거신청을 요한다. 법원이 증거신청을 거부하거나 방치하였다면, 당사자는 자신의 주장에 부합하는 증거를 제출할 기회를 상실함으로써 당사자로서 절차상 권리를 침해당한 경우로서 상고이유가 된다.[14)]

증거신청은 변론종결시까지 변론기일이나 변론기일 전에 할 수 있다(제289조 제2항). 기일전 신청을 소송 외의 신청이라 한다. 증거신청은

---

13) 사법연수원, 「민사실무Ⅰ」, 사법연수원 출판부(2015), 220-221면.

14) 대법원 1997. 5. 30. 선고 95다21365호 판결

어느 때나 철회가 가능하다. 증거조사 개시 후에는 상대방의 동의가 있는 때에 한해 철회할 수 있다. 법원은 증거신청에 대하여 상대방에게 진술할 기회를 주어야 하며, 이를 증거항변이 가능하다.

증거신청은 증명할 사실, 특정의 증거방법 및 양자의 관계를 구체적으로 명시하여야 한다(제289조 제1항, 제345조 4호). 따라서 증명할 사실을 정확하게 특정하지 않은 채 향후 증거조사를 통해 자신의 주장의 기초자료를 얻어내기 위하여 하는 증거신청은 원칙적으로 부적법하다. 이를 모색적 증명이라 하는데 증명할 사실이 상대방의 거래, 업무 영역 또는 인격, 프라이버시에 속한 사실이기 때문에 구체적 사실관계를 주장하기 어려운 경우에 있어서는 상대방 내지 증거방법을 보호하고 나아가 소송절차가 원활하게 진행되도록 모색적 증명이 허용되어야 할 것이다.[15)]

법원은 당사자가 신청한 증거를 필요하지 아니하다고 인정한 때에는 조사하지 아니할 수 있다. 다만, 그것이 당사자가 주장하는 사실에 대한 유일한 증거인 때에는 그러하지 아니하다(제290조). 증거방법이 쟁점판단에 무가치하거나 전혀 부적당한 경우, 그 사실의 존부가 소송의 결과에 영향이 없는 경우, 이미 법관이 그 사실에 대해 확신을 얻은 경우 등에는 증거조사를 하지 않을 수 있다. 증거신청을 채택하는 경우에는 따로 결정을 하지 않지만 증거신청을 배척하는 경우에는 반드시 각하결정을 해야 한다. 증거신청 각하결정은 소송지휘상의 재판으로서 언제든지 취소・변경할 수 있다(제222조). 증거신청에 대한 각하결정에 대해서 독립하여 불복하는 것은 허용되지 않으며, 종국판결에 대한 상소에 의해 다툴 수 있을 뿐이다(제392조). 법원은 직권으로 여러 증거 중 가장 유력한 것만을 선택하여 조사할 수 있다. 그러나 주요사실에 대한 유일한 증거는 반드시 증거조사해야 한다. 유일한 증거란 주요사실에 관하여 당사자로부터 증거신청이 있는 경우에 그 점에 관하여 다른 증

---

15) 강현중, 「신민사소송법강의」, 박영사(2015), 348-349면.

거신청이 없는 유일한 것으로서 그 증거를 조사하지 않으면 입증의 길이 없어 아무런 입증이 없는 것으로 되는 경우의 증거를 말한다. 민사소송법 제263조 단서가 규정하는 유일한 증거라 함은 당사자가 입증책임이 있는 사항에 관한 유일한 증거를 말하는 것인바, 유언의 존재 및 내용이 입증사항인 이상 유서에 대한 필적과 무인의 감정은 반증에 불과하여 유일한 증거에 해당하지 않는다.16)

법원은 당사자가 신청한 증거에 의하여 심증을 얻을 수 없거나, 그 밖에 필요하다고 인정한 때에는 직권으로 증거조사를 할 수 있다(제292조). 증인신문과 당사자신문은 당사자의 주장과 증거를 정리한 뒤 집중적으로 하여야 한다(제293조). 증거조사는 당사자가 기일에 출석하지 아니한 때에도 할 수 있다(제295조). 외국에서 시행할 증거조사는 그 나라에 주재하는 대한민국 대사・공사・영사 또는 그 나라의 관할 공공기관에 촉탁한다(제296조 제1항). 법원은 필요하다고 인정할 때에는 법원 밖에서 증거조사를 할 수 있다(제297조 제1항)]

법원은 미리 증거조사를 하지 아니하면 그 증거를 사용하기 곤란할 사정이 있다고 인정한 때에는 당사자의 신청에 따라 증거조사를 할 수 있다(증거보전, 제375조). 증거보전의 신청은 소를 제기한 뒤에는 그 증거를 사용할 심급의 법원에 하여야 한다. 소를 제기하기 전에는 신문을 받을 사람이나 문서를 가진 사람의 거소 또는 검증하고자 하는 목적물이 있는 곳을 관할하는 지방법원에 하여야 한다(제376조 제1항). 급박한 경우에는 소를 제기한 뒤에도 증거보전의 신청을 할 수 있다(제376조 제2항). 증거보전의 신청에는 상대방의 표시, 증명할 사실, 보전하고자 하는 증거, 증거보전의 사유를 밝혀야 한다(제377조 제1항). 증거보전의 사유는 소명하여야 한다(제377조 제2항). 법원은 필요하다고 인정한 때에는 소송이 계속된 중에 직권으로 증거보전을 결정할 수 있다(제379조). 증거보전의 결정에 대하여는 불복할 수 없다(제380조). 증거보

16) 대법원 1998. 6. 12. 선고 97다38510 판결

전절차에서 신문한 증인을 당사자가 변론에서 다시 신문하고자 신청한 때에는 법원은 그 증인을 신문하여야 한다(제384조).

3. 증거설명

재판장은 서증의 내용을 이해하기 어렵거나 서증의 수가 방대하고 그 입증취지가 불명확한 경우에는 이를 제출한 당사자에게 서증과 그에 의하여 증명할 사실의 관계를 구체적으로 명시한 설명서의 제출을 명할 수 있다(민사소송규칙 제106조 제1항). 이러한 제출명령이 없더라도 당사자는 자신의 필요에 따라 증거설명서를 제출할 수 있다. 서증 외 다른 증거에 대하여도 증거설명서를 제출할 수 있다. 법원은 서증의 내용과 형식을 확인하여, 그 서증이 필요하지 아니하다고 인정되거나 서증 신청과 관련된 재판장의 명령에 불응한 경우에는 서증을 처택하지 아니하고 반환할 수 있다(민사소송규칙 제109조).

4. 증거항변

증거항변은 상대방이 제출한 증거나 자기에게 불리한 증언, 진술 등에 대하여 그 증거능력을 다투거나 증명력을 탄핵하는 것이다. 상대방이 제출한 문서가 위조문서라고 주장하거나 문서상의 날짜가 잘못되었다고 주장하는 것을 말한다. 증인의 증언에 대해서도 그것이 사실과 다르다는 것을 다른 증거자료와 대조해가면서 설명하고, 혹은 그 증언 내용 자체가 경험칙에 반하고 논리에 맞지 않음을 지적하여 그것을 믿을 수 없다고 주장하는 것도 증거항변이다.[17]

---

17) 사법연수원, 「민사실무 I」, 사법연수원 출판부(2015), 221-222면.

제4절 요건사실(주요사실)과 간접사실

실체법에서 권리 또는 법률관계의 발생, 저지, 소멸 등의 법률효과가 생기는 요건으로 정하고 있는 사실을 요건사실이라 한다. 민법 제563조는 "매매는 당사자 일방이 재산권을 상대방에게 이전할 것을 약정하고 상대방이 그 대금을 지급할 것을 약정함으로써 그 효력이 생긴다."고 규정하고, 민법 제568조 제1항은 "매도인은 매수인에 대하여 매매의 목적이 된 권리를 이전하여야 하며 매수인은 매도인에게 그 대금을 지급하여야 한다."고 규정하고 있다. 민법 제563조에서 정한 재산권 이전과 대금 지급에 대한 약정의 존재가 요건사실이다. 소송당사자가 소송에서 이러한 요건사실에 대한 주장·입증을 성공하면, 민법 제568조 제1항에서 정한 재산권 이전 의무 또는 대금 지급의무가 상대방에게 생기는 법률효과가 발생한다.

요건사실은 법률이 정하고 있는 법적 개념이고, 이에 해당하는 구체적 사실을 주요사실이라 한다. 실무에서는 요건사실과 주요사실을 같은 것으로 취급한다. 간접사실은 요건사실의 존재를 경험칙상 추인하게 하는 사실을 말한다. 요건사실을 추인하게 하는 간접사실과 양립하는 사실로 그 간접사실에서 요건사실을 추인하는 것을 방해하는 사실을 반대간접사실이라 한다. 보조사실은 증거의 증거능력 또는 증명력에 관한 판단의 자료가 되는 사실이다. 증인의 성실성이나 기억력에 관한 사실, 서증의 위조에 관한 사실이 보조사실에 해당한다. 통설과 판례는 자백은 주요사실에 관해서만 구속력이 생긴다는 입장이다. 그러나 서증의 진정성립에 관한 자백은 보조사실에 관한 자백이지만, 자백의 구속력을 인정한다.[18] 간접사실은 변론주의의 적용을 받지 않는다. 따라서 법원은 간접사실의 경우 그에 대하여 당사자가 주장하지 않아도 증언 등에 의하여 변론에 나타나기만 하면 판결의 기초로 삼을 수 있다.[19]

18) 대법원 1988. 12. 20. 선고 88다카3083호 판결

소장의 청구원인에는 원고가 실체법상 권리의 발생요건에 해당하는 주요사실을 적는다. 피고는 청구원인으로부터 발생하는 법률효과를 저지하려면 청구원인과 양립하는 별개의 사실로 항변한다. 이에 대하여 원고는 항변과 양립하는 별개의 사실로서 재항변을 하여 항변에서 발생하는 법률효과를 저지한다. 청구원인-항변-재항변-재재항변 등에서 법률효과를 발생시키고 저지하는 구체적 사실들은 모두 요건사실이다. 법관이 판결문을 작성하는 경우 요건사실만 적시하면 족하나, 당사자들이 작성하는 소장, 답변서, 준비서면에는 요건사실은 물론 간접사실, 보조사실 구분 없이 법관의 심증형성에 유리한 사실은 모두 주장하는 것이 바람직하다.

제5절 요증사실과 불요증사실

Ⅰ. 요증사실

일정한 시간과 장소에 따라 특정이 가능한 말 그대로의 사실, 인간의 경험을 통하여 얻은 사물에 대한 경험법칙, 외국의 법률 · 지방자치단체의 조례 · 규칙, 관습법, 사실인 관습 등은 그 존재를 주장하는 자가 입증하여야 한다. 이를 요증사실이라 한다.

원고의 청구에 적용할 법규의 구성요건을 이루는 모든 사실은 증명의 대상이다. 그러나 사실에 대한 가치판단은 증명의 대상이 아니다. 주요사실은 물론 주요사실을 추단케 하는 간접사실도 증명의 대상이다. 그러나 간접사실과 보조사실이 주요사실과 관계없을 때는 증거조사의 대상이 되지는 않는다. 주장 자체로서 원고 청구를 이유 있게 할 공격방법인 사실과 원고청구를 배척할 수 있는 방어방법인 사실만이 증명의

19) 대법원 1993. 4. 13. 선고 92다23315,2322호 판결

대상이다.[20]

경험법칙이란 인간의 경험에서 얻어지는 사물의 성상, 인간관계에 대한 지식이나 법칙을 말한다. 이는 자백이나 자백간주의 대상이 되지 않는다. 사실에 대한 가치판단, 증거의 가치판단, 간접사실에 의한 주요사실의 추단에 유용하게 이용된다.[21] 일반상식에 속하는 경험법칙은 증명의 대상이 되지 않지만, 전문적·학술적 지식에 속하는 것(평균여명에 관한 간이생명표), 고도의 개연성이 인정되는 경험법칙(정형적 사상경과)의 경우 법관으로서는 알 수 없는 경우가 충분히 발생하므로 그에 대한 증명이 필요하다.

법규는 원칙적으로 증명의 대상이 아니지만, 외국의 법률·지방자치단체의 조례·규칙, 관습법, 사실인 관습 따위는 증명의 대상이다. 법관이 이러한 법규들의 내용을 알 것이라고 기대할 수 없기 때문이다.

Ⅱ. 불요증사실

민사소송법 제288조(불요증사실) 법원에서 당사자가 자백한 사실과 현저한 사실은 증명을 필요로 하지 아니한다. 다만, 진실에 어긋나는 자백은 그것이 착오로 말미암은 것임을 증명한 때에는 취소할 수 있다.

당사자 사이에 다툼이 없는 주장사실은 증거에 의한 인정을 필요로 하지 않는다. 이는 곧바로 청구의 당부판단의 기초로 삼아야 한다. 당사자가 자백한 사실은 이러한 다툼이 없는 사실을 의미한다. 민사소송법 제288조에서의 자백은 구체적인 사실에 대한 재판상 자백만 말한다. 재판상 자백은 변론기일 또는 변론준비기일에 당사자에 의하여 행하여지는 진술로서 상대방 당사자의 주장과 일치하는 자기에게 불리한 사실의 진술을 말하는 것이다. 어떤 사실에 대하여 재판 외에서 자백을 하였고,

---

20) 류승훈, 「로스쿨 신민사소송법」, 한국학술정보(2010), 632면.

21) 류승훈, 「로스쿨 신민사소송법」, 한국학술정보(2010), 634면.

그것을 소송에서 상대방이 원용하더라도 그것만으로 불요증사실로 되는 것이 아니다.

소송물의 전제문제가 되는 권리관계나 법률효과를 인정하는 진술은 권리자백으로서 법원을 기속하는 것도 아니며, 상대방의 동의 없이 자유로이 철회할 수 있다.[22]

간접사실이나 보조사실은 자백의 대상이 되지 않는다. 간접사실이 자백의 구속력을 부정하는 이유는 당사자가 주요사실을 다투고 있는 경우, 이 주요사실을 추인시키는 간접사실의 자백의 구속력을 인정하는 것은 주요사실의 판단에 대한 법관의 자유심증에 대한 제약이 되기 때문이다.[23] 그러나 처분문서에 관한 성립의 진정에 관한 자백은 그 문서의 주요사실에 대한 자백으로 해석되므로 재판상의 자백과 같이 구속력이 인정된다.

재판상의 자백은 변론기일 또는 변론준비기일에 당사자에 의하여 행하여지는 진술로서 상대방 당사자의 주장과 일치하는 자기에게 불리한 사실의 진술이라고 할 것이므로, 그 일치 여부에 관하여는 필요한 경우 석명권을 행사하여 변론 전체의 취지에서 판단하여야 한다.[24] 자백에 구속력을 갖는 것은 재판상의 자백에 한한다 할 것이고, 다른 소송에서 한 재판외의 자백은 하나의 증거원인이 될 뿐이다.[25]

재판상의 자백에 대하여 상대방의 동의가 없는 경우에는 자백을 한 당사자가 그 자백이 진실에 부합되지 않는다는 것과 자백이 착오에 기인한다는 사실을 증명한 경우에 이를 취소할 수 있다. 이때 진실에 부합하지 않는다는 사실에 대한 증명은 그 반대되는 사실을 직접증거에 의하여 증명함으로써 할 수 있지만, 자백사실이 진실에 부합하지 않음을 추인할 수 있는 간접사실의 증명에 의하여도 가능하다고 할 것이다. 또

22) 대법원 2008. 3. 27. 선고 2007다87061호 판결

23) 류승훈, 「로스쿨 신민사소송법」, 한국학술정보(2010), 639면.

24) 대법원 2007. 6. 28. 선고 2007다26424호 판결

25) 대법원 1992. 11. 10. 선고 92다22121호 판결

자백이 진실에 반한다는 증명이 있다고 하여 그 자백이 착오로 인한 것이라고 추정되는 것은 아니지만 그 자백이 진실과 부합되지 않는 사실이 증명된 경우라면 변론의 전취지에 의하여 그 자백이 착오로 인한 것이라는 점을 인정할 수 있다.[26] 재판상 자백의 취소는 반드시 명시적으로 하여야만 하는 것은 아니고 종전의 자백과 배치되는 사실을 주장함으로써 묵시적으로도 할 수 있는 것이나, 다만 이 경우에도 자백을 취소하는 당사자는 그 자백이 진실에 반한다는 것 외에 착오에 인한 것임을 아울러 증명하여야 하며 진실에 반하는 것임이 증명되었다고 하여 착오에 인한 자백으로 추정되지는 않는 것이다.[27] 자백을 한 당사자가 자백을 취소하고 이에 대하여 상대방이 이의를 제기함이 없이 동의하면 반진실, 착오의 요건은 고려할 필요 없이 자백의 취소를 인정하여야 할 것이나, 위 자백의 취소에 대하여 상대방이 아무런 이의를 제기하고 있지 않다는 점만으로는 그 취소에 동의하였다고 볼 수 없다.[28]

당사자가 변론에서 상대방이 주장하는 사실을 명백히 다투지 아니한 때에는 그 사실을 자백한 것으로 본다. 다만, 변론 전체의 취지로 보아 그 사실에 대하여 다툰 것으로 인정되는 경우에는 그러하지 아니하다(자백간주, 제150조 제1항). 상대방이 주장한 사실에 대하여 알지 못한다고 진술한 때에는 그 사실을 다툰 것으로 추정한다(제150조 제2항). 법원은 피고가 답변서를 제출하지 아니한 때에는 청구의 원인이 된 사실을 자백한 것으로 보고 변론 없이 판결할 수 있다. 다만, 직권으로 조사할 사항이 있거나 판결이 선고되기까지 피고가 원고의 청구를 다투는 취지의 답변서를 제출한 경우에는 그러하지 아니하다(제257조 제1항). 피고가 청구의 원인이 된 사실을 모두 자백하는 취지의 답변서를 제출하고 따로 항변을 하지 아니한 때에도 자백한 것으로 보고 변론없이 판

26) 대법원 1991. 8. 27. 선고 91다15591,15607호 판결; 대법원 1997. 11. 11. 선고 97다30646호 판결; 대법원 2000. 9. 8. 선고 2000다23013호 판결

27) 대법원 1990. 6. 26. 선고 89다카14240호 판결; 대법원 1994. 6. 14. 선고 94다14797호 판결

28) 대법원 1994. 9. 27. 선고 94다22897호 판결

결할 수 있다(제257조 제2항).

민사소송법 제288조의 현저한 사실이란 증거에 의하여 그 존재 여부를 인정할 필요가 없을 정도로 객관성이 보장되어 있는 사실을 뜻한다. 현저한 사실에는 공지의 사실과 법원에 현저한 사실이 있다. 공지의 사실이란 그 존재가 널리 일반에게 알려져 있기 때문에 법원도 의심할 여지가 없는 사실을 말한다. 법원에 현저한 사실이라 함은 법관이 직무상 경험으로 알고 있는 사실로서 그 사실의 존재에 관하여 명확한 기억을 하고 있거나 또는 기록 등을 조사하여 곧바로 그 내용을 알 수 있는 사실을 말한다.[29)]

29) 대법원 1984. 11. 27. 선고 84다카1349호 판결; 대법원 1996. 7. 18. 선고 94다20051호 (全)판결

제5장 증거

제1절 의의

소송당사자는 자신들이 주장하는 사실의 입증을 위해 증거의 신청을 한다. 입증은 사실상의 주장을 상대방이 부정하는 경우 이를 증명하기 위한 소송행위이다. 입증을 위하여 증거신청을 한다. 증거신청은 법원에 대하여 특정한 증거방법의 조사를 신청하는 것이다. 증거는 법관에게 주장사실의 진위에 관하여 확신을 주는 자료를 뜻한다. 증거에는 사람이 증거방법인 인증과 그 외의 증거방법인 물증이 있다. 인증에는 증인, 감정인, 당사자본인 등이 있으며, 물증에는 문서와 검증물 등이 있다.

제2절 증거자료, 증거능력, 증명력

법관이 증거방법을 조사한 결과는 증거자료라 한다. 증인의 증언, 감정인의 감정의견, 당사자본인의 진실, 문서의 기재내용, 검증의 결과, 공공기관 그 밖의 단체의 조사보고 등이 증거자료이다. 어떠한 유형물이 증거조사의 대상이 될 수 있는 자격을 증거능력이라 한다. 증명력이라는 증거자료가 구체적인 요증 사실의 증명에 도움이 되는 정도를 뜻한다.

제3절 증거의 종류

Ⅰ. 직접증거와 간접증거

직접증거란 법률요건에 해당하는 사실을 증명하는 증거를 말하고, 간접증거는 직접증거의 존재를 추인할 수 있는 간접사실이나 직접증거의 증명력에 영향을 미치는 보조사실을 증명하는 증거를 뜻한다. 소비대차계약의 존재를 증명하는 차용증은 직접증거이고, 과실을 추인할 수 있는 운전자의 과속에 대한 증언이 간접증거이다.

Ⅱ. 본증과 반증

본증은 당사자가 자기에게 입증책임이 있는 사실을 증명하기 위하여 제출하는 증거를 말하고, 반증이란 상대방이 입증책임을 지는 사실을 부정하기 위해 제출하는 증거이다. 본증은 법관에게 확신을 줄 정도일 것을 요하지만, 반증은 법관에게 요증사실의 존재에 대한 의심을 품게 하는 정도로 족하다. 반증과 반대사실의 증거는 구분해야 한다. 법률상 추정의 경우 그 추정되는 사실을 다투고자 하는 자가 반대사실의 증거를 제출하여야 하는데, 이는 반증이 아니라 본증이다.

Ⅲ. 간접반증

요건사실을 직접 증명할 증거가 없는 경우에 요건사실의 존재를 추정하게 하는 간접사실을 증명하여 요건 사실에 관한 일응의 추정이 성립된 경우, 그러한 간접사실과 양립되는 별개의 간접사실을 본증으로서 제출하여 일응의 추정을 막는 증명을 간접반증이라 한다. 간접반증은 반증이 아니라 본증에 해당한다.

Ⅳ. 증명과 소명

증명은 요증사실에 관하여 법관이 확신을 가지는 정도에 이르는 고도의 개연성을 있는 상태를 입증하는 것이고, 소명은 법관이 그럴 수 있겠다는 정도의 일응의 추정에 이르게 하는 입증을 말한다. 소명은 즉시 조사할 수 있는 증거에 의하여야 한다(제299조 제1항). 법원은 당사자 또는 법정대리인으로 하여금 보증금을 공탁하게 하거나, 그 주장이 진실하다는 것을 선서하게 하여 소명에 갈음할 수 있다(제299조 제2항).

제4절 증인신문

증인신문은 증인의 진술(증언)로부터 증거자료를 얻는 증거조사이다. 감정인은 증인이 아니지만 감정증인은 증인이다. 당사자, 법정대리인, 당사자인 법인의 대표자는 증인능력이 없고, 그 외에는 증인능력이 있다. 법원은 특별한 규정이 없으면 누구든지 증인으로 신문할 수 있다(제303조).[1)]

당사자가 증인신문을 신청하고자 하는 때에는 증인을 지정하여 신청하여야 한다(제308조). 증인신문은 부득이한 사정이 없는 한 일괄하여 신청하여야 한다(민사소송규칙 제75조 제1항). 증인에 대한 출석요구서

1) 대통령・국회의장・대법원장 및 헌법재판소장 또는 그 직책에 있었던 사람을 증인으로 하여 직무상 비밀에 관한 사항을 신문할 경우에 법원은 그의 동의를 받아야 한다(제304조). 국회의원 또는 그 직책에 있었던 사람을 증인으로 하여 직무상 비밀에 관한 사항을 신문할 경우에 법원은 국회의 동의를 받아야 한다(제305조 제1항). 국무총리・국무위원 또는 그 직책에 있었던 사람을 증인으로 하여 직무상 비밀에 관한 사항을 신문할 경우에 법원은 국무회의의 동의를 받아야 한다(제305조 제2항). 이외의 공무원 또는 공무원이었던 사람을 증인으로 하여 직무상 비밀에 관한 사항을 신문할 경우에 법원은 그 소속 관청 또는 감독 관청의 동의를 받아야 한다(제306조). 이상의 경우 국회, 국무회의, 소속 관청은 국가의 중대한 이익을 해치는 경우를 제외하고는 동의를 거부하지 못한다(제307조).

에는 당사자의 표시, 신문 사항의 요지, 출석하지 아니하는 경우의 법률상 제재를 적어야 한다(제309조). 법원은 증인과 증명할 사항의 내용 등을 고려하여 상당하다고 인정하는 때에는 출석·증언에 갈음하여 증언할 사항을 적은 서면을 제출하게 할 수 있다(제310조 제1항). 서면에 의한 증언에 대하여 상대방의 이의가 있거나 필요하다고 인정하는 때에는 법원은 위 증인으로 하여금 출석·증언하게 할 수 있다(제310조 제2항).

증인이 정당한 사유 없이 출석하지 아니한 때에 법원은 결정으로 증인에게 이로 말미암은 소송비용을 부담하도록 명하고 500만원 이하의 과태료에 처한다(제311조 제1항). 법원은 증인이 과태료의 재판을 받고도 정당한 사유 없이 다시 출석하지 아니한 때에는 결정으로 증인을 7일 이내의 감치에 처한다(제311조 제2항). 법원은 정당한 사유 없이 출석하지 아니한 증인을 구인(拘引)하도록 명할 수 있다(제312조 제1항).

재판장은 증인에게 신문에 앞서 선서를 하게 하여야 한다. 다만, 특별한 사유가 있는 때에는 신문한 뒤에 선서를 하게 할 수 있다(제319조). 재판장은 선서에 앞서 증인에게 선서의 취지를 밝히고, 위증의 벌에 대하여 경고하여야 한다(제320조). 선서는 선서서에 따라서 하여야 한다(제321조 제1항). 선서서에는 "양심에 따라 숨기거나 보태지 아니하고 사실 그대로 말하며, 만일 거짓말을 하면 위증의 벌을 받기로 맹세합니다"라고 적어야 한다(제321조 제2항). 16세 미만인 사람과 선서의 취지를 이해하지 못하는 사람을 증인으로 신문할 때에는 선서를 시키지 못한다(제322조). 증인이 자기 또는 제314조에 규정된 어느 한 사람과 현저한 이해관계가 있는 사항에 관하여 신문을 받을 때에는 선서를 거부할 수 있다(제324조). 선서를 시키지 아니하고 증인을 신문한 때에는 그 사유를 조서에 적어야 한다(제325조).

증인은 그 증언이 자기나 증인의 친족 또는 이러한 관계에 있었던 사람, 증인의 후견인 또는 증인의 후견을 받는 사람 가운데 어느 하나에 해당하는 사람이 공소제기되거나 유죄판결을 받을 염려가 있는 사항 또는 자기나 그들에게 치욕이 될 사항에 관한 것인 때에는 이를 거부할 수 있다(제314조). 증인은 변호사·변리사·공증인·공인회계사·세무사·의료인·약사, 그 밖에 법령에 따라 비밀을 지킬 의무가 있는 직책 또는 종교의 직책에 있거나 이러한 직책에 있었던 사람이 직무상 비밀에 속하는 사항에 대하여 신문을 받을 때, 기술 또는 직업의 비밀에 속하는 사항에 대하여 신문을 받을 때에 해당하면 증언을 거부할 수 있다(제315조 제1항). 그러나 위 증인이 비밀을 지킬 의무가 면제된 경우에는 증언을 거부할 수 없다(제315조 제2항). 증언을 거부하는 이유는 소명하여야 한다(제316조).

증인신문은 증인을 신청한 당사자가 먼저 하고, 다음에 다른 당사자가 한다(제327조 제1항). 재판장은 일반적으로 당사자들의 증인신문이 끝난 뒤에 증인신문을 하지만(보충신문), 이와 상관없이 당사자가 신문 중이더라도 언제든지 증인신문을 할 수 있으며(제327조 제2항, 제3항), 그 순서를 바꿀 수도 있다(제327조 제4항). 당사자의 신문이 중복되거나 쟁점과 관계가 없는 때, 그 밖에 필요한 사정이 있는 때에 재판장은 당사자의 신문을 제한할 수 있다(제327조 제5항). 증인신문은 주신문, 반대신문, 재주신문, 재반대신문 순서로 진행된다. 이러한 과정에서 당사자는 증인의 경험, 기억 또는 표현의 정확성 등 증언의 신빙성에 관련한 사항 및 증인의 이해관계, 편견 또는 예단 등 증인의 신용성에 관련한 사항에 대해 신문할 수 있다(민사소송규칙 제94조 제1항, 제2항). 이를 탄핵신문이라 한다. 반대신문의 기회에 주신문에 나타나지 아니한 새로운 사항에 관하여 신문하고자 하는 때에는 재판장의 허가를 받아야 하고, 그 신문은 주신문으로 본다(민사소송규칙 제92조). 반대신문에 나타나지 아니한 새로운 사항에 관하여 재주신문하고자 하는 때에는 재판장의 허가를 받아야 하고, 그 신문은 주신문으로 본다(민사소송규칙 제93조).

증인은 따로따로 신문하여야 한다(제328조 제1항). 신문하지 아니한 증인이 법정(法廷)안에 있을 때에는 법정에서 나가도록 명하여야 한다. 다만, 필요하다고 인정한 때에는 신문할 증인을 법정안에 머무르게 할 수 있다(제328조 제2항). 재판장은 필요하다고 인정한 때에는 증인 서로의 대질을 명할 수 있다(제329조). 재판장은 필요하다고 인정한 때에는 증인에게 문자를 손수 쓰게 하거나 그 밖의 필요한 행위를 하게 할 수 있다(제330조). 증인은 서류에 의하여 진술하지 못한다. 다만, 재판장이 허가하면 그러하지 아니하다(제331조).

제5절 감정

감정은 특별한 학식·경험을 가진 자에게 그 전문적 지식 또는 그 지식을 이용한 판단을 소송상 보고하게 하여 법관의 판단능력을 보충하게 하는 증거조사이다. 감정대상은 외국법, 관습법, 노동능력상실율, 필적·인영의 동일성[2], 교통사고원인 등이다. 감정은 인증의 일종이고 서증이 아니다. 그러나 소송 외에서 당사자가 개인적으로 의뢰하여 작성하여 소송에 제출된 감정서는 서증이다.

감정에는 증인신문규정을 준용한다(제333조). 감정에 필요한 학식과 경험이 있는 사람은 감정할 의무를 진다(제334조 제1항). 감정인은 수소법원, 수명법관 또는 수탁판사가 지정한다(제335조).[3] 감정인은 일반

---

2) 대법원 1999. 4. 9. 선고 98다57198 판결 "과학적인 방법이라고 할 수 있는 무인 감정 결과를 배척하기 위하여는 특별한 사정이 없는 한, 감정 경위나 감정 방법의 잘못 등 감정 자체에 있어서의 배척 사유가 있어야 한다." 대법원 1997. 7. 25. 선고 97다15470 판결 "법원이 증거조사의 일환으로 인영의 동일성에 관한 감정을 실시함에 있어서는 감정을 명하기에 앞서 당해 인영이 찍힌 문서 등이 감정 대상으로 적절한지 여부를 따져 보아야 할뿐만 아니라 석명권의 행사 등을 통하여 대조 인영의 증거가치를 미리 확정하여야 하므로, 법원이 이를 소홀히 한 채 감정을 마친 후 감정 대상이 사본이고 대조 인영의 증거가치를 확인할 수 없다는 이유로 위 감정 결과의 증명력을 배척하여 버린 경우에는 절차상의 잘못이 있다."

3) 감정의 공정성 및 적정성을 높이고 감정평가에 대한 신뢰성을 확보하기 위하여, 감정인과 감정촉탁기관 및 감정과목별 담당의사의 선정과 지정, 감정절차 및 감정료 산정 등에 관한 사항을 규정한 제1402호 예규가 제정되어 있다. 예규가 적용되는 감정은 ① 토지, 건물, 동산 그 밖의 재산에 대한 시가 또는 임료 등에 대한 감정, 토지수용으

적으로 법원행정처에서 작성한 감정인선정전산프로그램에 의하여 선정한다. 그러나 소송당사자들끼리 합의하여 특정 감정인을 선정해 달라고 신청하는 경우에는 해당 특정 감정인을 감정인으로 선정할 것이다.

감정인이 성실하게 감정할 수 없는 사정이 있는 때에 당사자는 그를 기피할 수 있다. 다만, 당사자는 감정인이 감정사항에 관한 진술을 하기 전부터 기피할 이유가 있다는 것을 알고 있었던 때에는 감정사항에 관한 진술이 이루어진 뒤에 그를 기피하지 못한다(제336조). 법원이 필요하다고 인정하는 경우에는 공공기관・학교, 그 밖에 상당한 설비가 있는 단체 또는 외국의 공공기관에 감정을 촉탁할 수 있다. 이 경우에는 선서에 관한 규정을 적용하지 아니한다(제341조 제1항).

감정결과의 채택 여부는 법관의 자유심증에 의한다. 감정인의 감정결과는 당사자가 이를 증거로 원용하지 않은 경우에도 법원으로서는 증거로 할 수 있다.[4] 당사자의 약정에 의하여 지명된 감정인의 감정의견에 따라 기성공사대금을 지급하기로 한 경우에 있어 그에 따른 감정의견이 신빙성이 없다고 판단되는 경우에는 법원으로서는 다른 합리성이 있는 전문적 의견을 보충자료로 삼아 분쟁사안을 판단할 수밖에 없다.[5]

대법원 1999. 2. 26. 선고 98다51831호 판결 "피고가 항소심에서 제1심법원의 원고에 대한 신체감정 결과의 의문점을 지적하며 신체재감정을 신청하자 법원이 이를 받아들여 신체재감정을 촉탁하였으나 원고가 지정 병원이 원거리임을 이유로 재감정에 응하지 아니하여 장기간 신체재감정이 이루어지지 않은 경우, 항소심으로서는 원고가 주장하는 이유

로 인한 손실액의 산정을 위한 감정, 토지분할측량, 경계복원측량, 현황측량, 그 밖의 일반측량 등의 측량감정, ③ 필적・문서・인영・문자・지문등의 감정, ④ 신체감정, 진료기록감정, ⑤ 공사비, 유익비, 하자보수비, 건축물의 구조, 공정, 그 밖에 이에 준하는 사항의 감정이다. 법원행정처장은 매년 12월 자격을 갖춘 사람 중에서 적절하다고 판단되는 사람을 감정인 명단에 등재한다. 법원행정처장은 매년 3. 31.까지 신체감정등을 촉탁할 감정촉탁기관 및 감정과목별 담당의사 명단을 작성하고, 이를 감정촉탁기관에게 송부함과 동시에 감정인선정전산프로그램에 입력하여야 한다.

4) 대법원 1994. 8. 26. 선고 94누2718호 판결

5) 대법원 1994. 4. 29. 선고 94다1142호 판결

의 상당성 유무를 조사한 다음 그 이유가 상당하다고 판단되면 감정병원을 원고가 입원하고 있는 병원 근처의 병원으로 바꾸어 지정하여 보는 등 증거조사의 방해요인을 적절히 제거하여 재감정이 이루어지도록 하여야 함은 물론 그래도 재감정이 이루어지지 않는다면 그 입증을 방해하는 측에 적절한 책임을 지우는 것이 타당하다고 할 것이고, 장기간 동안 신체감정이 이루어지지 않고 있다는 사정만으로 신체재감정촉탁 자체를 취소하고 변론을 종결하여 의문점을 덮어둔 채 제1심에서의 신체감정 결과 및 사실조회의 결과만을 근거로 노동능력상실률을 인정하여서는 아니 된다."

대법원 1999. 5. 11. 선고 99다2171 판결 "동일한 감정인이 동일한 감정사항에 대하여 서로 모순되거나 매우 불명료한 감정의견을 내놓고 있는 경우에, 법원이 그 감정서를 직접 증거로 채용하여 사실인정을 하기 위하여는 특별히 다른 증거자료가 뒷받침되지 않는 한, 감정인에 대하여 감정서의 보완을 명하거나 감정증인으로의 신문방법 등을 통하여 정확한 감정의견을 밝히도록 하는 등의 적극적인 조치를 강구하여야 한다."

대법원 1999. 7. 13. 선고 97다57979 판결 "감정의견이 소송법상 감정인 신문이나 감정의 촉탁방법에 의한 것이 아니고 소송 외에서 전문적인 학식 경험이 있는 자가 작성한 감정의견을 기재한 서면이라 하더라도 그 서면이 서증으로 제출되었을 때 법원이 이를 합리적이라고 인정하면 이를 사실인정의 자료로 할 수 있다. 동일한 사항에 관하여 상이한 수개의 감정 결과가 있을 때 그 중 하나에 의거하여 사실을 인정하였다면 그것이 경험칙이나 논리법칙에 위배되지 않는 한 적법하다."

제6절 서증

서증(書證)은 문서를 열람하여 그에 기재된 의미내용을 증거자료로 하는 증거조사를 말한다. 증거조사의 결과를 기재한 문서는 서증의 대상이 아니나 별건소송의 조서는 서증이다. 문서의 형식적 증거력이라 함은 문서가 거증자가 주장하는 특정인의 의사에 기해 작성된 경우, 즉 거증자가 작성자라고 주장하는 자가 진실로 작성한 것이고 위조한 것이 아님을 의미한다. 그렇다고 문서의 기재내용이 객관적으로 진실하다는 것을 의미하지는 않는다. 특정인의 의사에 기한 것이면 족하고 반드시 그 자신의 자필이거나 날인이 필요하지도 않는다. 거증자가 작성자라고 주장하는 사람이 작성한 문서, 즉 진정하게 작성된 것을 진정성립의 문서라 하고, 이를 형식적 증명력이 있는 문서라 한다.

공문서는 공무원이 그 직무권한내의 사항에 대하여 직무상 작성한 문서이다. 공정증서는 공문서 중 공증인과 같이 공증권한을 가진 자가 작성한 것을 말한다.[6] 사문서는 공문서 이외의 문서로서, 사문서에 공무원이 직무상 일정한 사항을 기입해 넣는 경우에는 그 부분에 한해서 공사병존문서가 된다. 문서로 인정되는 때에는 진정한 공문서로 추정하며 추정의 범위는 공문서의 진정성립에 국한한다. 문서의 작성방식과 취지에 의하여 공무원이 직무상 작성한 것으로 인정한 때에는 이를 진정한 공문서로 추정한다(공문서의 진정의 추정, 제356조 제1항). 공문서가 진정한지 의심스러운 때에는 법원은 직권으로 해당 공공기관에 조회

---

6) 대법원 1994. 6. 28. 선고 94누2046 판결 "공증인이나 공증사무취급이 인가된 합동법률사무소의 구성원인 변호사가 촉탁인 또는 대리촉탁인의 신청에 의하여 자신이 직접 청취한 진술, 그 목도한 사실, 기타 실험한 사실을 기재한 공증에 관한 문서는 보고문서로서 공문서이므로, 민사소송법 제356조 제1항에 의하여 그 진정성립이 추정된다고 볼 것이고, 도한 그 보고내용의 진실성을 담보하기 위하여 증서의 작성 이전에 반드시 촉탁인이나 대리촉탁인의 확인 및 그 대리권의 증명 등의 절차를 미리 거치도록 하고 작성 이후에는 열석자의 서명날인을 받도록 규정하고 있는 공증인법 제27조, 제30조, 제31조, 제38조에 비추어 볼 때, 신빙성 있는 반대 자료가 없는 한 함부로 그 증명력을 부정하고 그 기재와 어긋나는 사실인정을 할 수 없다고 보아야 할 것이다."

할 수 있다(제356조 제2항).

사문서는 입증자측이 그것이 진정한 것임을 증명하여야 한다(제357조).[7] 사문서는 본인 또는 대리인의 서명이나 날인 또는 무인(拇印)이 있는 때에는 진정한 것으로 추정한다(사문서의 진정의 추정, 제358조).[8] 문서가 진정하게 성립된 것인지 어떤지는 필적 또는 인영(印影)을 대조하여 증명할 수 있다(제359조). 대조하는 데에 적당한 필적이 없는 때에는 법원은 상대방에게 그 문자를 손수 쓰도록 명할 수 있다(제361조 제1항). 상대방이 정당한 이유 없이 이러한 명령에 따르지 아니한 때에는 법원은 문서의 진정여부에 관한 확인신청자의 주장을 진실한 것으로 인정할 수 있다. 필치(筆致)를 바꾸어 손수 쓴 때에도 또한 같다(제361조 제2항). 대조하는 데에 제공된 서류는 그 원본・등본 또는 초본을 조서에 붙여야 한다(제362).

처분문서는 증명하고자 하는 법률적 행위가 그 문서 자체에 의해 이루어진 경우로서, 법원의 재판서, 행정처분서, 유가증권, 유언서, 해약통지서, 납세고지서 등을 들 수 있다. 보고문서는 작성자의 견문, 판례, 감정 따위를 기재한 문서로서 상업장부, 등기부, 호적부 등본, 진단서, 장지, 영수증 따위를 예로 들 수 있다. 처분문서는 그 형식적 증거력이 인정되면 실질적 증거력이 당연히 인정된다는 것이 우리 판례의 일관된 입장이다.

---

7) 대법원 1994. 10. 11. 선고 94다23746 판결 "사문서의 진성성립에 관한 증명방법에 관하여는 특별한 제한이 없으나 그 증명방법은 신빙성이 있어야 하고, 증인의 증언에 의하여 그 진정성립을 인정하는 경우 그 신빙성 여부를 판단함에 있어서는 증언내용의 합리성, 증인의 증언태도, 다른 증거와의 합치 여부, 증인의 사건에 대한 이해관계, 당사자의 관계 등을 종합적으로 검토하여야 한다."

8) 대법원 1995. 6. 30. 선고 94다41324 판결 "문서에 날인된 작성명의인의 인영이 그의 인장에 의하여 현출된 것이라면 특별한 사정이 없는 한 그 인영의 진정성립, 즉 날인행위가 작성명의인의 의사에 기한 것임이 사실상 추정되고, 일단 인영의 진정성립이 추정되면 민사소송법 제329조에 의하여 그 문서전체의 진정 성립이 추정되나, 위와 같은 사실상 추정은 날인행위가 작성명의인 이외의 자에 의하여 이루어 진 것임이 밝혀진 경우에는 깨어지는 것이므로, 문서제출자는 그 날인행위가 작성명의인으로부터 위임받은 정당한 권원에 의한 것이라는 사실까지 입증할 책임이 있다."

기재 일부가 변조된 것이라는 뜻으로 원고가 제출하였다는 서증의 원고의 이름 아래 찍힌 인영이 원고의 인장에 의하여 현출된 인영임을 원고가 인정하고 있으므로 특별한 사정이 없는 한 위 서증 전체의 진정성립이 추정되고 달리 변조되었다는 증거가 없으므로, 원심이 위 서증을 채용하여 사실을 인정한 조치는 정당하다.[9]

법원이 진정성립이 인정되는 처분문서를 해석함에 있어서는 먼저 특별한 사정이 없는 한 그 처분문서에 기재되어 있는 문언에 따라 당사자의 의사표시가 있었던 것으로 객관적으로 해석하여야 하고, 다만 그 처분문서의 기재 내용과 다른 특별한 명시적, 묵시적 약정이 있는 사실이 인정될 경우에 그 기재 내용의 일부를 달리 인정하거나 작성자의 법률행위를 해석함에 있어서 경험칙과 논리법칙에 어긋나지 아니하는 범위 내에서 자유로운 심증으로 판단할 수 있을 뿐이다.[10]

처분문서는 진정성립이 인정되면 그 기재 내용을 부정할 만한 분명하고도 수긍할 수 있는 반증이 없는 이상 문서의 기재 내용에 따른 의사표시의 존재 및 내용을 인정하여야 한다는 점을 감안하면 처분문서의 진정성립을 인정함에 있어서는 신중하여야 할 것이고, 처분문서라고 하더라도 그것이 위조된 점이 입증되어 그 진정성립이 인정되지 아니한다면 그 문서의 기재 내용에 따른 의사표시의 존재 및 내용을 인정할 수 없는 것이다.[11]

문서에 날인된 작성명의인의 인영이 작성명의인의 인장에 의하여 현출된 것임이 인정되는 경우에는 특단의 사정이 없는 한 그 인영의 진정성립 및 그 문서 전체의 진정성립까지 추정되는 것이기는 하나, 이는 어디까지나 먼저 내용기재가 이루어진 뒤에 인영이 압날된 경우에만 그러한 것이며 작성명의인의 날인만 되어 있고 그 내용이 백지로 된 문서를 교부받아 후일 그 백지 부분을 작성명의자가 아닌 자가 보충한 문서

9) 대법원 1994. 1. 25. 선고 93다9422 판결
10) 대법원 1999. 2. 12. 선고 98다45744 판결
11) 대법원 2002. 9. 6. 선고 2002다34666 판결

의 경우에 있어서는 문서제출자는 그 기재 내용이 작성명의인으로부터 위임받은 정당한 권원에 의한 것이라는 사실을 입증할 책임이 있으며, 이와 같은 법리는 그 문서가 처분문서라고 하여 달라질 것은 아니다.[12)]

서증에 대한 상대방의 태도는 성립인정, 침묵, 부인, 부지 등으로 나누어 볼 수 있다. 당사자 사이에 성립에 다툼이 없으면 법원은 자백에 구속되어 그 형식적 증거력을 인정하여야 한다. 문서의 진정성립에 대해 상대방이 부인 또는 부지로 답변하면 증명을 필요로 하는데, 증명책임은 거증자에게 돌아간다.[13)] 문서의 진정성립은 변론의 전취지만으로 그 성립을 인정하여도 무방하다.[14)]

문서의 성립에 관한 자백은 보조사실에 관한 자백이기는 하나 그 취소에 관하여는 다른 간접사실에 관한 자백취소와는 달리 주요사실의 자백취소와 동일하게 처리하여야 할 것이므로 문서의 진정성립을 인정한 당사자는 자유롭게 이를 철회할 수 없다고 할 것이고, 이는 문서에 찍힌 인영의 진정함을 인정하였다가 나중에 이를 철회하는 경우에도 마찬가지이다.[15)]

당사자가 서증을 신청하고자 하는 때에는 문서를 제출하는 방식 또는 문서를 가진 사람에게 그것을 제출하도록 명할 것을 신청하는 방식으로 한다(제343조). 문서제출신청에는 문서의 표시, 문서의 취지, 문서

---

12) 대법원 2000. 6. 9. 선고 99다37009 판결

13) 사문서에 대하여 그 진정성립을 상대방이 다툰 경우에는 제출자가 이를 입증하여야 하는데, 입증방법에는 제한이 없다. 구체적으로는 작성명의인이 증인으로서 자기가 작성하였다고 진술하거나, 작성명의인 이외의 사람이 증인으로서 자기 면전에서 명의인에 의하여 작성되었다고 진술하거나, 필적을 알고 있는 사람이 명의인의 필적이라고 진술하는 등의 방법이 있다. 서류의 위조 여부 등은 반드시 전문가의 감정에 의하여서만 판별할 수 있는 것이 아니고 육안에 의한 대조로도 이를 판단할 수 있다.

14) 제출자 자신이 작성한 문서 또는 제3자 작성의 문서에 관하여 상대방이 부지라고 다투었는데 제출자가 성립의 진정을 증명하지 아니한 경우에도, 법원은 변론 전체의 취지를 참작하여 자유심증으로써 성립의 진정을 인정할 수 있는데, 여기서 변론 전체의 취지는 그 문서의 형태, 기재 내용, 제출자와 작성자와의 관계, 상대방의 다투는 방법의 소극성 등에 대하여 종합적으로 평가하는 것을 의미한다.

15) 대법원 2001. 4. 24. 선고 2001다5654 판결

를 가진 사람, 증명할 사실, 문서를 제출하여야 하는 의무의 원인을 밝혀야 한다(제345조). 문서제출의 신청을 위하여 필요하다고 인정하는 경우에는, 법원은 신청대상이 되는 문서의 취지나 그 문서로 증명할 사실을 개괄적으로 표시한 당사자의 신청에 따라, 상대방 당사자에게 신청내용과 관련하여 가지고 있는 문서 또는 신청내용과 관련하여 서증으로 제출할 문서에 관하여 그 표시와 취지 등을 적어 내도록 명할 수 있다(제346조). 법원은 문서제출신청에 정당한 이유가 있다고 인정한 때에는 결정으로 문서를 가진 사람에게 그 제출을 명할 수 있다(제347조 제1항). 제3자에 대하여 문서의 제출을 명하는 경우에는 제3자 또는 그가 지정하는 자를 심문하여야 한다(제347조 제3항). 법원이 문서제출명령을 발함에 있어서는 먼저 당해 문서의 존재와 소지가 증명되어야 하고 그 입증책임은 원칙으로 신청인에게 있다.[16)]

민사소송법 제344조(문서의 제출의무) ① 다음 각호의 경우에 문서를 가지고 있는 사람은 그 제출을 거부하지 못한다.

1. 당사자가 소송에서 인용한 문서를 가지고 있는 때
2. 신청자가 문서를 가지고 있는 사람에게 그것을 넘겨 달라고 하거나 보겠다고 요구할 수 있는 사법상의 권리를 가지고 있는 때
3. 문서가 신청자의 이익을 위하여 작성되었거나, 신청자와 문서를 가지고 있는 사람 사이의 법률관계에 관하여 작성된 것인 때. 다만, 다음 각목의 사유 가운데 어느 하나에 해당하는 경우에는 그러하지 아니하다.

가. 제304조 내지 제306조에 규정된 사항이 적혀있는 문서로서 같은 조문들에 규정된 동의를 받지 아니한 문서

나. 문서를 가진 사람 또는 그와 제314조 각호 가운데 어느 하나의 관계에 있는 사람에 관하여 같은 조에서 규정된 사항이 적혀 있

16) 대법원 1995. 5. 3. 자 95마415 결정

는 문서

다. 제315조제1항 각호에 규정된 사항중 어느 하나에 규정된 사항이 적혀 있고 비밀을 지킬 의무가 면제되지 아니한 문서

② 제1항의 경우 외에도 문서(공무원 또는 공무원이었던 사람이 그 직무와 관련하여 보관하거나 가지고 있는 문서를 제외한다)가 다음 각호의 어느 하나에도 해당하지 아니하는 경우에는 문서를 가지고 있는 사람은 그 제출을 거부하지 못한다.

1. 제1항 제3호 나목 및 다목에 규정된 문서
2. 오로지 문서를 가진 사람이 이용하기 위한 문서

법원은 문서가 제344조에 해당하는지를 판단하기 위하여 필요하다고 인정하는 때에는 문서를 가지고 있는 사람에게 그 문서를 제시하도록 명할 수 있다. 이 경우 법원은 그 문서를 다른 사람이 보도록 하여서는 안된다(제347조 제4항). 당사자가 제347조제1항・제2항 및 제4항의 규정에 의한 명령에 따르지 아니한 때에는 법원은 문서의 기재에 대한 상대방의 주장을 진실한 것으로 인정할 수 있다(제349조). 당사자가 상대방의 사용을 방해할 목적으로 제출의무가 있는 문서를 훼손하여 버리거나 이를 사용할 수 없게 한 때에는, 법원은 그 문서의 기재에 대한 상대방의 주장을 진실한 것으로 인정할 수 있다(제350조).

피고가 문서제출명령에 불구하고 제출명령받은 문서를 제출하지 아니하였다고 하더라도, 그렇다고 하여 문서제출의 신청에 문서의 표시와 문서의 취지로 명시된 위 문서들의 성질, 내용, 성립의 진정에 관한 원고의 주정을 진실한 것으로 인정할 수 있음은 별론으로 하고, 그 문서들에 의하여 입증하려고 하는 원고의 주장사실이 바로 증명되었다고 볼 수는 없다.[17]

서증의 신청은 제343조의 규정에 불구하고 문서를 가지고 있는 사람

17) 대법원 1993. 11. 23. 선고 93다41938 판결

에게 그 문서를 보내도록 촉탁할 것을 신청함으로써도 할 수 있다. 다만, 당사자가 법령에 의하여 문서의 정본 또는 등본을 청구할 수 있는 경우에는 그러하지 아니하다(문서송부의 촉탁, 제352조). 제352조에 따라 법원으로부터 문서의 송부를 촉탁받은 사람 또는 제297조에 따른 증거조사의 대상인 문서를 가지고 있는 사람은 정당한 사유가 없는 한 이에 협력하여야 한다(제352조의2 제1항).

법원에 문서를 제출하거나 보낼 때에는 원본, 정본 또는 인증이 있는 등본으로 하여야 한다(제355조 제1항).[18] 법원은 필요하다고 인정하는 때에는 원본을 제출하도록 명하거나 이를 보내도록 촉탁할 수 있다(제355조 제2항). 법원은 당사자로 하여금 그 인용한 문서의 등본 또는 초본을 제출하게 할 수 있다(제355조 제3항).

원본이 현존하지 않는 문서 사본도 과거에 존재한 적이 있는 문서를 전자복사한 것이라면 원본의 존재 및 진정성립을 인정하여 서증으로 채용할 수 있다.[19] 민사소송법 제355조 제1항에 의하여 문서는 원본·정본 또는 인증있는 등본을 제출하는 것이 원칙이나, 사본을 원본에 갈음하여 또는 사본 그 자체를 원본으로서 제출할 수도 있다고 할 것인바, 상대방이 원본의 존재나 성립을 인정하고 사본으로써 원본에 갈음하는 것에 대하여 이의가 없는 경우에는 사본을 원본에 갈음하여 제출할 수 있고, 이와 같은 경우에는 그 원본이 제출된 경우와 동일한 효과가 생긴다고 할 것이며, 반면에 사본을 원본으로서 제출하는 경우에는 그 사본이 독립한 서증이 된다고 할 것이나 그 대신 이에 의하여 원본이 제출된 것으로 되지는 아니하고, 이때에는 증거에 의하여 사본과 같은 원본이 존재하고 또 그 원본이 진정하게 성립하였음이 인정되어야 하는 것이다.[20]

---

18) 원본은 문서 그 자체를 말한다. 정본은 특히 정본이라고 표시한 문서의 등본으로서 원본과 동일한 효력이 인정되는 것을 말한다. 등본은 원본전부의 사본이며, 초본은 그 일부의 사본이다. 인증등본은 인증기관이 공증한 등본을 말한다.

19) 대법원 1992. 12. 22. 선고 91다35540 판결

20) 대법원 1999. 11. 12. 선고 99다38224 판결

제7절 검증

법관이 직접 사물의 성상, 현상을 검사하여 그 결과를 증거자료로 하는 증거조사를 검증이라 한다. 문서의 필적이나 인영, 카세트테이프, 비디오테이프, 자기디스크의 녹음을 법관이 직접 검사하는 것이 검증이다. 소송당사자 동의하에 사진으로 검증에 갈음할 수 있다.

검증의 절차는 대체로 서증에 준한다(제366조 제1항). 당사자가 검증을 신청하고자 하는 때에는 검증의 목적을 표시하여 신청하여야 한다(제364조). 수명법관 또는 수탁판사는 검증에 필요하다고 인정할 때에는 감정을 명하거나 증인을 신문할 수 있다(제365조). 검증의 목적물을 제출하거나 보내는 경우에는 제343조(서증신청의 방식), 제347조 내지 제350조(문서제출신청의 허가여부에 대한 재판, 불복신청, 당사자가 문서를 제출하지 아니하는 때의 효과, 당사자가 사용을 방해한 때의 효과), 제352조 내지 제354조(문서송부의 촉탁, 제출문서의 보관, 수명법관, 수탁판사에 의한 조사)의 규정을 준용한다(제366조 제1항).

검증물을 점유하는 당사자 및 제3자는 정당한 이유가 없는 한 검증물을 제시하여 검증을 수인할 의무가 있으며, 당사자가 정당한 이유 없이 이 의무를 이행하지 않는 때에는 검증물에 관한 입증자의 주장이 진실하다고 인정되는 불이익을 받고 제3자는 법원의 결정으로 200만원 이하의 과태료 제재를 받는다(제366조 제1항, 제2항). 법원은 검증을 위하여 필요한 경우에는 남의 토지, 주거, 관리중인 가옥, 건조물, 항공기, 선박, 차량, 그 밖의 시설물에 들어갈 수 있고 저항을 받은 때에는 경찰공무원에게 원조를 요청할 수 있다(제366조 제3항).

법원밖 검증의 경우 법원사무관등이 당사자 및 관계인의 출석을 요구하고 미리 비용을 예납할 것으로 요구한다. 제출된 검증목적물에는 서증에 있어서와 마찬가지 방법으로 부호와 번호를 붙이되 서증과의 구별을 위하여 그 앞에 "검"자를 표시한다(민사소송규칙 117조). 원고가 제출한 것은 "검갑 제○호증", 피고가 제출한 것은 "검을 제○호증"이라고 표시한다. 이 부호 및 번호는 서증의 경우와 달리 증거목록에 독립한 증거방법으로 표시되지 않으며, 당해 검증란에 부기되는 데 불과하다.

자유심증주의를 채택하고 있는 우리 민사소송법하에서 상대방 부지중 비밀리에 상대방과의 대화를 녹음하였다는 이유만으로 그 녹음테이프가 증거능력이 없다고 단정할 수 없고, 그 채증 여부는 사실심 법원의 재량에 속하는 것이며, 녹음테이프에 대한 증거조사는 검증의 방법에 의하여야 한다. 당사자 일방이 녹음테이프를 증거로 제출하지 않고 이를 속기사에 의하여 녹취한 녹취문을 증거로 제출하고 이에 대하여 상대방이 부지로 인부한 경우, 법원은 녹음테이프의 검증을 통하여 대화자가 진술한 대로 녹취되었는지 확인하여야 할 것이나, 그 녹취문이 오히려 상대방에게 유리한 내용으로 되어 있다면 그 녹취 자체는 정확하게 이루어진 것으로 보이므로 녹음테이프 검증 없이 녹취문의 진정성립을 인정할 수 있다.[21]

제8절 당사자신문

당사자신문은 당사자 본인을 증거방법으로 하여 그가 경험할 사실에 대해 진술케 하여 증거자료를 얻는 증거조사를 말한다. 당사자의 주장은 어디까지나 소송자료를 제공하는 자발적인 소송수행행위일 뿐이고, 당사자신문은 의지적으로 당사자를 증거조사의 대상으로 삼아 증거자료를 얻어내기 위한 것으로서 그 진술내용은 증거자료이지 소송자료가 아니다. 따라서 소송무능력자도 당사자신문의 대상이 되며(제372조 단서), 당사자 신문의 내용에 상대방의 주장사실과 일치하는 부분이 있다

21) 대법원 1999. 5. 25. 선고 99다1789 판결

하더라도 이를 자백이라 할 수 없다. 당사자의 주장 및 법원의 석명처분에 의한 당사자 본인의 진술도 당사자의 사실인지의 보고이기는 하지만, 변론주의 아래에서는 법관에게 사실심 판단의 대상을 제공하는 소송자료로서의 주장과 당사자 신문에 의한 주장(사실)의 진정 여부에 대한 증거자료를 제공하는 진술을 구별하여야 한다. 당사자는 분쟁의 기초를 이루고 있는 거래나 불법행위 등의 직접관계자인 경우가 많고, 이 경우에는 당사자 본인이나 법정대리인이 사실관계를 가장 잘 알고 있기 때문에 당사자신문이 한층 중요한 증거방법이 될 수 있다. 다른 증거방법의 조사에 앞서 당사자 신문을 할 수 있도록 길을 열어주는 것이 진실파악과 소송의 원활하고 신속한 진행에 도움이 될 수 있다.[22)]

소액사건심판의 경우 소송의 촉진을 위하여 판사는 언제든지 당사자 본인을 신문하여 이를 증거로 할 수 있다고 규정하고 있다(소액사건심판법 제10조). 가사소송에서는 당사자본인도 증인과 같이 취급된다(가사소송법 제17조).

법원은 직권으로 또는 당사자의 신청에 따라 당사자 본인을 신문할 수 있다. 이 경우 당사자에게 선서를 하게 하여야 한다(제367조). 재판장은 필요하다고 인정한 때에 당사자 서로의 대질 또는 당사자와 증인의 대질을 명할 수 있다(제368조). 당사자가 정당한 사유 없이 출석하지 아니하거나 선서 또는 진술을 거부한 때에는 법원은 신문사항에 관한 상대방의 주장을 진실한 것으로 인정할 수 있다(제369조). 당사자를 신문한 때에는 선서의 유무와 진술 내용을 조서에 적어야 한다(제371조). 소송에서 당사자를 대표하는 법정대리인에 대한 신문도 당사자신문에 관한 규정이 준용된다(제372조). 당사자신문에는 증인신문에 관한 규정들이 준용된다(제373조). 따라서 재판장은 언제든지 당사자 본인 또는 법정대리인의 출석을 명할 수 있고 소환에 불응한 때에는 과태료 등의 제재를 과할 수 있다(민소 제311조, 제312조). 선서한 당사자의 허위진

22) 류승훈, 「로스쿨 신민사소송법」, 한국학술정보(2010), 687-688면.

술은 재심의 사유가 된다(제451조 제1항 제7호).

제9절 사진, 녹음테이프, 비디오테이프, 컴퓨터용자기디스크

민사소송법 제374조는 사진, 녹음테이프, 비디오테이프, 컴퓨터용자기디스크 등 신종매체에 관하여 감정, 서증, 검증에 관한 민사소송법 규정에 준하여 대법원규칙으로 정하도록 하고 있다.

컴퓨터용 자기디스크·광디스크, 그 밖에 이와 비슷한 정보저장매체에 기억된 문자정보를 증거자료로 하는 경우에는 읽을 수 있도록 출력한 문서를 제출할 수 있다(민사소송규칙 제120 제1항). 자기디스크등에 기억된 문자정보를 증거로 하는 경우에 증거조사를 신청한 당사자는 법원이 명하거나 상대방이 요구한 때에는 자기디스크등에 입력한 사람과 입력한 일시, 출력한 사람과 출력한 일시를 밝혀야 한다(같은 조 제2항). 자기디스크등에 기억된 정보가 도면·사진 등에 관한 것인 때에는 제1항과 제2항의 규정을 준용한다(같은 조 제3항).

녹음·녹화테이프, 컴퓨터용 자기디스크·광디스크, 그 밖에 이와 비슷한 방법으로 음성이나 영상을 녹음 또는 녹화하여 재생할 수 있는 매체에 대한 증거조사를 신청하는 때에는 음성이나 영상이 녹음등이 된 사람, 녹음등을 한 사람 및 녹음등을 한 일시·장소를 밝혀야 한다(민사소송규칙 제121조 제1항). 녹음테이프등에 대한 증거조사는 녹음테이프등을 재생하여 검증하는 방법으로 한다(같은 조 제2항). 녹음테이프등에 대한 증거조사를 신청한 당사자는 법원이 명하거나 상대방이 요구한 때에는 녹음테이프등의 녹취서, 그 밖에 그 내용을 설명하는 서면을 제출하여야 한다(같은 조 제3항).

도면·사진, 그 밖에 정보를 담기 위하여 만들어진 물건으로서 문서가 아닌 증거의 조사에 관하여는 특별한 규정이 없으면 감정, 서증 및 검증의 규정을 준용한다(민사소송규칙 제122조).

제10절 조사의 촉탁(사실조회)

법원은 공공기관·학교, 그 밖의 단체·개인 또는 외국의 공공기관[23]에게 그 업무에 속하는 사항에 관하여 필요한 조사 또는 보관중인 문서의 등본·사본의 송부를 촉탁할 수 있다(제294조). 민사소송법은 조사의 촉탁으로 규정하고 있지만, 그 실질은 증인신문 등과 마찬가지의 독립한 증거방법으로 이해되고 있으며 실무에서는 이를 사실조회라고 한다. 조사촉탁(사실조사)은 신청 또는 직권으로도 가능하다. 민사소송법은 전문적이고 특수한 분야에 관한 지식이나 정보를 갖고 있는 개인에게도 사실조회를 할 수 있도록 하고 있다. 사실조회의 한 방법으로 대상자가 보관중인 문서의 등·사본을 송부할 것을 촉탁할 수 있다는 점도 명확히 하고 있다. 개인에 대한 조사촉탁은 직무와 관련되고 일상적인 것이거나 순전히 전문지식에 관한 사항에 한정되어야 할 것이다. 제352조의 문서송부촉탁과는 구별되는데, 제352조의 문서송부촉탁은 서증제출의 한 방법으로 규정된 것인데 반해, 본조의 조사촉탁에 의한 문서 등, 사본의 송부촉탁은 필요한 사항에 대한 조사촉탁의 한 방법으로 예정된 것이어서 그에 의해 송부된 문서가 바로 서증으로 되는 것은 아니라 할 것이므로 양자의 성격은 서로 다르다고 하겠다.[24]

---

23) 조회 상대방이 외국의 공공기관일 경우에는 외국에서 시행하는 증거조사(제296조)에 해당하므로 국제민사사법공조법상의 촉탁경로에 따라 사실조회서를 발송하여야 하지만, 조회 대상기관이 외국 주재의 우리나라 대사·영사 등이고 조회사항도 당해 대사관 또는 영사관의 담당사무 자체에 관한 것일 때에는 위 법상의 촉탁경로에 의할 것 없이 재판장이 직접 당해 대사 또는 영사에게 사실조회서를 통상의 외국우편으로 발송한다.

24) 류승훈, 「로스쿨 신민사소송법」, 한국학술정보(2010), 691면.

사실조회는 촉탁의 상대방이 용이하게 조사할 수 있는 사실에 한하여 조회하고, 조사할 내용이 촉탁의 상대방의 특별한 지식과 경험을 필요로 하는 것이거나 촉탁의 상대방의 전문적인 의견을 구하는 것일 때에는 감정촉탁의 방법으로 함이 상당하다.[25] 사실조회회보가 공문서인 경우 별도의 신빙성 있는 반대자료가 없는 한 법원은 그 기재와 어긋나는 사실 인정을 할 수 없다.[26] 사실조회를 하기로 하는 증거결정을 한 때에는 재판장 명의로 사실조회서를 작성하여 발송한다. 신청인 등 당사자에게 사실조회 회답서를 교부하여야 하는 경우에 대비하여, 법원은 조회상대방에게 사실조회 회답서의 부본을 제출하게 할 수 있다(민사소송규칙 제76조). 회보가 도착한 때에는 즉시 양쪽 당사자에게 전화・팩스 등 간이한 방법으로 그 사실을 고지하고, 변론(준비)기일에서 당사자에게 의견 진술의 기회를 주는 절차를 거쳐야 한다.[27] 회보를 따로 서증으로 제출할 필요는 없다. 회보처에서 참고서류 사본 등을 함께 보낸 경우에도 이를 포함한 전체를 사실조회결과로 처리한다. 참고서류를 따로 서증으로 할 필요는 없다는 점에서 문서송부촉탁과 다르다.

---

25) 사실조사 촉탁시 비용 지급에 관한 예규
26) 대법원 1990. 11. 23. 선고 90다카21022 판결
27) 대법원 1982. 8. 24. 선고 81누270판결

제5장 소권의 종류
(실제 작동하는 민사소송의 유형)

제1절 이행의 소

Ⅰ. 이행의 소는 특정인에 대하여 금전지급 의무, 물건인도 의무, 작위 또는 부작위 의무 등의 이행를 구하는 청구를 말한다. 금전지급 청구, 부동산에 관한 등기이전·등기달소절차를 이행하는 청구, 물건의 명도·인도·퇴거·철거 청구, 공사중지·통행금지·영업금지 청구 등이 대표적이다. 이행기가 도래한 경우뿐만 아니라 특별한 경우 미리 이행할 필요가 있는 경우에도 이행의 소를 제기할 수 있다(제251조).

Ⅱ. 이행의 소를 원고의 이행청구권에 기하여 피고에 대해 의무이행명령을 할 것을 요구하는 소라고 설명하기도 한다.[1] 이행의 소를 제기할 수 있는 권한인 소권을 실체법적으로 관념한 것이 청구권이다. 청구권은 물권적 청구권이든 채권적 청구권이든 피고의 의무를 이행하는 것이다. 청구권은 모두 이행청구권인 것이다. 이행청구권 개념에 기초하여 이행의 소를 설명하는 것보다는 이행의 소를 제기할 수 있는 소권을 청구권으로 이해하는 것이 바람직하다.

Ⅲ. 소장의 청구취지는 판결의 주문에 대응하는 것으로 소장의 필수적 기재사항이다. 이행청구의 청구취지는 이행을 구하는 의무의 내용

1) 이시윤, 「신민사소송법 제6증보판」, 박영사(2012), 183면.

을 명확하고 간결하게 표시해야 하고, 이행할 채무의 종류, 법적 성질, 발생원인 등을 나타내지 않는다. 그러나 가사소송에서는 위자료로서, 재산분할로서 등과 같이 이행할 채무의 종류를 표시한다. 이행판결은 집행문을 얻어 강제집행이 가능하다. 따라서 강제집행이 가능하도록 소장의 청구취지를 구성해야 한다. 소장 접수 단계에서 청구취지의 특정이 어려운 경우 변론과정에서 검증・감정을 거쳐 그 결과에 맞추어 청구취지를 변경하여야 한다.[2)]

Ⅳ. 이행의 소의 유형

1. 금전의 지급을 구하는 이행소송

소장의 청구취지에 "피고는 [각, 공동하여, 연대하여, 합동하여] 원고에게 5,000,000원을 지급하라"라고 적는다. 2인 이상의 피고에 대하여 금전 지급을 청구할 때에는 피고 사이에 중첩관계가 없을 때는 '각', 중첩관계가 있을 때는 불가분채무[3)], 부진정연대채무[4)], 주채무자와 단순보증인 1인의 각 채무, 신원본인과 신원보증인의 각 채무의 경우에는 '공동하여', 연대채무[5)]의 경우 '연대하여', 어음소지인이 발행인 및 배

---

2) 사법연수원, 「민사실무Ⅰ」, 사법연수원 출판부(2012), 57-58면.

3) 불가분채무(민법 제411조)에 해당하는 경우로 공유물에 타인의 소유물이 부합됨으로써 공유자가 얻은 부당이득의 반환채무(대법원 1980. 7. 22. 선고 80다649판결), 여러 사람이 공동으로 타인의 소유물을 점유사용함으로써 얻은 부당이득의 반환채무(대법원 1991. 10. 8. 선고 91다3901 판결), 건물의 공유자가 공동으로 건물을 임대하고 보증금을 수령한 경우에 그 보증금의 반환채무(대법원 1998. 12. 8. 선고 98다43137 판결) 등이 있다.

4) 부진정연대채무에 해당하는 경우로 민법 제760조 공동불법행위자의 채무(대법원 1998. 11. 10. 선고 98다20059 판결), 민법 제756조 피용자와 사용자의 각 손해배상책임 등이 있다.

5) 연대채무에 해당하는 경우로 민법 제413조 연대채무자의 채무, 민법 제437조 단서 주채무자와 연대보증인의 채무, 민법 제616조 사용대차, 제654조 임대차에 있어서 공동차주의 채무, 민법 제832조 일상가사로 인한 부부의 채무, 상법 제57조 다수채무자간 상행위 채무 등이 있다.

서인 중 일부를 상대로 어음금을 청구하는 경우에는 '합동하여'[6]라고 표시하여 피고들 상호관계와 채무의 범위를 확정하여야 한다. 단순히 "피고들은 원고에게 5,000,000원을 지급하라"라고 적을 경우 청구금액은 피고별로 균분하여 지급을 구한 것이 된다.

[대여금 청구]

대여금청구는 소비대차계약을 체결한 당사자 사이의 소송이다. 대여금청구 소송에서 원고는 금전소비대차계약(이자율, 변제기 등)의 체결과 그에 따른 금전의 지급을 주장·증명해야 한다.[7]

소비대차 계약은 당사자 일방이 금전 기타 대체물의 소유권을 상대방에게 이전할 것을 약정하고, 상대방은 동종, 동질, 동량의 물건을 반환할 것을 약정함으로써 성립하는 낙성계약이다(민법 제598조).[8]

소비대차계약은 당사자 사이의 합의간으로 성립하는 낙성계약이므로 금전 기타 대체물을 현실적으로 교부하는 것은 소비대차계약의 성립요건이 아니다. 차주가 빌린 물건 그 자체를 반환하지 않고 동종, 동질, 동량의 다른 물건을 반환해야 하는 점에서 그 목적물을 사용, 수익한 후 그 자체를 반환해야 하는 사용대차와 다르다. 또한 임대차는 상대방

6) 어음법 제47조, 수표법 제43조

7) 대여금 청구 소송에서 원고는 주장의 입증을 위해 금전소비대차계약서(대출약정서), 차용증, 현금보관증, 이행각서, 약속어음 등 서증을 제출한다. 대여한 원금과 함께 이자를 청구하는 경우에는 이자지급 약정을 추가하여 주장·입증해야 한다. 변제기가 지나 지연손해금을 함께 청구하는 경우에는 변제기와 변제기 도과 사실을 주장·입증해야 한다.

8) 금전을 소비대차의 목적으로 하면서 대주가 현금에 갈음으로 유가증권 기타 물건을 교부하는 경우를 대물대차라고 하는데, 민법 제606조는 차주가 금전에 갈음하여 유가증권 기타 물건을 받은 경우에 "그 인도시의 가액으로써 차용액으로 한다"고 규정한다. 차용물의 반환에 관하여 차주가 금전에 갈음하여 다른 재산권을 이전할 것을 예약한 경우 이를 대물반환의 예약이라 한다. 민법 제609조는 이때 그 재산권의 예약당시의 가액이 차용액 및 이에 붙인 이자의 합산액을 넘지 못한다고 규정한다. 당사자의 약정으로서 차주에 불리한 대물대차, 대물반환의 예약은 환매 기타 여하한 명목이라도 그 효력이 없다(민법 제608조).

에게 목적물을 사용, 수익하게 하고, 상대방은 이에 대한 차임의 지급 및 그 목적물 자체를 반환해야 하는 점에서 소비대차와 다르다.

무이자소비대차의 당사자는 목적물의 인도전에 언제든지 계약을 해제할 수 있다. 그러나 해제로 인하여 상대방에게 손해가 생겼다면 이를 배상하여야 한다(민법 제601조). 이자부 소비대차계약은 유상·쌍무계약이다.

이자부 소비대차에서 차주는 이자를 지급할 의무를 부담한다. 이율은 원칙적으로 당사자가 자유롭게 결정할 수 있고, 약정이율이 없으면 법정이율에 의한 이자[9]를 지급하여야 한다. 이자 있는 소비대차는 차주가 목적물의 인도를 받은 때로부터 이자를 계산하여야 하며, 차주가 그 책임 있는 사유로 수령을 지체할 때에는 대주가 이행을 제공한 때로부터 이자를 계산하여야 한다(민법 제600조). 상인 간 소비대차는 이자약정 없이도 법정이자 청구가 가능하다(상법 제55조 제1항). 금전채무불이행의 경우 손해배상액은 법정이율에 의하나, 법령의 제한에 위반하지 아니한 약정이율이 있으면 그 이율에 의한다(민법 제397조 제1항). 변제기의 정함이 없는 소비대차계약의 경우 일반 채권처럼 원고의 최고시가 변제기로 되는 것이 아니라(민법 제387조 제2항), 최고로부터 상당한 기간이 경과된 시점이 변제기로 된다(민법 제603조 제2항).

민법상 조합에 돈을 대여하였다면 조합 자체는 권리능력이 없어 피고적격이 없으므로 조합을 상대로 대여금 소송을 제기할 수 없고, 조합원 전원을 상대로 소송을 제기해야 한다. 즉 조합재산에 집행할 수 있는 이행판결을 얻으려면 조합이 아니라 조합원 전원 또는 업무집행조합원을 상대로 소송을 제기해야 한다. 조합원의 개인재산에 집행하기 위해

---

9) 민사행위의 경우 민법상 이자 연5%, 상행위의 경우 상법상 이자 연6%가 각 적용된다. 연5%의 법정이율은 이자의 산정은 물론 금전채무불이행으로 인한 지연손해금의 산정에도 적용된다. 대법원 1995. 10. 13. 선고 94다57800 판결 "금전채무의 이행지체로 인하여 발생하는 지연손해금은 그 성질이 손해배상금이지 이자가 아니며, 민법 제163조 제1호의 1년 이내의 기간으로 정한 채권도 아니므로 3년간의 단기소멸시효의 대상이 되지 아니한다."

서는 조합원 개인을 상대로 지분별로 분할청구해야 한다. 조합원 1인(동업자 1인)에게 사업과 관련하여 돈을 대여한 경우에는 조합원들(동업자들) 사이에는 상법 제57조 제1항에 의하여 연대채무가 성립되므로 전 조합원들을 상대로 연대청구를 할 수 있다.

피고가 돈을 전부 변제하였다고 항변하는 데 대하여, 원고가 그것은 이자나 지연손해금으로 받은 것이라고 다투는 경우에는 그 돈을 원금변제에 충당하기로 합의하였다(합의충당만이 가능함)는 사실은 피고가 항변사실로 함께 주장·입증해야 한다.

피고가 돈을 전부 변제하였다고 항변하는 데 대하여, 원고가 그것은 다른 채권(예컨대, 매매대금채권)을 변제받은 것이라고 다투는 경우에는 다른 채권의 발생사실(예컨대, 매매계약의 체결)이 원고에 의하여 입증되면, 원·피고가 각자 스스로 변제충당되었다고 주장하는 채권이 법정변제충당의 순위에서 앞서 있다거나 그 변제에 충당하기로 합의하였다거나 지정하였다는 점을 재항변·항변으로 주장해야 한다.

피고가 일부 변제공탁의 항변을 하는 경우, 일부 변제공탁은 원고가 이를 출급하지 아니하면 일부 변제의 효력은 없다.

다른 사람이 대신 갚기로 하였다고 피고가 항변하는 경우, 피고가 이에 대한 원고의 승낙이 있었음을 입증함으로써 면책적 채무인수가 되는 경우, 피고가 책임을 지게 되는 것은 아니지만, 그 외 일반적으로 특별한 사정이 없는 한 병존적 채무인수가 되는 것이 원칙이므로, 이는 피고와 인수인의 계약 체결에 의하여 원고로 하여금 인수인에 대하여 새로운 권리를 취득하게 하는 것으로 제3자를 위한 계약의 하나로 볼 수 있다.[10)]

피고가 차용인의 상속인으로서 상속포기나 한정승인을 하였다고 주

---

10) 이행인수는 피고와 인수인 사이의 계약으로 인수인이 변제 등에 의하여 채무를 소멸하게 하여 피고의 책임을 면하게 할 것을 약정하는 것으로 인수인이 피고에 대한 관계에서 피고를 면책하게 하는 채무를 부담하게 될 뿐 원고로 하여금 직접 인수인에 대한 채권을 취득하게 하는 것이 아니다. 결국 제3자를 위한 계약과 이행인수의 판결기준은 계약 당사자에게 제3자 또는 원고가 계약 당사자 일방 또는 인수인에 대하여 직접 채권을 취득하게 할 의사가 있는지 여부에 달려 있다 할 것이다.

장하면서 심판서를 낸 경우, 상속포기의 경우에는 원고는 상속인으로 피고를 경정할 것이고, 한정승인의 경우 청구취지는 "상속받은 재산의 한도에서"라는 문구를 추가하여 변경하여야 한다.

피고는 상사시효나 민법상 단기소멸시효의 완성을 항변으로 주장할 수 있다. 피고의 소멸시효항변에 대하여 원고는 소를 제기한 사실, 또는 압류나 가압류·가처분을 한 사실, 또는 피고가 일부변제 등으로 채무를 승인한 사실을 들어 시효중단의 재항변(민법 제168조)을 할 수 있다. 주채무자에 대한 시효중단은 보증인에 대하여도 효력 있다(민법 제440조).

대여금채권이 원고의 채권자에 의하여 압류·전부된 경우에는, 피고(제3채무자)에게 전부명령 송달시에 소급하여 당연히 전부채권자에게 집행채권이 이전하고, 동시에 집행채권 소멸의 효력이 발생하므로 본안에 관한 항변사유가 된다.

대여금채권이 원고의 채권자에 의하여 압류·추심된 경우에는, 피고(제3채무자)에 대한 이행의 소는 추심채권자만이 제기할 수 있고 원고(채무자)는 피압류채권에 대한 이행소송을 제기할 당사자적격을 상실한다.

전부명령이나 추심명령이 없이 단순히 압류·가압류되었다는 사실만을 들어 항변할 수는 없다.

[보증채무금 청구]

보증채무는 채권자와 보증인 사이에서 맺어지는 보증계약에 의하여 성립하는 채무이며 보증인의 주채무자가 그 채무를 이행하지 않는 경우에 보증인이 이를 대신 이행할 책임을 지고 이렇게 함으로써 주채무에 대한 채권을 담보하는 것이 보증채무이다(민법 제428조 제1항).

주채무가 민사채무이고, 보증채무가 상사채무인 때에는 주채무는 민사채무이므로 10년의 소멸시효에 걸리고(민법 제162조 제1항), 보증채무는 상사채무이므로 5년의 소멸시효에 걸린다(상법 제64조). 보증채무는 주채무의 목적이나 형태(기한·조건 등)보다 무거울 수 없다(민법 제430조). 보증인은 주채무자가 가지는 항변권으로 채무자에게 대항할 수 있다(민법 제433조 제1항). 채권자의 청구에 대하여 보증인에게 최고 및 검색의 항변권을 행사할 수 있다(민법 제437조). 연대보증에 있어서는 최고 및 검색의 항변권이 인정되지 않는다. 상사보증은 연대보증이 원칙이다(상법 제57조 제2항).

대법원 2000. 1. 21. 선고 97다1013 판결 "보증계약이 성립한 후에 보증인이 알지도 못하는 사이에 주채무의 목적이나 형태가 변경되었다면, 그 변경으로 인하여 주채무의 실질적 동일성이 상실된 경우에는 당초의 주채무는 경개로 인하여 소멸하였다고 보아야 할 것이므로 보증채무도 당연히 소멸하고, 그 변경으로 인하여 주채무의 실질적 동일성이 상실되지 아니하고 동시에 주채무의 부담 내용이 축소·감경된 경우에는 보증인은 그와 같이 축소·감경된 주채무의 내용에 따라 보증책임을 질 것이지만, 그 변경으로 인하여 주채무의 실질적 동일성이 상실되지는 아니하고 주채무의 부담내용이 확장·가중된 경우에는 보증인은 그와 같이 확장·가중된 주채무의 내용에 따른 보증책임은 지지 아니하고, 다만 변경되기 전의 주채무의 내용에 따른 보증책임만을 진다."

[임대차보증금반환 청구]

임차인인 원고가 임대인인 피고를 상대로 임대차보증금반환청구 소송을 하려면 임대차계약을 체결하고 보증금을 지급하였으며, 기간만료, 계약해지 등 사유로 임대차가 종료되었다는 사실을 주장·증명해야 한다. 공동임차인 또는 공동임대인인 경우의 계약해지의 의사표시는 전원으로부터 전원에 대하여 하여야 한다(민법 제547조 제1항).

임대차기간만료로 종료되었다는 원고의 주장에 대하여, 임대인인 피고는 원고가 종료 후에도 목적물을 계속 사용·수익하였음과 원고가 종료 후 상당한 기간 내에 이의를 제기하지 아니하였음을 들어 묵시의 갱신항변(민법 제639조)을 할 수 있다. 주택임대차에서는 임차인만이 묵시의 갱신을 주장할 수 있다는 견해가 다수이다.

반환을 구할 수 있는 보증금액은 목적물을 반환할 때까지의 연체차임과 관리비, 차임 상당의 부당이득금, 목적물의 훼손 등으로 인한 손해배상채무액 등을 공제한 잔액이므로, 임대인인 피고는 차임·관리비 약정사실과 목적물훼손사실 및 손해액을 주장·입증하여 공제의 항변을 할 수 있다.

[매매대금 청구]

매매계약이 성립되면 매도인은 목적물 인도 의무를, 매수인은 매매대금을 지급의무를 지게 된다(민법 제563조). 매도인인 원고가 매매대금에 대한 이자 또는 지연손해금를 함께 청구하는 경우에는 피고에게 특정일에 매매목적물을 인도한 사실을 주장·입증해야 한다(민법 제587조).

피고는 매매목적물의 소유권이전·인도와 매매대금의 지급의무는 동시이행 관계에 있다고 항변할 수 있고, 원고는 이에 대해 소유권이전·인도의무를 이행(또는 이행의 제공)을 하였다는 재항변을 할 수 있다. 피고는 매매계약의 무효·취소(무능력, 사기, 강박, 착오 등)항변을 하거나, 매매대금채권의 시효 10년·상인과의 매매대금채권 5년·상인이 판매한 상품대금채권 3년이 경과되었다는 시효항변을 할 수 있다.

피고는 매매목적물에 중대한 하자가 있어 하자담보책임을 물어 매매계약을 해제하였으니 대금지급의무가 없다는 항변을 하거나, 중대하지 않은 하자를 주장하여 대금감액 항변을 할 수 있다.

원고는 매매가 상인 간의 매매일 경우에는, 매매목적물을 수령한 즉시 검사하여 발견된 하자를 원고에게 통지(즉시 발견할 수 없는 하자의 경우에는 6개월 내에 통지)하지 않았다는 재항변을 할 수 있다. 원고는 피고의 하자담보책임 항변에 대하여 피고가 악의라는 항변을 할 수 있다.

[양수금 청구]

채권을 양도받은 양수인이 채무자에 대하여 양수금 지급을 요구하였으나 채무자가 이에 응하지 않는 때에 채권자는 양수금 청구소송을 제기할 수 있다.[11] 양도통지는 원칙적으로 양도인이 하여야 한다. 양수인이 양도인을 대위하여 통지할 수 없으나, 양수인도 갑의 사자 또는 대리인 자격으로서는 통지할 수 있다. 주채무자에 대해서만 양도통지를 하면 되고 보증인에 대한 양도통지는 필요없다.

자산유동화에 관한 법률 제7조에 의하여 자산유동화계획에 따른 채권의 양도는 양도인 또는 양수인이 채무자에게 통지할 수 있다.

채권이 임대차보증금반환채권인 경우, 임대인과 임차인을 공동피고로 하여 임대인에게는 채권양도 또는 추심・전부명령을 원인으로 임대차보증금의 지급을, 임차인에게는 임대인을 대위하여 임대목적물의 인도를 구하는 경우가 많다.

피고의 승낙 방식에 의한 채권양도가 아닌 이상 양수금 청구의 피고는 종전 채권자에 대한 원래의 항변사유로서 원고에게도 대항이 가능하다. 원래 채권이 임대차보증금반환채권인 경우 임대인인 피고는 임대목적물반환과의 동시이행항변, 연체차임과의 공제항변 등을 할 수 있다.

피고는 원고로부터 확정일자 있는 증서에 의한 양도통지를 받았을 경우에는 그보다 전에 확정일자 있는 증서에 의한 다른 양도통지, 전부명령, 추심명령을 받았음을 이유로 항변할 수 있다. 원고의 양도통지가 확정일자 있는 증서에 의하지 아니한 경우, 피고는 언제든지 항변이 가능하다. 피고는 원고의 확정일자 있는 증서에 의한 양드통지를 위 다른

11) 대법원 1990. 11. 27. 선고 90다카27662 판결 "채권양수인으로서는 양도인이 채무자에게 채권양도통지를 하거나 채무자가 이를 승낙하여야 채무자에게 채권양수를 주장(대항)할 수 있는 것이며, 그 입증은 양수인이 사실심에서 하여야 할 책임이 있다."

양도통지 등과 동시에 받은 경우에는 원고에게 항변할 수 없고, 채무불이행에서 벗어나기 위하여 피고는 혼합공탁하면 된다.

대법원 1996. 6. 28. 선고 96다18281 판결 "민법 제449조 제2항이 채권양도 금지의 특약은 선의의 제3자에게 대항할 수 없다고만 규정하고 있어서 그 문언상 제3자의 과실의 유무를 문제 삼고 있지는 아니하지만, 제3자의 중대한 과실은 악의와 같이 취급되어야 하므로, 양도금지 특약의 존재를 알지 못하고 채권을 양수한 경우에 있어서 그 알지 못함에 중대한 과실이 있는 때에는 악의의 양수인과 같이 양도에 의한 채권을 취득할 수 없다고 해석하는 것이 상당하다."

대법원 1999. 12. 28. 선고 99다8834 판결 "당사자의 의사표시에 의한 채권양도 금지는 제3자가 악의의 경우는 물론 제3자가 채권양도 금지를 알지 못한 데에 중대한 과실이 있는 경우 그 채권양도 금지로써 대항할 수 있다 할 것이나, 제3자의 악의 내지 중과실은 채권양도 금지의 특약으로 양수인에게 대항하려는 자가 이를 주장·입증하여야 한다."

[추심금 청구]

추심명령이 있으면 피압류채권은 채무자에게 귀속된 채 채권자는 민법상의 대위절차 없이 채무자의 권한을 행사하여 피압류채권의 이행을 구할 수 있다. 추심명령이 났는데도 제3채무자가 변제를 하지 않는 경우 채권자가 원고가 되어 제3채무자를 상대로 채권자가 압류한 채권을 현금화하는 절차로써 추심의 소를 제기할 수 있다(민사집행법 제238조, 제249조 제1항).[12] 추심명령을 받은 채권자 원고는 추심금 청구 소송에

12) 추심명령을 발령받은 채권자는 제3채무자를 상대로 추심의 소를 제기한 것 외에 지급명령을 신청할 수도 있다. 또한 채무자가 이미 소를 제기한 경우에는 승계인으로서 참가할 수 있고(제81조, 제82조), 채무자가 집행권원을 가지고 있는 경우에는 승계집행문을 부여받아 강제집행을 신청할 수 있으며(민사집행법 제31조 제1항), 다른 채권자가 이미 추심소송을 제기하고 있는 때에는 공동소송인(제83조)으로서 참가할 수도 있다(민사집행법 제249조 제2항).

서 추심채권, 추심명령의 발령, 추심명령의 제3채무자에의 송달을 주장·증명해야 한다. 추심명령의 확정은 요건사실이 아니다. 전부명령의 확정은 전부금청구의 요건사실인 것과 구별된다. 제3채무자를 대한민국(법원)으로 하여 채무자의 공탁금출급청구권을 추심(전부)받아 추심금(전부금) 청구의 소를 제기하는 경우도 있다. 추심권자가 다시 전부명령을 받는 것도 가능하다. 이때 압류는 그대로 유효하다. 집행채권의 범위를 넘어선 추심이 가능하다. 추심금청구의 원고는 채무자에게 소송고지를 하여야 한다(민사집행법 제238조).

추심 후 채권자는 추심한 채권액을 집행법원에 신고하여야 한다(민사집행법 제236조 제1항), 추심신고 전에 다른 압류, 가압류 또는 배당요구가 있었을 때에는 추심한 금전 전액을 바로 공탁하고 그 사유를 법원에 신고하면(민사집행법 제236조 제2항) 집행법원의 배당절차가 개시된다.

대법원 2008. 11. 27. 선고 2008다59391 판결 “추심명령을 얻어 채권을 추심하는 채권자는 집행법원의 수권에 따라 일종의 추심기관으로서 제3채무자로부터 추심을 하는 것이므로 제3채무자로서도 정당한 추심권자에게 지급하면 피압류채권은 소멸한다. 채권에 대한 압류·가압류명령은 그 명령이 제3채무자에게 송달됨으로써 효력이 생기는 것이므로(민사집행법 제227조 제3항, 제291조), 제3채무자의 지급으로 인하여 피압류채권이 소멸한 이상 설령 다른 채권자가 그 변제 전에 동일한 피압류채권에 대하여 압류·가압류명령을 신청하고 나아가 압류·가압류명령을 얻었다고 하더라도 제3채무자가 추심권자에게 지급한 후에 그 압류·가압류명령이 제3채무자에게 송달된 경우에는 추심권자가 추심한 금원에 그 압류·가압류의 효력이 미친다고 볼 수 없다. 추심채권자가 추심의 신고를 하기 전에 다른 채권자가 동일한 피압류채권에 대하여 압류·가압류명령을 신청하였다고 하더라도 이를 당해 채권추심사건에 관한 적법한 배당요구로 볼 수 없다.”

대법원 2005. 7. 28. 선고 2004다8753 판결 “추심명령을 얻은 추심채권자는 집행법원의 수권에 기하여 일종의 추심기관으로서 채무자를 대신하여 추심의 목적에 맞도록 채권을 행사하여야 하고, 특히 압류 등의 경합이 있는 경우에는 압류 또는 배당에 참가한 모든 채권자를 위하여 제3채무자로부터 채권을 추심하여야 한다. 추심채권자는 피압류채권의 행사에 제약을 받게 되는 채무자를 위하여 선량한 관리자의 주의의무를 가지고 채권을 행사하고, 나아가 제3채무자로부터 추심금을 지급받으면 지체 없이 공탁 및 사유신고를 함으로써 압류 또는 배당에 참가한 모든 채권자들이 배당절차에 의한 채권의 만족을 얻도록 하여야 할 의무를 부담한다 할 것인바, 이는 구 민사소송법(2002. 1. 26. 법률 제6626호로 전문 개정되기 전의 것) 제569조 제2항이 채권을 추심한 추심채권자가 그 사유를 법원에 신고하기 전에 다른 압류, 가압류 또는 배당요구가 있는 때에는 추심한 금액을 '지체 없이' 공탁하고 그 사유를 신고하여야 한다고 규정하고 있는 점에 비추어 당연하다고 할 것이므로, 만일 추심채권자가 추심을 마쳤음에도 지체 없이 공탁 및 사유신고를 하지 아니한 경우에는 그로 인한 손해배상으로서, 제3채무자로부터 추심금을 지급받은 후 공탁 및 사유신고에 필요한 상당한 기간을 경과한 때부터 실제 추심금을 공탁할 때까지의 기간 동안 금전채무의 이행을 지체한 경우에 관한 법정지연손해금 상당의 금원도 공탁하여야 할 의무가 있다."

[전부금 청구]

전부채권자는 제3채무자가 임의로 변제하지 않을 때에는 전부금 청구 소송을 제기할 수 있다(민사집행법 제238조).[13] 민사집행법 제233조

13) 전부명령이 효력을 발생할 당시에 집행채무자가 제3채무자에 대하여 이행을 구하는 소가 이미 소송계속중이면 전부채권자는 권리승계인으로서 그 소송에 승계참가를 할 수 있고, 피전부채권에 관하여 강제집행이나 담보권실행절차가 진행되고 있으면 수계할 수 있다. 집행채무자가 피전부채권에 관하여 이미 얻은 집행권원이 있으면 승계집행문을 부여받아 강제집행에 착수할 수 있다. 만일 집행채무자가 전부명령이 있었음에도 불구하고 집행권원에 채권자가 자기 이름으로 되어 있는 것을 기화로 하여

의 지시채권에 대한 전부명령을 받은 채권자는 그 정본을 집행관에게 제시하여 증권을 교부받을 수 있다. 전브명령이 발령되었다거나 확정되었다는 것만으로 피전부채권의 소멸시효가 중단되지는 않는다. 전부금 청구 소송을 제기한 원고는 피전부채권, 전부명령의 발령, 전부명령의 제3채무자에 대한 송달・확정[14]이 요건사실이므로 이를 주장・증명해야 한다. 피전부채권이 존재하지 않는 경우에는 전부명령은 무효이므로 집행채권 소멸의 효력은 발생하지 않는다(민사집행법 제231조 단서). 전부채권자도 전부금이행을 구하는 소에서 채무자에게 소송고지를 하여야 한다.

대법원 2008. 2. 29. 선고 2007다49960 판결 "집행권원에 기한 금전채권에 대한 강제집행절차에서, 그 집행권원에 표시된 집행채권이 소멸하였다 하더라도 그 강제집행절차가 청구이의의 소 등을 통하여 적법하게 취소・정지되지 아니한 채 계속 진행되어 채권압류 및 전부명령이 적법하게 확정되었다면, 특별한 사정이 없는 한 단지 집행채권의 소멸을 이유만으로, 확정된 전부명령에 따라 전부채권자에게 피전부채권이 이전되는 효력 자체를 부정할 수는 없는 것이고, 다단 위와 같이 전부명령이 확정된 후 그 집행권원상의 집행채권이 소멸한 것으로 판명된 경우에는 그 소멸된 부분에 관하여는 집행채권자가 집행채무자에 대한 관계에서 부당이득을 한 셈이 되므로, 그 집행채무자는 집행채권자에 대하여 그가 위 전부명령에 따라 전부받은 채권 중 실제로 추심한 금전 부분에 관하여는 그 상당액을, 추심하지 아니한 부분에 관하여는 그 채권 자체를 양도하는 방법에 의하여 부당이득의 반환을 구할 수 있다. 그리고 위와 같은 부당이득반환청구에서 집행채무자가 집행채권 소멸의 원인으로 주장할 수 있는 사유가 여러 가지인 경우 이들은 법률상의

집행문을 부여받는다면 제3채무자가 집행문부여에 대한 이의를 신청할 수 있고, 집행채권자로서도 집행문부여에 대한 이의신청을 할 수 있다.

14) 전부명령은 즉시항고권자인 채무자에게 송달되지 않으면 확정될 수 없다. 확정을 요건으로 하지만 확정에 의하여 발생하는 효력은 제3채무자 송달시로 소급한다(민사집행법 제231조).

원인 없는 사유에 관하여 공격방법이 다른 데 지나지 않으므로 그 중 어느 사유를 주장하여 패소의 확정판결을 받은 경우에 다른 사유를 주장하여 다시 청구하는 것은 기판력에 저촉되어 허용될 수 없다."

대법원 2004. 1. 5. 자 2003마1667 결정 "채권의 압류 및 전부명령은 금전채권의 채무명의를 가지는 채권자가, 그 채무명의상의 채무자가 제3채무자에 대하여 가지는 금전채권을 대상으로 하는 강제집행으로서, 법원은 압류 및 전부명령의 결정을 함에 있어서는 채무명의의 송달, 선행하는 압류명령의 존부, 피전부적격의 유무 등의 요건을 심리하면 되고, 실지로 채무자가 제3채무자에게 압류 및 전부명령의 대상이 되는 채권을 가지고 있는지 여부는 따질 필요가 없는 것이 원칙이고, 만일 채무자의 제3채무자에 대한 그와 같은 채권이 존재하지 아니하는 경우에는 전부명령이 확정되더라도 변제의 효력이 없는 것이며, 채무자로서는 제3채무자에게 그와 같은 채권을 가지고 있지 않다고 하더라도 특별한 사정이 없는 한 이로 인하여 어떠한 불이익이 있는 것이 아니므로, 이것을 이유로 하여서는 스스로 불복의 사유로 삼을 수 없다."

[손해배상금]

민법상 손해배상책임이 발생하는 경우로는 채무불이행(민법 제390조)과 불법행위(민법 제750)조로 인한 손해배상책임, 점유자의 회복자에 대한 손해배상책임(민법 제202조), 점유침탈로 인한 손해배상책임(민법 제204조), 계약체결상의 과실책임(민법 제535조), 유상계약에 있어서의 담보책임(민법 제567조, 제570조 이하) 등이 있다.[15] 민법 외 제

15) 법인의 손해배상책임(민법 제35조), 법인 이사의 손해배상책임(민법 제65조), 무권대리인의 손해배상책임(민법 제135조), 점유권방해자의 손해배상책임(민법 제205조), 전세권자의 손해배상책임(민법 제315조), 계약해제로 인한 손해배상책임(민법 제551조), 무이자소비대차 계약해제로 인한 손해배상책임(민법 제601조), 여행 개시 전 계약해제로 인한 손해배상책임(민법 제674조의3), 불리한 시기 위임계약 해지로 인한 손해배상책임(민법 제689조), 임치물의 성질・하자로 인한 임치인의 손해배상책임(민법 제697조), 조합금전출자지체에 대한 손해배상책임(민법 제705조), 감독자의 손

조물책임법, 실화책임법, 자동차배상법, 특허법, 국가배상법 등 여러 법률에서 손해배상책임을 규정하고 있다. 법이 정한 책임원인이 발생하여 손해배상책임이 성립하면 그 다음으로 손해배상의 범위가 결정된다.

민법 제750조에서는 "고의 또는 과실로 인한 위법행위로 타인에게 손해를 가한 자는 그 손해를 배상할 책임이 있다."라고 규정하고 있으며, 민법 제753조와 제754조는 책임능력 있는 자만이 배상책임을 지는 것으로 규정하고 있다. 손해배상의 청구권자는 원칙적으로 손해를 받은 피해자이며, 자연인뿐만 아니라 법인 및 권리능력 없는 사단도 포함된다. 민법 제762조에 의해 태아는 손해배상청구권에 관하여 이미 출생한 것으로 보며, 불법행위자에 대하여 정신적・재산적 손해에 대한 고유의 배상청구권을 가진다. 배상의무를 부담하는 자는 가해자이지만 가해자의 위법한 행위로 인하여 가해자와 일정한 관계에 있는 자(감독의무자, 사용자, 도급인 등)가 배상의무를 부담하기도 하고, 법인의 대표기관의 불법행위에 대하여 법인이 손해배상책임을 지기도 한다.

부당이득은 있어서는 안될 상태 및 이득자의 손실자에 대한 손해의 한도에서의 이득의 제거를 목적으로 하는 반면, 불법행위는 위법한 행위의 규율과 손해자의 손해전보를 목적으로 한다. 따라서 부당이득의 경우에는 이득자에게 이득이 있어야 하나, 불법행위에서는 가해자에게 이득이 발생할 필요가 없다. 그러므로 각 요건을 갖출 경우 소송물도 복수가 되는 것이지만, 실체적인 차원에서 중복하여 행사할 수 없다는 의미이며, 소송법적으로 둘 다 행사가능하고, 동시에 행사할 경우 선택적 청구가 될 것이다.[16)]

해배상책임(민법 제755조), 사용자의 손해배상책임(민법 제756조), 도급인의 손해배상책임(민법 제757조), 공작물 등의 점유자・소유자의 손해배상책임(민법 제758조), 동물점유자의 손해배상책임(민법 제759조), 공동불법행위자의 손해배상책임(민법 제760조), 약혼해제로 인한 손해배상책임(민법 제806조), 혼인취소로 인한 손해배상책임(민법 제825조), 재판상 이혼으로 인한 손해배상책임(민법 제843조, 제806조), 파양으로 인한 손해배상책임(민법 제897조, 제806조)

16) 대법원 1993. 4. 27. 선고 92다56087 판결. "어떤 법률행위가 사기에 의한 것으로 취소되는 경우에 그 법률행위가 동시에 불법행위를 구성하는 때에는 취소의 효과로 생

사망사건의 경우 상속분을 계산하여 원고들별로 청구금액을 특정하여 청구한다. 지연손해금은 불법행위일 당일부터 기산한다.

손해에는 물질적 손해(물적 손해와 인적 손해)와 정신적 손해(자유 또는 명예의 훼손과 정신적 고통)가 포함된다. 생명침해로 인한 정신적 손해배상(위자료)에 관하여 민법 제752조 소정의 직계 존·비속과 배우자는 그 정신적 고통을 입었다고 법률상 간주된다. 손해는 판례에 의한 손해삼분설에 따라 적극적 손해(치료비, 장례비 등), 소극적 손해(일실수익), 정신적 손해(위자료)로 나누어 청구한다.

손해 중 통상손해[17]가 아닌 특별사정으로 인한 손해는 피고가 이를 알았거나 알 수 있었다는 점을 원고가 주장·입증해야 청구할 수 있다.[18]

기는 부당이득반환청구권과 불법행위로 인한 손해배상청구권은 경합하여 병존하는 것이므로, 채권자는 어느 것이라도 선택하여 행사할 수 있지만, 중첩적으로 행사할 수는 없다."

17) 대법원 2009. 2. 26. 선고 2006다24872 판결 "법원이 가압류결정에서 특정된 대상채권을 가압류채무자의 채권이라고 기재하여 제3채무자에게 그 채권의 지급 금지를 명하고 있고 또 그러한 가압류가 절차법상으로는 유효한 이상, 그 집행이 취소되거나 대상채권의 진정한 채권자가 제기하는 제3자 이의의 소 등을 통하여 그 가압류의 부당함이 밝혀질 때까지 제3채무자로서는 가압류의 절차적, 외관적 효력과 이중지급의 위험 등의 이유 때문에 가압류결정에서 채권자로 지목되어 있는 가압류채무자는 물론 진정한 채권자인 제3자에 대하여도 채무를 이행하는 것이 매우 어려워질 수밖에 없고 또 적극적으로 그 채무액을 공탁할 수도 있다. 그러므로 제3채무자가 위와 같은 가압류결정이 있었다는 이유로 진정한 채권자인 제3자에게 그 채무의 이행을 거절하는 경우에는 진정한 채권자인 제3자로서는 결과적으로 위와 같은 부당한 가압류로 인하여 자신의 채권을 제때에 회수하지 못하는 손해를 입게 될 것이고, 이 경우 그 손해는 위 부당한 가압류와 상당인과관계가 있는 것이다. 따라서 비록 가압류가 법원의 재판에 의하여 집행되는 것이기는 하지만, 그 부당한 가압류에 관하여 고의 또는 과실이 있는 가압류채권자는 그 가압류집행으로 인하여 제3자가 입은 위와 같은 손해를 배상할 책임이 있다. 가압류채권자가 제3자 명의의 예금채권을 실제로는 가압류채무자의 것이라 주장하면서 가압류신청을 하고 그에 따른 가압류결정에 기해 가압류집행이 된 사안에서, 가압류집행으로 제3자가 입은 손해를 가압류채권자가 배상할 책임이 있다."

18) 대법원 2006. 6. 15. 선고 2006다10408 판결 "부당한 채권가압류의 집행으로 인하여 가압류채무자가 제3채무자로부터 제때 채권금을 지급받지 못하는 손해를 입은 경우, 가압류채무자는 가압류채권자에 대하여 그 손해의 배상을 구할 수 있는 것이나, 부당

자동차사고로부터 피해자를 보호하고 자동차운송의 건전한 발전을 촉진하기 위하여 자동차손해배상보장법이 제정되었다. 자동차손해배상보장법은 민법 및 국가배상법의 특별법이다.

대법원 2001. 6. 29. 선고 2001다23201, 23218 판결 "자동차사고로 인한 손해배상청구사건에서 자동차손해배상보장법이 민법에 우선하여 적용되어야 할 것은 물론이지만 그렇다고 하여 피해자가 민법상의 손해배상청구를 하지 못한다고 할 수 없으므로, 자동차손해배상보장법상의 손해배상책임이 인정되지 않는 경우에도 민법상의 불법행위책임을 인정할 수는 있다."

자동차손해배상보장법 제3조는 자동차사고의 책임주체로 "자기를 위하여 자동차를 운행하는 자"를 들고 있는바, 이를 보통 자동차의 운행자라고 한다. 운행자개념은 구성요소로 운행이익(운행으로부터 나오는 이익)과 운행지배(자동차의 사용에 관한 사실적인 처분권을 가지는 것)의 두 요소로 이루어 진다(대법원 2002. 11. 26. 선고 2002다47181 판결).

운행자인지 여부는 특히 무단운전, 절도운전, 명의대여(특히 이른바 지입차주의 책임), 차량의 임대차나 사용대차, 대리운전 등의 경우에 문제된다.

한 채권가압류의 집행이 있었다 하더라도 그 집행기간 동안 기한의 도래나 조건의 불성취 등의 사유로 인해 가압류채무자가 제3채무자로부터 채권을 바로 지급받을 수 없는 사정이 있었다면 가압류채무자가 부당한 채권가압류의 집행으로 인하여 어떤 손해를 입었다고 할 수는 없다."; 대법원 2008. 6. 26. 선고 2006다84874 판결 "가압류나 가처분 등 보전처분은 법원의 재판에 의하여 집행되는 것이기는 하나, 그 실체상 청구권이 있는지 여부는 본안소송에 맡기고 단지 소명에 의하여 채권자의 책임 아래 하는 것이므로, 그 집행 후에 집행채권자가 본안소송에서 패소 확정되었다면 그 보전처분의 집행으로 인하여 채무자가 입은 손해에 대하여는 특별한 반증이 없는 한 집행채권자에게 고의 또는 과실이 있다고 추정되고, 따라서 그 부당한 집행으로 인한 손해에 대하여 이를 배상할 책임이 있다고 할 것이나, 토지에 대한 부당한 가압류의 집행으로 그 지상에 건물을 신축하는 내용의 공사도급계약이 해제됨으로 인한 손해는 특별손해이므로, 가압류채권자가 토지에 대한 가압류집헝이 그 지상 건물 공사도급계약의 해제사유가 된다는 특별한 사정을 알았거나 알 수 있었을 때에 한하여 배상의 책임이 있다."

대법원 2002. 12. 10. 2002다51654 판결 "자동차손해배상보장법 제3조에서 말하는 '다른 사람'이란 '자기를 위하여 자동차를 운행하는 자 및 당해 자동차의 운전자를 제외한 그 이외의 자'를 지칭하는 것이므로, 동일한 자동차에 대하여 복수로 존재하는 운행자 중 1인이 당해 자동차의 사고로 피해를 입은 경우에도 사고를 당한 그 운행자는 다른 운행자에 대하여 자신이 같은 법 제3조 소정의 타인임을 주장할 수 없는 것이 원칙이고, 다만 사고를 당한 운행자의 운행지배 및 운행이익에 비하여 상대방의 그것이 보다 주도적이거나 직접적이고 구체적으로 나타나 있어 상대방이 용이하게 사고의 발생을 방지할 수 있었다고 보여지는 경우에 한하여 비로소 자신이 타인임을 주장할 수 있을 뿐이다."

자동차손해배상보장법이 적용되기 위하여 자동차의 운행으로 인한 손해이어야 하는바, 특히 동법 제2조 제2호는 운행을 "사람 또는 물건의 운송 여부와 관계없이 자동차를 그 용법에 따라 사용 또는 관리하는 것"이라고 한다.[19]

2. 물건의 인도를 구하는 이행소송

가. 종류물 인도소송

소장의 청구취지에 "피고는 원고에게 백미(2016년산 부안산, 상등품) 100가마(가마당 80㎏들이)를 인도하라"라고 쓴다. 종류물의 인도를 구하는 경우 품명, 수량, 품질, 종별 등을 특정하지 않으면 청구취지에 따른 판결을 받고서 강제집행이 불가능한 경우가 발생할 수 있다.

나. 특정물 인도소송

소장의 청구취지에 "피고는 원고에게 전라북도 전주시 덕진동 453-25 대 300㎡(또는 별지 목록 기재 자동차 1대)를 인도하라", "피고는 원고에

19) 대법원 2004. 7. 9. 2004다20340, 20357

게 서울 강남구 삼성동 756-18 대 500㎡를 인도하라", "피고는 원고에게 서울 강남구 삼성동 756-18 지상 철근콘크리트조 3층 영업소 1층 150㎡, 2층 120㎡, 3층 100㎡, 옥탑 10.6㎡를 인도하라" 라고 쓴다.

토지는 지적 공부에 따라 소재지, 지번, 지목, 지적으로 특정하고, 건물은 소재지, 지번, 건물의 구조, 층수, 면적으로 특정한다. 부동산의 일부를 목적으로 할 때는 도면[20]을 첨부하여 해당 부분을 표시하여 특정한다.

다. 소유권에 기한 부동산 퇴거, 철거, 인도소송

소장의 청구취지에 "피고는 원고에게 서울 강남구 삼성동 756-18 대 200㎡ 및 같은 동 757-5 대 300㎡ 양 지상 벽돌조 기와지붕 단층 주택 90㎡를 철거하고 위 각 대지를 인도하라", "피고는 원고에게 별지 목록 건물의 1층 중 별지 도면 표시 ㄱ, ㄴ, ㄷ, ㄹ, ㄱ의 각 점을 차례로 연결한 선내 '가' 부분에서 퇴거하라. 피고는 원고에게 2012. 10. 1.부터 인도완료일까지 월 500,000원의 비율로 계산한 돈을 지급하라", "원고에게, 피고 갑은 별지 제1목록 기재 건물 중 별지 도면 표시 1,2,3,4,5,1의 각 점을 차례로 연결한 선내 (가)부분 48㎡에서 퇴거하고, 피고 을은 위 건물을 철거하고, 별지 제2목록 기재 토지를 인도하라"라고 쓴다.

소유권에 기한 부동산인도청구의 소송물은 소유권에 기한 반환청구권이고(민법 213조), 철거・퇴거청구의 소송물은 소유권에 기한 방해배제청구권이 된다(민법 214조).

인도청구 요건사실은 원고의 목적물 소유[21], 피고의 목적물 점유[22]

20) 도면을 작성할 때에는 주위 도로, 주요 건물 등을 표시함과 아울러 방위도 표시하여 목적물의 위치, 형상의 파악에 지장이 없도록 하여야 한다. 목적물의 특정을 위하여 방점이 있는 도면을 제출하여야 한다. 방점은 모든 모서리에 표시되어야 하고, 모든 방점을 빠짐없이 직선으로 연결하여야 한다. 드면에는 방위표시가 기재되어야 하고. 건물의 측면도가 아닌 평면도를 제출하여야 한다. 단층 건물이 아닌 경우 측면도를 제출하는 경우가 있는데, 이것은 건물의 한층 전부가 목적물이 아닌 경우 집행불능의 우려를 막기 위한 것이다.

이고, 건물철거 및 퇴거청구 요건사실은 원고의 토지 소유, 피고의 지상건물 소유(건물철거의 경우)[23], 피고의 제3자 소유 건물 점유(건물퇴거의 경우)이다. 불법점유로 인한 차임 상당의 손해배상청구를 부대청구하는 경우 차임 상당의 손해가 발생한 사실이 요건사실로 추가된다.[24]

물건의 인도 청구는 직접 또는 간접으로 점유하고 있는 자를 상대로 하여야 한다. 불법점유자라 하여도 다른 사람에게 임대하여 현재 점유하고 있지 않고 있다면 그 불법점유자에 대하여는 인도 청구를 할 수 없다.[25] 그러나 불법점유를 이유로 한 인도청구가 아니라면 간접점유자를 상대로 인도를 청구할 수 있다.[26]

지상건물 소유자 이외의 자가 지상건물을 점유하고 있는 때에는 지상건물에 대한 점유사용으로 인하여 대지인 토지의 소유권이 방해되고 있는 것이므로 토지 소유자는 방해배제로서 점유자에 대한 건물퇴거를

---

21) 원고가 목적물을 소유한 사실은 매매 등 계약에 의한 것이든, 취득시효 등 법률규정에 의한 것이든 불문한다. 소유권에 대한 소송당사자의 권리자백에는 법원을 구속하지 않지만, 피고가 원고의 소유권을 인정하는 진술은 원고의 소유권 내용을 이루는 사실에 대한 자백으로 볼 수 있으므로, 이 경우에는 원고의 소유사실에 대한 자백이 성립된다. 소유 여부를 판단하는 기준시점은 사실심 변론종결 당시이므로, 소송제기 후 변론 종결 전에 소유권을 제3자에게 이전한 경우에는 그 청구는 기각될 수밖에 없다(대법원 1969. 5. 27. 선고 68다725 판결). 소유권이전등기를 마친 경우 등기의 추정력을 이용하여 소유권을 증명할 수 있는데, 원고의 소유사실을 등기부의 추정력에 의하여 증명한 경우 그 추정은 법률상 추정이므로 등기원인의 무효를 주장하며 원고의 소유사실을 다투는 것은 항변에 해당한다.

22) 피고에게 목적물을 점유할 정당한 권원이 없다는 사실은 청구원인의 요건사실이 아니고, 반대로 피고에게 정당한 점유권원이 있다는 사실이 피고의 항변사유로 된다.

23) 지상건물의 소유자는 지상건물의 소유를 통하여 그 대지를 점유하는 것이므로, 원고는 피고가 지상건물을 소유한 사실을 증명하면 피고의 대지점유사실까지 증명되는 것이다.

24) 차임에 관한 증거(차임시세표 등)를 제출할 수 없는 차임감정을 신청해야 한다.

25) 대법원 2000. 4. 7. 선고 99다68768 판결; 대법원 1999. 7. 9. 선고 98다9045 판결 "불법점유를 이유로 하여 그 명도 또는 인도를 청구하려면 현실적으로 그 목적물을 점유하고 있는 자를 상대로 하여야 하고 불법점유자라 하여도 그 물건을 다른 사람에게 인도하여 현실적으로 점유를 하고 있지 않은 이상, 그 자를 상대로 한 인도 또는 명도청구는 부당하다."

26) 대법원 1983. 5. 10. 선고 81다187 판결

청구할 수 있다. 이 경우 피고가 변론종결 당시 건물을 점유하고 있는 사실이 요건사실로 된다. 퇴거의 집행은 채무자와 그가 점유하고 있는 물건을 반출함으로써 집행한다. 건물 철거의무에는 퇴거 의무도 포함된 것으로 보므로 철거를 구하면서 그 의무자에게 별도로 퇴거를 구할 이유는 없으나, 건물 철거 의무자와 건물의 점유자가 다른 경우 퇴거에 대한 집행권원이 없으면 철거 집행을 할 수 없다.[27)]

고의적으로 점유상태를 변경하는 것을 막기 위하여는 점유이전금지가처분을 미리 한 상태에서 퇴거, 철거, 인도 청구를 하여야 한다. 점유이전금지가처분결정 후 퇴거, 철거, 인도 청구의 상대방이 점유를 이전한 경우 승계집행문을 받아 집행할 수 있다.[28)]

원고가 경락을 받아 인도 및 차임상당 손해배상을 청구하는 경우 대금완납일이 소유권취득일로 차임청구 기준일이 되므로, 대금완납증명서를 서증으로 제출해야 한다.

무허가 건물의 철거를 구할 경우 사실상 처분권자(건물신축자 또는 그에게 건물을 매수한자)를 피고로 해야 한다. 건물철거는 그 소유권의 종국적 처분에 해당하는 사실행위이므로 원칙적으로는 그 소유자(등기명의자)에게만 그 철거처분권이 있다고 할 것이나, 그 건물을 매수하여 점유하고 있는 자는 등기부상 아직 소유자로서의 등기명의가 없다하더라도 그 권리의 범위내에서 그 점유중인 건물에 대하여 법률상 또는 사실상 처분을 할 수 있는 지위에 있으므로 그 건물의 건립으로 불법점유를 당하고 있는 토지소유자는 위와 같은 지위에 있는 건물점유자에게

27) 자기소유 토지상에 타인이 건물을 소유하고 있는 경우 그 토지를 인도받기 위해서는 그 전제로 지상건물의 철거를 구하여야 한다. 건물 철거를 구하지 않은 채 토지 인도만 구하더라도 청구가 인용되겠지만, 토지 인도를 명하는 판결의 효력이 건물 철거에 미치지 않으므로 따로 건물 철거의 집행권원을 얻기 전에는 토지의 인도집행이 불가능하다. 대법원 1999. 7. 9. 선고 98다57457, 57464 판결 "건물의 소유자에 대해서는 그가 건물의 소유를 통하여 타인 소유의 토지를 점유하고 있다 하더라도 토지 소유자로서는 그 건물의 철거와 그 대지 부분의 인도를 청구할 수 있을 뿐, 자기 소유의 건물을 점유하고 있는 자에 대하여 그 건물에서 퇴거할 것을 청구할 수 없다."

28) 대법원 1993. 3. 23. 선고 98다59118 판결

그 철거를 구할 수 있다.[29)]

피고에게 정당한 점유권원이 있다는 사실은 항변사유로 된다. 예컨대 지상권[30)], 전세권, 유치권[31)]과 같이 점유를 권리내용으로 하는 제한물권, 임차권과 같이 그 물건을 점유하는 것을 내용으로 하는 채권뿐만 아니라 동시이행항변권도 여기에 해당한다. 그럴 경우 이들 권리의 각 발생사실은 정당한 점유권원의 요건사실이 된다.

부동산을 매수하여 이를 인도받아 점유하고 있는 매수인은 등기부상 아직 소유자로서의 등기명의가 없다 하더라도 그 권리의 범위 내에서는 그 점유 중인 부동산에 대하여 법률상 또는 사실상 이를 점유하고 처분할 권한이 있으므로, 매도인인 원고에 대하여는 위 사유를 주장하여 인

---

29) 대법원 1988. 9. 27. 선고 88다카4017 판결

30) 민법 366조의 법정지상권과 관습법상 법정지상권이 있다. 민법 제366조 법정지상권으로 항변하려면 저당권설정 당시 토지 상에 건물이 존재한 사실(무허가 건물, 미등기 건물도 가능), 저당권설정 당시 토지와 건물의 소유자가 동일한 사실(설정 이후에는 동일 소유자에게 속할 필요가 없다), 토지나 건물에 설정된 저당권의 실행으로 토지 및 건물의 소유권이 각 분리된 사실을 주장・증명해야 한다. 관습법상 법정지상권으로 항변하려면 토지와 건물이 동일인의 소유에 속하였던 사실, 매매・증여・공유물분할・강제경매 등 적법한 원인으로 소유자가 달라진 사실을 주장・증명해야 한다. 관습법상 법정지상권 항변에 대하여 원고는 임대차계약을 체결함으로써 피고가 관습법상 법정지상권을 포기한 사실, 건물을 철거하기로 합의한 사실 등을 들어 재항변할 수 있다. 저당권 설정 이후 기존 건물을 철거하고 이와 동일성이 없는 새로운 건물을 신축한 경우에도 건물소유자는 신축건물을 위한 법정지상권을 취득하되, 다만 그 범위는 구 건물을 기준으로 정한다(대법원 2000. 12. 12. 선고 2000다19007 판결). 원래 동일인으로의 소유권 귀속이 원인무효로 이루어졌다가 그 뒤 원인무효임이 밝혀져 그 등기가 말소됨으로써 건물과 토지의 소유자가 달라지게 된 경우에는 관습법상의 법정지상권이 허용되지 않는다(대법원 1999. 3. 26. 선고 98다64189 판결).

31) 피고는 점유중에 얼마의 돈을 들여 화장실 등을 보수하였거나 개축하였고, 개축으로 인하여 현재 그 지출액 이상으로 건물의 가치가 증가되었음을 들어 그 필요비나 유익비를 상환받기까지는 인도해 줄 수 없다고 항변할 수 있다. 피고가 전 소유자와의 임대차에 기하여 점유 중에 유익비 등을 지출한 경우 전 소유자에 대하여 민법 626조에 의한 유익비 등 상환청구를 할 수 있을 뿐, 원고에게는 민법 203조에 의한 유익비 등 상환청구를 할 수 없지만(대법원 2003. 7. 25. 선고 2001다64752 판결), 전 소유자에 대한 유익비상환청구권을 위하여 현 소유자인 원고에게 유치권항변을 할 수 있다. 원고는 피고에 대하여 피고가 선의의 점유자로서 과실취득권을 가지고 과실을 취득하였으니 통상의 필요비 부분에 한하여는 상환청구권이 없다는 재항변(민법 제203조 제1항 단서, 제201조 1항)을 할 수 있다.

도를 거부할 수 있다.[32)]

목적물에 대하여 취득시효가 완성됨으로써 소유자에 대하여 이전등기청구권을 가지게 된 경우에도 인도를 거부할 정당한 권원을 가지고 있으므로,[33)] 피고는 당해 부동산을 20년간 점유한 사실을 항변으로 주장하면 되고,[34)] 이에 대하여 원고로서는 취득시효가 중단되었다거나 점유자가 시효이익을 포기하였다는 사실 등을 재항변으로 주장할 수 있다.

임대인인 원고는 임차인인 피고를 상대로 임대차기간 종료되어 임대목적물의 인도를 구할 수 있고, 동시에 차임상당 부당이득을 청구할 수 있다. 이 경우 요건사실은 임대차계약을 체결한 사실, 목적물을 인도한 사실, 임대차가 종료한 사실, 임대목적물을 계속 사용・수익한 사실이다.[35)] 적법한 전대차가 있는 경우 임대인은 직접 계약관계에 있지 아니한 전차인에 대하여도 민법 제630조 1항에 의하여 임대인으로서의 권리를 행사할 수 있으므로 임대인인 원고는 임차인과의 사이에 임대차 종료를 이유로 전차인에 대하여 직접 목적물의 반환을 청구할 수 있다. 공동임차인에 대하여 임대목적물 인도 청구를 하는 경우 공동임차인의 상호간의 관계는 불가분채무에 해당하므로 "공동하여" 인도하라고 청구해야 한다. 임차인의 이행보조자, 임대인의 동의를 얻지 아니한 전차인이나 임차권 양수인에 대하여는 임대차기간 종료를 이유로 한 인도청구를 할 수는 없고, 소유권에 기한 인도청구를 구해야 한다. 임차인은 임대인의 임대차기간 종료를 이유로 한 인도청구에 대하여 임대차계약

---

32) 대법원 1977. 3. 8. 선고 76다2461 판결. 매매계약이 적법하게 해제되면 매수인은 그 목적물을 점유할 권원을 상실하므로(대법원 1988. 5. 10. 선고 87다카1979 판결), 이 경우 매매계약의 해제사실은 원고의 재항변사유로 된다.

33) 대법원 1988. 5. 10. 선고 87다카1979 판결

34) 민법 197조에 따라 점유자는 소유의 의사로 평온 및 공연하게 점유한 것으로 추정되므로 시효취득을 주장하는 자는 이러한 점유태양에 관한 사실에 대하여는 증명책임을 부담하지 않는다.

35) 타인 소유의 물건에 대한 임대차계약도 유효하게 성립하는 것이므로, 임대인인 원고는 임대차계약의 목적물이 자신의 소유인 점을 주장・증명할 필요가 없다.

의 묵시의 갱신[36], 매수청구권의 행사[37], 유치권[38] 등을 항변으로 주장

36) 피고 임차인의 묵시의 갱신(민법 639조) 항변에 대하여 원고는 기간만료 전 6월에서 1월 사이에 갱신거절의 통지(주택임대차보호법 제6조)를 하였다는 재항변을 하거나, 차임 2기 연체를 이유로 하는 해지통지(민법 제640조)하였다는 재항변하면서 이를 새로운 청구원인으로 변경할 수 있다.

37) 임대인인 원고가 건물인도와 함께 임차인이 시설한 부속물의 철거를 구할 경우 임차인이 민법 제646조에 의한 부속물매수청구권의 행사를 주장할 수 있다. 임대인의 부속물매수대금지급의무와 임차인의 건물인도의무는 서로 동시이행관계에 있다. 그러나 차임연체를 이유로 임대차계약이 해지된 경우에는 부속물매수청구권이 부정된다(대법원 1990. 1. 23. 선고 88다카7245,7252 판결). 매수청구의 대상이 되는 부속물이란 건물에 부속된 물건으로서 임차인의 소유에 속하고, 건물의 구성부분으로는 되지 아니한 것으로서 건물의 사용에 객관적인 편익을 가져오게 하는 물건이라고 할 것이므로, 부속된 물건이 오로지 임차인의 특수목적에 사용하기 위하여 부속된 것일 때에는 이에 해당하지 않는다(대법원 1993. 10. 8. 선고 93다25738, 25745 판결). 부속물매수청구권 포기의 특약은 임차인 또는 전차인에게 일방적으로 불리한 것이 아니라면 그 효력이 있으므로, 원고는 매수청구권 포기의 특약사실과 그 특약이 임차인 등에게 일방적으로 불리한 것이 아니라는 사정에 관한 사실(대법원 1982. 1. 19. 선고 81다1001 판결; 대법원 1992. 9. 8. 선고 92다24998.25007)을 주장하며 재항변할 수 있다. 건물 임차인이 자신의 비용을 들여 증축한 부분을 임대인 소유로 귀속시키기로 하는 약정은 임차인이 원상회복의무를 면하는 대신 투입비용의 변상이나 권리주장을 포기하는 내용이 포함된 것으로서 특별한 사정이 없는 한 유효하다(대법원 1996. 8. 20. 선고 94다44705,44712 판결). 건물철거 및 토지인도의 확정판결 후에 그 판결에 의하여 건물철거가 집행되지 아니한 이상 매수청구권을 행사하여 별소로 임대인에게 매매대금의 지급을 청구할 수 있다(대법원 1995. 12. 26. 선고 95다42195 판결). 임차인이 토지에 관한 임대차기간이 만료하기 전에 지상건물을 양도하였다면 이미 건물의 소유자가 아니어서 매수청구권을 행사할 수 없고, 따라서 채권자대위권의 행사요건으로서의 피대위채권이 존재하지 않는다(대법원 1993. 7. 27. 선고 93다6386 판결). 건물 소유를 목적으로 하는 토지임대차에 있어서 임차인 소유 건물이 임대인이 임대한 토지 외에 임차인 또는 제3자 소유의 토지 위에 걸쳐서 건립되어 있는 경우에는, 임차지 상에 서 있는 건물 부분 중 구분소유의 객체가 될 수 있는 부분에 한하여 임차인에게 매수청구가 허용된다(대법원 1996. 3. 21. 선고 93다42634 판결). 임차인의 지상물매수청구권의 대상이 되는 건물은 부속물매수청구권의 경우와는 달리 임대차계약 당시의 기존건물이거나 임대인의 동의를 얻어 신축한 것에 한정되지 않는다(대법원 1993. 11. 12. 선고 93다34589 판결). 기한의 정함이 없는 임대차에 있어서 임대인에 의한 해지통고에 의하여 그 임차권이 소멸한 경우에는 임차인의 계약갱신 청구의 유무에 불구하고 지상물매수청구권이 인정된다(대법원 1995. 12. 26. 선고 95다42195 판결). 지상물매수청구권 행사의 항변이 받아들여지면 원칙적으로 임대인의 지상물철거 및 토지인도청구는 기각하여야 할 것이나, 법원으로서는 석명권을 적절히 행사하여 임대인으로 하여금 건물철거청구를 건물소유권이전등기·건물인도청구로 변경하게 한 후 매매대금과의 상환이행을 명하는 판결을 하여야 하며, 이와 같은 석명권 행사 없이 그냥 기각하면 위법하다(대법원 1991. 4. 9. 선고 91다3260 판결)

할 수 있다. 또한 임차인인 피고는 임대차보증금의 반환을 동시이행의 항변으로 주장할 수 있다. 원고는 재항변으로서 임대차보증금에서 공제대상채권의 발생사실을 주장·증명하여 그 공제를 주장할 수 있다. 임대인이 전차인에 대하여 목적물의 직접 반환을 청구한 경우 적법하게 전차한 전차인이라도 임대인에게 직접 전대차보증금반환청구권을 취득하는 것은 아니므로 전대차보증금의 반환과 동시이행의 항변을 주장할 수는 없고, 임차인의 임대차보증금반환청구권에 기한 동시이행항변권을 원용할 수는 있다.[39]

38) 임차인이 임차물의 보존관리를 위하여 필요한 비용을 지출한 경우, 목적물의 객관적 가치를 증가시키기 위하여 유익비를 지출한 경우 그 필요비나 유익비의 상환청구권에 기하여 유치권을 행사할 수 있다. 지출한 비용이 통상적인 비용액수를 초과하는 경우 그 초과분에 대하여는 필요비상환청구권이 인정되지 않는다. 필요비는 지출한 즉시 그 상환을 청구할 수 있지만, 유익비는 임대차 기간 종료시에 청구를 할 수 있다. 유익비의 상환범위는 임차인이 유익비로 지출한 비용과 현존하는 증가액 중 임대인이 선택하는 바에 따라 정하여지므로 임차인인 피고로서는 임대인인 원고의 선택권을 위하여 실제로 지출한 비용과 현존하는 증가액 모두에 대한 주장·증명책임을 진다(대법원 2002. 11. 22. 선고 2001다40381 판결). 점유자의 회복자에 대한 유익비 상환청구권이 인정된다면 그 상환액에 관한 점유자의 증명이 없더라도 법원은 이를 이유로 유익비상환청구를 배척할 것이 아니라 석명권을 행사하여 점유자에 대하여 상환액에 관한 증명을 촉구하는 등 상환액에 관하여 심리판단하여야 한다. 점유자가 회복자로부터 점유물의 반환을 청구받거나 회복자에게 점유물을 반환한 때에 비로소 회복자에 대하여 민법 제203조 제2항 소정의 유익비상환청구권이 발생한다(대법원 1993. 12. 28. 선고 93다30471, 93다30488 판결). 유익비상환청구권을 포기하거나 제한하는 특약은 유효하므로 이러한 특약을 유치권항변에 대한 재항변으로 주장할 수 있다.

39) 대법원 1988. 4. 25. 선고 87다카2509 판결 "대항력을 갖춘 주택임차인이 적법하게 전대한 경우 그 전차인이 임차인의 주민등록퇴거일로부터 주민등록법상의 전입신고 기간 내에 전입신고를 마치고 주택을 인도받아 점유를 계속하고 있다면 원래의 임차인이 갖는 임차권의 대항력은 소멸되지 아니하고 동일성을 유지한 채로 존속하므로, 임차인이 대항력을 취득한 후에 경료된 근저당권의 실행으로 소유권을 취득하게 된 자에 대하여 전차인은 임차인의 동시이행항변권을 원용하여 임차인이 보증금의 반환을 받을 때까지 주택을 적법하게 점유·사용할 권리를 갖는다."

3. 의사의 진술에 갈음하는 판결을 구하는 이행소송

가. 부동산등기에 관한 의사의 진술을 갈음하는 판결을 구하는 이행소송

(1) 개설

민법 제389조 제2항은 채무가 법률행위를 목적으로 한 때에는 채무자의 의사표시에 갈음할 재판을 청구할 수 있다고 규정하고, 민사집행법 제263조 제1항은 채무자가 권리관계의 성립을 인낙한 때에는 그 조서로, 의사의 진술을 명한 판결이 확정된 때에는 그 판결로 권리관계의 성립을 인낙하거나 의사를 진술한 것으로 본다고 규정한다. 부동산등기법 제23조 제4항은 판결에 의한 등기는 승소한 등기권리자 또는 등기의무자가 단독으로 신청한다고 규정한다. 이러한 법률 규정에 의하여 등기소송이 실무상 확립되어 있다.

등기를 명하는 판결이 확정된 후 등기의무자가 임의로 등기의무를 이행하면 그 판결은 실효되며, 그 후 다시 위 판결에 기하여 마친 등기는 실효된 집행권원에 기한 것으로 무효이다.[40]

등기권리자가 그의 등기신청권 행사를 지체하고 있는 경우에는 등기의무자는 등기권리자를 피고로 하여 등기를 신청할 것을 명하는 확정판결을 받고 이 판결에 기하여 등기의무자 단독으로 등기를 신청할 수 있다.[41]

(2) 매매를 원인으로 한 소유권 이전등기 소송

소장의 청구취지에는 "피고는 원고에게 전라북도 전주시 덕진동 453-25 대 300㎡에 관하여 2012. 4. 2. 매매를 원인으로 한 소유권이전

40) 대법원 1989. 10. 24. 선고 89다카10552 판결

41) 대법원 2001. 2. 9. 선고 2000다60708 판결; 이 때 소장의 청구취지는 "피고는 원고로부터 전라북도 전주시 덕진동 453-25 대 300㎡에 관하여 2016. 4. 2. 매매를 원인으로 한 소유권이전등기절차를 인수하라"이다.

등기절차를 이행하라"라고 쓴다.

매매로 인한 소유권이전등기청구의 요건사실은 매매계약체결 사실이다. 매매계약이 체결되면 그 계약 매수인의 매매대금지급의무와 매도인의 소유권이전등기의무가 발생하고, 이러한 계약은 체결과 동시에 법적 구속력을 가진다(낙성계약의 원칙). 따라서 매수인이 매도인을 상대로 매매계약상 소유권이전등기의무의 이행을 구하는 소를 제기하는 경우 매매계약의 체결만 주장하면 족하고, 매매대금 지급사실은 그 소송의 요건사실이 아니다. 1필의 토지의 일부에 대한 이전등기청구의 경우에는 분필절차를 거쳐야 가능하다. 따라서 분할측량감정을 하여야 한다.

원고의 매매로 인한 소유권이전등기청구에 대하여 피고는 원고의 소유권이전등기청구권을 제3자가 (가)압류 · 가처분하였다는 항변을 할 수 있다. 소유권이전등기청구권에 대한 (가)압류 · 가처분이 되어 있는 경우 법원은 가압류의 집행해제를 조건으로 이전등기절차를 이행하라는 판결을 선고하여야 한다.[42] 법원은 원고에게 가압류의 집행해제를 조건으로 하는 이전등기청구로 청구취지[43]를 변경하도록 석명권을 행사하여야 하지만, 석명권을 행사하지 아니하였다고 하여도 위법은 아니다.[44]

원고의 매매로 인한 소유권이전등기청구에 대하여 피고는 매매대금 잔액을 지급받을 때까지 원고에게 소유권이전등기를 해 줄 수 없다는 동시이행 항변을 할 수 있다. 이에 대하여 원고는 잔금의 지급 또는 이행제공의 계속을 주장 · 증명하여 동시이행항변권이 소멸되었다는 재항

---

42) 대법원 1999. 2. 9. 선고 98다42615 판결; 그 이전등기청구에 대하여 제3채무자가 응소하여 가압류된 사실을 주장 · 증명하지 않아 무조건의 이행판결이 선고됨으로써 가압류채권자가 손해를 입은 경우 제3채무자는 손해배상책임을 진다(대법원 1999. 6. 11. 선고 98다22963 판결)

43) 청구취지 "피고는 별지 목록 기재 건물에 관하여 원고와 소외 갑 사이의 00지방법원 2015. 12. 2.자 2016카합56 소유권이전등기청구권 가압류결정에 의한 집행이 해제되면 원고에게 2015. 12. 24. 매매를 원인으로 한 소유권이전등기절차를 이행하라."

44) 대법원 1994. 10. 25. 선고 93다55012 판결

변을 할 수 있다. 피고가 원고의 매매대금미지급을 원인으로 계약해제의 항변을 하기 위해서는 이전등기의무의 이행제공사실, 상당기간을 정한 매매대금지급의 최고, 매매대금을 받지 못한 사실, 해제의 의사표시를 통지한 사실을 주장·증명해야 한다. 따라서 대금미지급을 이유로 매매계약을 해제하기 위해서 피고는 매매대금의 지급을 구하는 최고서, 매도용 인감증명서, 해제통지서 등을 제출하여야 할 것이다. 매매계약에 있어서 매수인이 중도금을 약정한 일자에 지급하지 아니하면 그 계약을 무효로 한다고 하는 특약이 있는 경우 매수인이 약정한대로 중도금을 지급하지 아니하면(해제의 의사표시를 요하지 않고) 그 불이행 자체로써 계약은 그 일자에 자동적으로 해제된 것이라고 보아야 한다는 것이 판례이다.[45]

(3) 취득시효완성을 원인으로 한 소유권 이전등기소송

소장의 청구취지에 "피고는 원고에게 별지목록기재의 토지에 관하여 2016. 10. 1. 취득시효완성을 원인으로 한 소유권이전등기절차를 이행하라"라고 쓴다. 요건사실은 20년간 자주·평온·공연하게 부동산을 점유한 사실이다.[46] 원고는 점유기간의 기산점을 임의로 선택할 수 없고, 현실적으로 점유를 개시한 시점을 확정하여 그 때로부터 20년의 기간을 기산한다. 점유의 개시시점은 간접사실이므로[47] 취득시효의 기산

---

45) 대법원 1991. 8. 13. 선고 91다13717 판결

46) 민법 제245조 제1항은 20년간 소유의 의사로 평온·공연하게 부동산을 점유한 자는 등기함으로써 그 소유권을 취득한다고 규정하고 있다. 자주·평온·공연한 점유는 민법 제197조에 의하여 추정되므로 취득시효완성을 원인으로 소유권이전등기절차를 이행하라는 소를 제기하는 원고는 청구원인 사실로 부동산을 20년간 점유한 사실만 주장·증명하면 된다. 민법 제197조 1항의 추정에 의하여 상대방이 항변으로 타주, 폭력, 은비 점유에 대한 주장·증명책임을 부담한다. 민법 제197조 1항에 의하면 물건의 점유자는 소유의 의사로 점유한 것으로 추정되므로 점유자가 취득시효를 주장하는 경우에 있어서 스스로 소유의 의사를 증명할 책임은 없고, 오히려 그 점유자의 점유가 소유의 의사가 없는 점유임을 주장하여 점유자의 취득시효의 성립을 부정하는 자에게 그 증명책임이 있다(대법원 1997. 8. 21. 선고 95다28625 전원합의체 판결).

47) 대법원 2007. 2. 8. 선고 2006다28065 판결 "부동산의 시효취득에 있어서 점유기간의

점에 대한 당사자의 주장에 법원은 구속되지 않고 소송자료에 의해 진정한 점유시기를 인정한다. 특정시점에서의 점유와 그로부터 20년 후의 특정시점에서의 점유를 증명하여 민법 198조에 의한 그 사이 점유 계속의 추정을 받을 수 있고, 전후 양 시점의 점유자가 다른 경우에도 점유의 승계가 증명되면 점유계속은 추정된다. 점유의 계속 사이에 점유가 중단 또는 상실되었다는 주장은 상대방이 주장・증명책임을 지는 항변사유가 된다.[48] 피고는 원고가 성질상 타주점유로 보이는 권원에 기하여 점유를 취득한 사실, 원고가 타인의 소유권을 배제하여 자기의 소유물처럼 배타적 지배를 행사하는 의사를 가지고 점유하는 것으로 볼 수 없는 객관적 사정이 있다는 사실, 또는 원고가 점유 개시 당시에 소유권 취득의 원인이 될 수 있는 법률행위 기타 법률요건이 없음에도 그러한 사정을 잘 알면서 타인 소유의 부동산을 무단점유한 사실을 주장・증명하여 자주점유의 추정을 깨뜨리는 항변을 할 수 있다.[49] 민법 제247조 2항에 의하여 소멸시효 중단에 관한 규정은 취득시효에 대하여도 적용되므로, 피고는 시효중단 항변을 할 수 있다. 시효중단사유에 대한 주장・증명책임은 피고가 부담한다.[50] 점유자의 취득시효가 완성된 후에

산정기준이 되는 점유개시의 시기는 취득시효의 요건사실인 점유기간을 판단하는 데 간접적이고 수단적인 구실을 하는 간접사실에 불과하므로, 이에 대한 자백은 법원이나 당사자를 구속하지 않는다."

48) 대법원 1991. 7. 26. 선고 91다8104 판결 "취득시효기간의 계산에 있어 그 점유개시의 기산일은 임의로 선택할 수 없으나 그 등기명의인에 변경이 없는 경우에는 취득시효완성을 주장할 수 있는 시점에서 보아 소요기간이 경과된 사실만 확정되면 족하다."

49) 대법원 1997. 8. 21. 선고 95다28625 전원합의체 판결

50) 대법원 1997. 4. 25. 선고 96다46484 판결 "취득시효가 중단되었다는 명시적인 주장을 필요로 하는 것이 아니라 중단사유에 속하는 사실만 주장하면 족하다."; 대법원 1997. 4. 25. 선고 96다46484 판결 "취득시효 중단 사유의 하나인 재판상 청구로는 시효취득의 대상물인 목적물 인도소송 내지는 소유권존부 확인이나 소유권에 관한 등기청구소송, 소유권 침해에 대한 방해배제 및 손해배상 혹은 부당이득반환청구 소송도 포함된다."; 대법원 1993. 12. 21. 선고 92다47861 판결 "시효의 이익을 받는 자가 원고가 되어 소를 제기한 데 대하여 피고로서 응소하여 그 소송에서 적극적으로 권리를 주장하고 그것이 받아들여진 경우도 시효중단사유가 된다."; 대법원 1997. 12. 12. 선고 97다30288 판결 "점유자가 소유자를 상대로 소유권이전등기 청구소송을 제기하면서 그 청구원인으로 취득시효 완성이 아닌 매매를 주장함에 대하여, 소유

는 취득시효의 중단의 효력이 발생할 여지가 없고, 오직 시효이익의 포기가 문제될 뿐이다. 시효이익의 포기는 시효완성의 이익을 받을 당사자 또는 대리인이 시효완성사실을 알고 시효완성 당시의 진정한 소유자를 상대로 하여야 한다.[51]

(4) 보존등기 · 이전등기 · 근저당권설정등기 말소등기 소송

소장의 청구취지에 "피고는 원고에게 서울중앙지방법원 강남등기소 2015. 11. 23. 접수 제37865호로 마친 소유권이전등기의 말소등기절차를 이행하라"라고 쓴다.[52] 이전등기소송의 경우 등기원인과 그 연월일을 쓴다. 말소등기소송이나 회복등기소송의 경우 말소나 회복 판결 자체가 등기원인으로 기재되므로 등기원인의 부존재, 무효, 취소, 해제 등 사유는 기재하지 않는다. 다만 등기원인이 후발적 사유로 장래를 향하

자가 이에 응소하여 원고 청구기각의 판결을 구하면서 원고의 주장 사실을 부인하는 경우에는, 이는 원고 주장의 매매 사실을 부인하여 원고에게 그 매매로 인한 소유권이전등기청구권이 없음을 주장함에 불과한 것이고 소유자가 자신의 소유권을 적극적으로 주장한 것이라 볼 수 없으므로 시효중단사유의 하나인 재판상의 청구에 해당한다고 할 수 없다."; 대법원 1992. 10. 27. 선고 91다41064, 41071 판결 "민법 제176조에 의하면 가처분은 시효의 이익을 받은 자에 대하여 하지 아니한 때에는 이를 그에게 통지한 후가 아니면 시효중단의 효력이 없다고 되어 있어 직접점유자를 상대로 점유이전금지가처분을 한 뜻을 간접점유자에게 통지한 바가 없다면 가처분은 간접점유자에 대하여 시효중단의 효력을 발생할 수 없다."

51) 대법원 1994. 12. 23. 선고 94다40734 판결 "시효이익의 포기는 달리 특별한 사정이 없는 한 시효취득자가 취득시효완성 당시의 진정한 소유자에 대하여 하여야 그 효력이 발생하는 것이지 원인무효인 등기의 등기부상 소유명의자에게 그와 같은 의사를 표시하였다고 하여 그 효력이 발생하는 것은 아니라 할 것이다."; 대법원 1996. 10. 29. 선고 96다23573, 23580 판결 "점유자의 취득시효 완성 후 소유자가 토지에 대한 권리를 주장하는 소를 제기하여 승소판결을 받은 사실이 있다고 하더라도 그 판결에 의하여 시효중단의 효력이 발생할 여지는 없고, 점유자가 그 소송에서 그 토지에 대한 시효취득을 주장하지 않았다고 하여 시효이익을 포기한 것이라고도 볼 수 없으며 그 토지에 대한 점유자의 점유가 평온, 공연한 점유가 아니게 되는 것도 아니다."; 대법원 1991. 2. 22. 선고 90다12977 판결 "취득시효 완성후에 매도하여 줄 것을 요청한 바 있으나, 매수대금에 대한 견해차로 매수교섭이 결렬된 바 있다는 사실만으로 시효이익을 포기하였다고 볼 수 없다."

52) 광업권, 특허권, 실용신안권, 디자인권, 상표권, 자동차, 건설기계, 항공기 등의 경우 "등기" 대신 "등록"을 소장의 청구취지에 쓴다.

여 실효되고 그 실효원인을 특정할 수 있는 경우에는 말소등기의 원인으로 기재한다.[53]

보존등기의 원인무효를 주장하면서도 그 말소는 청구하지 않고 원고의 소유권확인만 구하는 경우 확인의 이익이 없어 부적법하다. 따라서 이 경우 법원은 보존등기말소를 구하는 청구취지로 변경할 것을 원고에게 권유한다. 소유권이전등기의 말소등기 절차를 이행하라는 소는 등기의무자나 등기상 이해관계 있는 제3자를 상대로 제기하여야 하고, 그렇지 않은 경우의 소유권이전등기말소청구의 소는 피고적격이 없는 자를 상대로 한 부적법한 소이므로 각하하여야 한다.

소유권보존등기말소청구의 요건사실은 원고 소유인 사실, 피고 명의의 등기가 마쳐진 사실, 원인무효의 등기인 사실[54]이다. 소유권보존등기의 추정력은 권리변동에 대하여는 미치지 않기 때문에 원시취득자가 따로 있음을 원고가 주장·증명하거나, 또는 피고가 스스로 원시취득한 것이 아니라 원시취득자로부터 매수한 것이라고 자인하고 원시취득자가 양도사실을 부인하면 추정력은 깨어져 원인 무효의 등기가 된다.[55]

소유권이전등기말소청구의 요건사실은 원고 소유인 사실, 피고 명의의 등기가 마쳐진 사실, 등기원인서류가 위조되었다거나 등기원인인 매매가 무효·취소·해제된 사실이다. 소유권이전등기의 추정력은 권리변동(등기원인)에 대하여도 미치므로 그 등기원인이 처음부터 없었다거나 처음엔 있었지만 나중에 소급하여 소멸되었다는 사정을 증명하여야만 추정력이 깨어진다. 특별조치법에 의한 등기는 등기원인서류인 보증서와 확인서가 허위, 위조되었다거나 그밖에 적법하게 등기된 것이 아니라는 점이 주장·증명되어야만 권리브유의 추정력이 깨어진다.[56] 피

53) 소장의 청구취지에 "피고는 원고에게 별지 목록 기재 부동산에 관하여 전주지방법원 2015. 2. 6. 접수 제12354호로 마친 근저당권설정등기에 대하여 2015. 6. 20. 해지를 원인으로 한 말소등기절차를 이행하라"라고 쓴다.

54) 특별조치법에 의한 경우 허위의 보증서·확인서에 의하여 보존등기가 경료된 경우 원인무효의 보존등기에 해당한다.

55) 대법원 1982. 9. 14. 선고 82다카707 판결

고는 비록 불법하게 등기를 하기는 하였지만 실제로 원고로부터 매수하고 그 대금을 모두 지급하였다는 점 등을 들어 실체관계에 부합하는 유효한 등기라는 항변을 할 수 있다. 위조문서를 이용하여 등기를 경료하는 등 등기의 형식적 유효요건을 결여하였더라도 공시된 외형과 같은 권리관계가 실재하고 있다면 공시방법으로서의 등기의 효력은 부정되지 않으므로 소유권취득의 원인이 실제 있었음을 항변으로 주장할 수 있다.[57] 또한 피고는 등기부 시효취득하였다고 주장하거나, 점유취득시효를 주장하여 실체관계에 부합한다는 항변을 할 수 있다.

(5) 진정명의회복을 위한 이전등기 소송

무효인 등기가 행해진 경우 진정명의의 회복을 위하여 말소등기를 명하는 대신 무효등기의 명의인으로부터 진정한 권리자 앞으로 직접 이전등기를 명하는 것이 가능하다는 것이 판례이다.[58] 이 경우 소장의 청구취지에 "피고는 원고에게 별지 목록 기재 부동산에 관하여 진정명의의 회복을 원인으로 한 소유권이전등기절차를 이행하라"라고 쓴다.

진정한 등기명의의 회복을 위한 소유권이전등기청구는 이미 자기 앞으로 소유권을 표상하는 등기가 되어 있었거나 법률에 의하여 소유권을 취득한 자가 진정한 등기명의를 회복하기 위한 방법으로 현재의 등기명의인을 상대로 그 등기의 말소를 구하는 것에 갈음하여 허용되는 것이다. 말소등기에 갈음하여 허용되는 진정명의회복을 원인으로 한 소유권이전등기청구권과 무효등기의 말소청구권은 어느 것이나 진정한 소유

---

56) 대법원 1987. 10. 13. 선고 86다카2928 판결

57) 대법원 1972. 8. 22. 선고 72다1059 판결; 매매의 경우 당해 부동산에 관하여 매매계약이 체결되었다는 사실만으로는 부족하고, 매매대금 전액이 지급되었거나 그렇지 않은 경우에는 대금지급 전에 소유권이전등기를 하기로 하는 약정이 있었다는 등의 사정을 함께 주장하여야 한다(대법원 1994. 6. 28. 선고 93다55777 판결).

58) 대법원 1997. 3. 11. 선고 96다47142 판결 등; 무효의 등기를 순차로 말소하는 것에 의하지 않고 진정명의회복의 이전등기가 허용하는 것은 중간생략등기의 유효성은 인정하면서도 중간생략등기의 합의가 없는 한 그것을 청구할 수 없다는 판례의 기존 입장과 조화되기는 어려운 측면이 있다.

자의 등기명의를 회복하기 위한 것으로서 실질적으로 그 목적이 동일하고, 두 청구권 모두 소유권에 기한 방해배제청구권으로서 그 법적 근거와 성질이 동일하므로, 비록 전자는 이전등기, 후자는 말소등기의 형식을 취하고 있다고 하더라도 그 소송물은 실질상 동일한 것으로 보아야 하고, 따라서 소유권이전등기말소청구소송에서 패소확정판결을 받았다면 그 기판력은 그 후 제기된 진정명의회복을 원인으로 한 소유권이전등기청구소송에도 미친다.[59)]

나. 채권양도에 관한 의사의 진술을 갈음하는 판결을 구하는 이행소송

소장의 청구취지에 "피고는 소외 김덕진(801214-1548545, 주소: 전라북도 전주시 덕진구 덕진동 265)에게, 별지 목록 기재 채권을 2016. 7. 7. 원고에게 양도하였다는 취지의 통지를 하라."라고 쓴다. 채권양도에 관하여 의사의 진술을 명하는 것은 양수인이 양도인을 상대로 양도의 대항요건인 통지를 채무자에게 하도록 訴求한 경우에 하는 것이 보통이며, 채권양도 통지와 같이 의사 진술의 상대방이 원고가 아닌 제3자인 경우에는 판결의 확정만으로 양도통지의 효력이 생기는 것이 아니라, 판결 확정 후 원고가 스스로 위 판결과 그 확정증명을 제3자인 채무자에게 송부 또는 제시함으로써 비로소 양도통지의 효력이 생긴다.[60)]

다. 재산권의 명의변경에 관한 의사의 진술을 갈음하는 판결을 구하는 이행소송

소장의 청구취지에 "피고는 원고에게 별지 목록 기재 부동산에 관하여 2013. 11. 15. 매매를 원인으로 한 한옥마을아파트 수분양자대장상의 수분양자명의변경절차를 이행하라"라고 쓴다. 아파트 수분양자명의변

---

59) 대법원 2001. 9. 20. 선고 99다37894 전원합의체 판결

60) 사법연수원, 「민사실무Ⅱ」, 사법연수원 출판부(2013), 107면.

경, 건축주명의변경, 토지피공급자명의변경, 주주명부상 명의개서 등의 경우 대법원판례는 명의변경을 구하는 소권을 허용하고 있다. 그러나 행정관청의 허가나 특허 명의에 관하여 해당 법률에서 양도를 허용하는 규정이나 명의변경절차를 규정하지 않은 경우에는 이러한 명의변경에 관한 의사진술을 갈음하는 판결을 구하는 소권은 인정될 수 없다.61)

4. 장래이행소송

가. 장래에 이행기가 도래하는 경우 금전지급을 구하는 이행소송

소장의 청구취지에 "피고는 2016. 12. 12. 이 도래하면 원고에게 50,000,000원 및 이에 대한 2016. 12. 12.부터 다 갚는 날까지는 연 10%의 비율에 의한 금원을 지급하라", "피고는 원고에게 2016. 4. 23.부터 별지 목록 기재 건물의 인도 완료일까지 월 500,000원의 비율에 의한 금원을 지급하라"라고 쓴다.

장래에 이행할 것을 청구하는 소에서는 소송촉진등에관한특례법상 제3조 제1항 본문의 지연손해금15%를 청구할 수 없다. 장래의 이행을 청구하는 소는 미리 청구할 필요가 있는 경우에 한하여 제기할 수 있는 바, 여기서 미리 청구할 필요가 있는 경우라 함은 이행기가 도래하지 않았거나 조건 미성취의 청구권에 있어서는 채무자가 미리부터 채무의 존재를 다투기 때문에 이행기가 도래되거나 조건이 성취되었을 때에 임의의 이행을 기대할 수 없는 경우를 말하고, 이행기에 이르거나 조건이 성취될 때에 채무자의 무자력으로 말미암아 집행이 곤란해진다던가 또는 이행불능에 빠질 사정이 있다는 것만으로는 미리 청구할 필요가 있다고 할 수 없다.62)

---

61) 대법원 2002. 2. 26. 선고 2001다53622판결; 대법우너 2004. 8. 20. 선고 2002다20353 판결.

62) 대법원 2000. 8. 22. 선고 2000다25576 판결; 대법원 2004. 1. 15. 선고 2002다3891 판결 "이행보증보험계약에 있어서 구상금채권의 발생의 기초가 되는 법률상·사실상 관계가 변론종결 당시까지 존재하고 있고, 그러한 상태가 앞으로도 계속될 것으로

나. 가압류 · 가처분의 해제를 조건으로 하는 소유권이전등기소송

일반적으로 채권에 대한 가압류가 있더라도 이는 채무자가 제3채무자로부터 현실로 급부를 추심하는 것만을 금지하는 것이므로 채무자는 제3채무자를 상대로 그 이행을 구하는 소송을 제기할 수 있고, 법원은 가압류가 되어 있음을 이유로 이를 배척할 수 없는 것이 원칙이나, 소유권이전등기를 명하는 판결은 의사의 진술을 명하는 판결로서 이것이 확정되면 채무자는 일방적으로 이전등기를 신청할 수 있고 제3채무자는 이를 저지할 방법이 없으므로 이와 같은 경우에는 가압류의 해제를 조건으로 하지 아니하는 한 법원은 이를 인용하여서는 안 된다.[63] 따라서 이 경우 소장의 청구취지에 "피고는 별지 목록 기재 건물에 관하여 원고와 소외 김덕수 사이의 전주지방법원 2016. 6. 7.자 2016카합123 소유권이전등기청구권 가압류결정에 의한 집행이 해제되면 원고에게 2015. 9. 4. 매매를 원인으로 한 소유권이전등기절차를 이행하라"라고 쓴다.

다. 장래의 부작위를 구하는 이행소송

소장의 청구취지에 "피고는 별지 목록 기재 대지 중 별지 도면 표시 1, 2, 3, 4, 1의 각 점을 차례로 연결한 선내 (가) 부분 80㎡에 대한 원고의 통행을 방해하는 일체의 행위를 하여서 아니 된다.", "피고는 전주시 덕진동 274 토지 위에 건축 중인 오피스텔의 축조공사를 중지하고 이를 속행하여서는 아니 된다."라고 쓴다.

5. 선이행, 동시이행 관련 이행소송

선이행판결을 구하는 경우에는 소장의 청구취지에 "피고는 원고로부

예상되며, 구상금채권의 존부에 대하여 다툼이 있어 보험자가 피보험자에게 보험금을 지급하더라도 보험계약자와 구상금채무의 연대보증인들의 채무이행을 기대할 수 없음이 명백한 경우 장래 이행보증보험금지급을 조건으로 미리 구상금지급을 구하는 장래 이행의 소가 적법하다."

63) 대법원 1992. 11. 10. 선고 92다4680 (全)판결

터 500,000,000원을 지급받은 다음 원고에게 별지 목록 기개 부동산에 관하여 전주지방법원 2015. 10. 25. 접수 제145874호로 마친 근저당권설정등기의 말소등기절차를 이행하라"라고 쓴다. 근저당권설정등기나 담보 목적 가등기나 소유권이전등기 경우 피고는 원고로부터 차용금 및 이에 대한 지연손해금의 변제를 받는 것을 조건으로 위 등기를 말소할 의무가 있다.[64] 채무자가 피담보채무 전액을 변제하였다고 하거나, 피담보채무의 일부가 남아 있음을 시인하면서 그 변제와 상환으로 담보목적으로 경료된 소유권이전등기의 회복을 구함에 대하여 채권자는 그 소유권이전등기가 담보목적으로 경료된 것임을 다투고 있는 경우, 채무자의 청구 중에는 만약 그 소유권이전등기가 담보목적으로 경료된 것이라면 소송 과정에서 밝혀진 잔존 피담보채무의 지급을 조건으로 그 소유권이전등기의 회복을 구한다는 취지까지 포함되어 있는 것으로 해석하여야 하고, 그러한 경우에는 장래이행의 소로서 미리 청구할 필요도 있다.[65]

동시이행판결을 구하는 경우에는 소장의 청구취지에 "피고는 원고로부터 20,000,000원에서 2015. 2. 4.부터 별지 목록 기재 건물의 인도완료시까지 월500,000원의 비율에 의한 금액을 공제한 나머지 금원을 지급받음과 동시에 원고에게 별지 목록 기재 건물을 인도하라"라고 쓴다. 임차보증금반환채무와 임차건물인도채무, 매매잔대금지급의무와 매도인의 소유권이전등기의무, 도급인의 손해배상채권과 수급인의 공사대

64) 대법원 1980. 5. 27. 선고 80다482 판결

65) 대법원 1996. 11. 12. 선고 96다33938 판결; 대법원 2008. 4. 10. 선고 2007다83694 판결 "원고가 피담보채무 전액을 변제하였다고 주장하면서 근저당권설정등기에 대한 말소등기절차의 이행을 청구하였으나 그 원리금의 계산 등에 관한 다툼 등으로 인하여 변제액이 채무 전액을 소멸시키는데 미치지 못하고 잔존채무가 있는 것으로 밝혀진 경우에는 특별한 사정이 없는 한 원고의 청구 중에는 확정된 잔존채무를 변제하고 그 다음에 위 등기의 말소를 구한다는 취지도 포함되어 있는 것으로 해석함이 상당하고, 이는 장래 이행의 소로서 미리 청구할 이익도 인정된다고 할 것이다. 따라서 원심으로서는 이 사건 근저당권설정등기의 피담보채무 중 잔존원금 및 지연손해금의 액수를 심리・확정한 다음, 그 변제를 조건으로 이 사건 근저당권설정등기의 말소를 명하였어야 한다고 할 것이다."

금 채권, 계약해제·해지시 일방의 손해배상의무와 상대방의 원상회복 의무는 동시이행관계에 있다.

부동산 임대차에 있어서 수수된 보증금은 차임채무, 목적물의 멸실·훼손 등으로 인한 손해배상채무 등 임대차에 따른 임차인의 모든 채무를 담보하는 것으로서 그 피담보채무 상당액은 임대차관계의 종료 후 목적물이 반환될 때에 특별한 사정이 없는 한 별도의 의사표시 없이 보증금에서 당연히 공제되는 것이므로, 임대보증금이 수수된 임대차계약에서 차임채권에 관하여 압류 및 추심명령이 있었다 하더라도, 당해 임대차계약이 종료되어 목적물이 반환될 때에는 그 때까지 추심되지 아니한 채 잔존하는 차임채권 상당액도 임대보증금에서 당연히 공제된다.[66]

6. 토지거래허가 신청의 협력의무 이행소송

판례는 "규제지역 내의 토지에 대하여 거래계약이 체결된 경우에 계약을 체결한 당사자 사이에 있어서는 그 계약이 효력 있는 것으로 완성될 수 있도록 서로 협력할 의무가 있음이 당연하므로, 계약의 쌍방 당사자는 공동으로 관할 관청의 허가를 신청할 의무가 있고, 이러한 의무에 위배하여 허가신청절차에 협력하지 않는 당사자에 대하여 상대방은 협력의무의 이행을 소송으로써 구할 이익이 있다"고 판시하며[67], 토지거래허가 신청절차를 이행할 것을 구하는 소권을 인정하고 있다.

이 경우 소장의 청구취지에 "피고는 원고에게, 원고와 피고 사이에 2016. 5. 7. 체결한 별지 목록 기재 토지의 매매계약에 관하여 토지거래허가 신청절차를 이행하라"라고 쓴다.

토지거래허가를 받기 전의 유동적 무효상태에서는 물권적 효력은 물론 채권적 효력도 발생하지 않으므로, 각 당사자는 상대방에 대하여 이행청구를 할 수 없으며, 이행청구권이 부인되는 결과 채무불이행에 기

66) 대법원 2004. 12. 23. 선고 2004다56554 등 판결

67) 대법원 1991. 12. 24. 선고 90다12243 (全)판결 등

한 계약해제나 손해배상도 인정될 여지가 없다.

협력의무의 불이행을 이유로 유동적 무효상태의 거래계약 자체를 해제할 수는 없다. 그리고 협력의무를 부담하는 한도에서 당사자의 의사표시까지 무효상태에 있는 것은 아니므로, 협력의무를 이행하지 않고 매수인이 그 매매계약을 일방적으로 철회함으로써 매도인이 손해를 입은 경우에, 매수인은 이 협력의무의 불이행과 인과관계 있는 손해를 배상하여야 한다. 나아가 가령, 당사자 사이에 당사자 일방이 토지거래허가를 받기 위한 협력 자체를 이행하지 않거나 허가신청에 이르기 전에 매매계약을 철회하면 상대방에게 일정한 손해액을 배상하기로 하는 약정을 유효하게 할 수 있다.

유동적 무효상태에 있는 동안에 부당이득으로 이미 지급한 계약금의 반환을 청구할 수 없고, 유동적 무효상태가 확정적으로 되어야 비로소 부당이득으로 그 반환을 구할 수 있다.

대법원 1996. 7. 26. 선고 96다7762 판결 "유동적 무효상태에 있는 매매계약상의 매수인의 지위에 관하여 매도인과 매수인 및 제3자 사이에 제3자가 그와 같은 매수인의 지위를 매수인으로부터 이전받는다는 취지의 합의를 한 경우, 국토이용관리법상 토지거래허가 제도가 토지의 투기적 거래를 방지하여 정상적 거래를 조장하려는 데에 그 입법취지가 있음에 비추어 볼 때, 그와 같은 합의는 매도인과 매수인 사이의 매매계약에 대한 관할 관청의 허가가 있어야 비로소 효력이 발생한다고 보아야 하고, 그 허가가 없는 이상 그 3 당사자 사이의 합의만으로 유동적 무효상태의 매매계약의 매수인 지위가 매수인으로부터 제3자에게 이전하고, 제3자가 매도인에 대하여 직접 토지거래허가 신청절차 협력의무의 이행을 구할 수 없다."

대법원 1999. 6. 17. 선고 98다40459 전원합의체판결의 "토지거래허가구역으로 지정된 토지에 관하여 건설교통부장관이 허가구역 지정을 해제하거나, 또는 허가구역 지정기간이 만료되었음에도 허가구역 재지정을 하지 아니한 취지는 당해 구역 안에서의 개별적인 토지거래에 관하여 더 이상 허가를 받지 않도록 하더라도 투기적 토지거래의 성행과 이로 인한 지가의 급격한 상승의 방지라는 토지거래허가제도가 달성하려고 하는 공공의 이익에 아무런 지장이 없게 되었고 허가의 필요성도 소멸되었으므로, 허가구역 안의 토지에 대한 거래계약에 대하여 허가를 받은 것과 마찬가지로 취급함으로써 사적자치에 대한 공법적인 규제를 해제하여 거래 당사자들이 당해 토지거래계약으로 달성하고자 한 사적자치를 실현할 수 있도록 함에 있다고 할 것이므로, 허가구역 지정기간 중에 허가구역 안의 토지에 대하여 토지거래허가를 받지 아니하고 토지거래계약을 체결한 후 허가구역 지정해제 등이 된 때에는 그 토지거래계약이 허가구역 지정이 해제되기 전에 확정적으로 무효로 된 경우를 제외하고는, 더 이상 관할 행정청으로부터 토지거래허가를 받을 필요가 없이 확정적으로 유효로 되어 거래 당사자는 그 계약에 기하여 바로 토지의 소유권 등 권리의 이전 또는 설정에 관한 이행청구를 할 수 있고, 상대방도 반대급부의 청구를 할 수 있다고 보아야 할 것이지, 여전히 그 계약이 유동적 무효상태에 있다고 볼 것은 아니다."

제2절 확인의 소

Ⅰ. 자기의 권리 또는 법률상의 지위에 현존하는 위험이 있고, 이 위험을 제거하는 데 확인판결을 받는 것이 가장 유효적절한 수단인 경우에 한하여 채무부존재 확인, 소유권존재 확인, 사실혼관계 존재 확인 등과 같이 어떤 권리나 법률관계의 존부에 대한 확인의 소를 제기할 수 있다. 권리 또는 법률관계가 아닌 사실관계는 확인의 소 대상이 될 수 없다. 확인청구는 원고가 피고와의 사이에 다툼이 있는 권리 또는 법률관계에 관하여 법원에 대하여 그 존재 또는 부존재의 확정 선언을 구하는 것이므로 청구취지를 선언적인 형태인

'확인한다'라고 기재하고 명령적인 형태인 '확인하라'라고 기재하지 않는다.[68] 확인의 소송 결과 법원에 의해 내려지는 확인판결은 원고가 주장한 법률관계의 존재에 관하여 기판력이 생기지만, 그를 이용하여 강제집행에 나아갈 수 없다. 증서의 진정성립 여부는 사실관계이지만 예외적으로 증서진부확인의 소를 제기할 수 있다(제250조).

Ⅱ. 소장의 청구취지에 "원고 김덕수와 피고 대한민국 사이에서 전라북도 전주시 덕진구 덕진동 255 전 50㎡가 원고 김덕수의 소유임을 확인한다", "원고의 피고에 대한 2016. 6. 6. 금전소비대차 계약에 기한 원30,000,000원 및 이에 대한 이자 채무는 존재하지 아니함을 확인한다", "피고의 2016. 4. 23. 임시주주총회에서 김득수를 이사에서 해임하고 강용운을 이사로 선임한 결의는 무효임을 확인한다", "소외 김덕수가 2016. 8. 5. 전주지방법원 2016금제12547호로 공탁한 100,000,000원에 대한 공탁금출급청구권이 원고에게 있음을 확인한다", "원고는 매도인, 피고를 매수인으로 하여 2016. 3. 9. 작성된 별지 내용의 매매계약서는 진정하게 성립된 것이 아님을 확인한다."라고 쓴다.

Ⅲ. 확인의 소는 확인의 이익이 있을 경우에만 제기할 수 있다. 건축물대장이 생성되지 않은 건물에 대하여 소유권보존등기를 마칠 목적으로 제기한 소유권확인청구의 소는 당사자의 법률상 지위의 불안 제거에 별다른 실효성이 없는 것으로 확인의 이익이 없다.[69] 그러나 보존등기 신청인으로서는 등기부, 토지(임야)대장상 소유자로 등기 또는 등록되어 있는 자가 있는 경우에는 그 명의자를 상대로

68) 사법연수원, 「민사실무 I」, 사법연수원 출판부(2012), 81면.
69) 대법원 2011. 11. 10. 선고 200993428 판결

한 소송에서 당해 부동산이 보존등기신청인의 소유임을 확인하는 내용의 확정판결을 받으면 소유권보존등기를 신청할 수 있고, 국가를 상대로 한 토지소유권확인청구는 어느 토지가 미등기이고, 토지대장이나 임야대장 상에 등록명의자가 없거나 등록명의자가 누구인지 알 수 없을 때와 그 밖에 국가가 등록명의자인 제3자의 소유를 부인하면서 계속 국가 소유를 주장하는 등 특별한 사정이 있는 경우에 한하여 그 확인의 이익이 인정된다.[70]

Ⅳ. 집행문 부여의 소

1. 집행문 부여의 소는 확인의 소에 해당한다. 채권자가 집행문을 부여받기 위하여 증명서로 조건의 이행, 승계 또는 집행력이 미치는 사유(민사집행법 제30조 제2항, 제31조 제1항, 제25조 제1항)를 증명하여야 할 필요가 있는 경우에, 이를 증명서로써 증명할 수 없는 때에는 채권자는 채무자를 상대로 소를 제기하여 그 판결에 따라 집행문을 받을 수 있다(민사집행법 제33조). 이 소는 집행문을 내어 줄 것을 신청하여 거절된 때에도 제기할 수 있고, 아예 집행문을 신청하지 않고 직접 이 소를 제기할 수도 있다. 다만, 수통 부여, 재도 부여 신청을 하여 거절된 경우에는 이 소를 제기할 여지가 없고, 거절처분에 대한 이의신청으로 다투어야 한다.[71] 집행당사자의 동일성이 명확하지 아니하거나 승계사실이 분명하지 아니한 경우에는 집행문부여의 소를 제기하지 않고 승계인을 상대로 별소를 제기할 수 있다.[72]

2. 집행문부여의 소의 원고는 채권자이고, 피고는 채무자이다. 집행

70) 대법원 1994. 3. 11. 선고 93다5774 판결; 대법원 1995. 9. 15. 선고 94다27649 판결
71) 사법연수원, 「민사집행법」, 사법연수원 출판부(2012), 74면.
72) 대법원 1994. 5. 10. 선고 93다53955 판결

문 부여기관은 피고가 아니다. 집행문부여의 소는 일반 판결절차와 마찬가지로 변론을 거쳐 심리하며 모든 증거방법을 제출할 수 있다. 집행문 부여의 소 판결이 확정되면 채권자는 그 정본을 붙여 집행문을 내어 줄 것을 신청할 수 있다. 이 경우 재판장 명령을 기다릴 필요가 없다. 판결에 대하여 집행문을 부여하기 위해서는 그 판결의 집행력이 유효하게 발생하고 존재할 것을 요건으로 한다. 따라서 집행력이 발생하지 않는 당연무효의 판결에 대하여는 집행문을 부여할 수 없고, 이러한 법리는 민사집행법 제33조에 의하여 집행문부여의 소를 제기한 경우에도 마찬가지로 적용된다.

3. 집행문부여의 소는 채권자가 집행문을 부여받기 위하여 증명서로써 증명하여야 할 사항에 대하여 그 증명을 할 수 없는 경우에 증명방법의 제한을 받지 않고 그러한 사유에 터 잡은 집행력이 현존하고 있다는 점을 주장·증명하여 판결로써 집행문을 부여받기 위한 소이고, 민사집행법 제44조에 규정된 청구이의의 소는 채무자가 집행권원에 표시되어 있는 청구권에 관하여 생긴 이의를 내세워 그 집행권원이 가지는 집행력을 배제하는 소이다. 민사집행법이 집행문부여의 소와 청구이의의 소를 각각 인정한 취지에 비추어 보면 집행문부여의 소에 있어서 심리의 대상은 조건의 성취 또는 승계 사실을 비롯하여 집행문부여의 요건에 한하는 것으로 보아야 한다. 따라서 채무자가 민사집행법 제44조에 규정된 청구에 관한 이의의 소에서의 이의 사유를 집행문 부여의 소에서 주장하는 것은 허용되지 아니한다.[73)]

4. 계속적 부작위의무를 명한 가처분에 기한 간접강제결정이 발령된 상태에서 의무위반행위가 계속되던 중 채무자가 그 행위를 중지

73) 대법원 2012. 4. 13. 선고 2011다93087 판결

하고 장래의 의무위반행위를 방지하기 위한 적당한 조치를 취했다거나 가처분에서 정한 금지기간이 경과하였다고 하더라도, 그러한 사정만으로는 처음부터 가처분위반행위를 하지 않은 것과 같이 볼 수 없고 간접강제결정 발령 후에 행해진 가처분위반행위의 효과가 소급적으로 소멸하는 것도 아니므로, 채무자는 간접강제결정 발령 후에 행한 의무위반행위에 대하여 배상금의 지급의무를 면하지 못하고 채권자는 위반행위에 상응하는 배상금의 추심을 위한 강제집행을 할 수 있다. 채권자가 부작위채무에 대한 간접강제결정을 집행권원으로 하여 강제집행을 하기 위하여는 집행문을 받아야 하는데, 채무자의 부작위의무위반은 부작위채무에 대한 간접강제결정의 집행을 위한 조건에 해당하므로 민사집행법 제30조 제2항에 의하여 채권자가 조건의 성취를 증명하여야 집행문을 받을 수 있다. 그리고 집행문부여 요건인 조건의 성취 여부는 집행문부여와 관련된 집행문부여의 소 또는 집행문부여에 대한 이의의 소에서 주장·심리되어야 할 사항이지, 집행권원에 표시되어 있는 청구권에 관하여 생긴 이의를 내세워 집행권원이 가지는 집행력의 배제를 구하는 청구이의의 소에서 심리되어야 할 사항은 아니다. 따라서 부작위채무에 대한 간접강제결정의 집행력 배제를 구하는 청구이의의 소에서 채무자에게 부작위의무위반이 없었다는 주장을 청구이의사유로 내세울 수 없다.[74]

5. 집행권원상의 의사표시를 하여야 하는 채무가 반대급부 이행 등 조건이 붙은 경우에는 채권자가 조건 등의 성취를 증명하여 재판장의 명령에 의하여 집행문을 받아야만 의사표시 의제의 효과가 발생한다. 따라서 반대급부 이행 등 조건이 성취되지 않았는데도 등기신청의 의사표시를 명하는 판결 등 집행권원에 집행문이 잘

74) 대법원 2012. 4. 13. 선고 2011다92916 판결

못 부여된 경우에는 그 집행문부여는 무효이나, 이러한 집행문부여로써 강제집행이 종료되고 더 이상의 집행 문제는 남지 않는다는 점을 고려하면 집행문부여에 대한 이의신청이나 집행문부여에 대한 이의의 소를 제기할 이익이 없으므로, 채무자로서는 집행문부여에 의하여 의제되는 등기신청에 관한 의사표시가 무효라는 것을 주장하거나 그에 기초하여 이루어진 등기의 말소 또는 회복을 구하는 소를 제기하여야 한다.[75]

6. 채권자의 집행문 부여의 소에 대응하여 채무자가 집행문 부여시에 증명된 조건의 성취 또는 당사자의 승계라는 사유를 다투어 집행문의 부여에 관한 위법을 주장하여 제기하는 소를 채무자의 집행문부여에 대한 이의의 소라 한다. 집행문부여에 대한 이의의 소는 조건의 불성취와 당사자 승계의 부존재만이 사유가 될 수 있다(민사집행법 제45조). 그 외 사유는 집행문부여에 대한 이의신청만이 가능하다. 집행문에 표시된 채무자가 집행문부여에 대한 이의의 소에서 원고가 되며, 집행문에 표시된 채권자가 피고가 된다. 조건의 성취와 승계사실의 입증책임은 채권자인 피고에게 있

---

75) 대법원 2012. 3. 15. 2011다73021 [토지 2/5 지분 소유권자인 갑이 나머지 3/5 지분 소유권자인 을을 상대로 제기한 공유물분할청구소송에서 '을은 갑에게서 매매대금을 지급받음과 동시에 갑에게 3/5 지분에 관하여 소유권이전등기절차를 이행한다'는 내용의 조정에 갈음하는 결정이 확정되었는데, 갑이 을에게 반대의무를 이행하지 않았고 재판장의 명령이 없었음에도 위 결정 정본에 집행문이 부여되어 갑 명의로 을 지분에 관한 이전등기가 경료되고, 이후 이를 기초로 병 등 명의로 소유권일부이전등기 등이 경료된 사안에서, 갑이 위 결정에 기하여 을의 3/5 지분에 관하여 소유권이전등기절차를 마치기 위하여는 동시이행관계에 있는 자신의 반대의무인 금전지급채무가 이행되었음을 증명하여 집행문을 부여받아야 하는데, 갑의 금전지급채무가 이행되지도 않았음에도 발급된 집행문부여는 그 자체가 무효이고 그에 따른 을의 3/5 지분 이전에 관한 의사진술의 효과도 발생하지 아니하므로, 위 결정에 기하여 3/5 지분에 관하여 갑 앞으로 경료된 등기는 원인 없는 등기로서 무효이고 원인 무효인 위 등기를 기초로 마쳐진 병 등 명의의 등기들도 모두 무효라는 이유로, 병 등은 을에게 을 지분에 관하여 마쳐진 등기의 말소등기절차를 이행할 의무가 있다고 본 원심판단을 정당하다고 한 사례]

다. 이 소는 강제집행을 계속하여 진행하는 데에는 영향을 미치지 아니한다(민사집행법 제46조 제1항). 이의를 주장한 사유가 법률상 정당한 이유가 있다고 인정되고, 사실에 대한 소명이 있을 때에는 수소법원은 당사자의 신청에 따라 판결이 있을 때까지 담보를 제공하게 하거나 담보를 제공하게 하지 아니하고 강제집행을 정지하도록 명할 수 있으며, 담보를 제공하게 하고 그 집행을 계속하도록 명하거나 실시한 집행처분을 취소하도록 명할 수 있다(민사집행법 제46조 제2항). 집행문 부여에 대한 이의의 소는 집행문이 부여된 후 강제집행이 종료될 때까지 제기할 수 있는 것으로서 강제집행이 종료된 이후에는 이를 제기할 이익이 없는 것인바, 집행력 있는 채무명의에 터잡아 집행채권의 일부에 관하여 채권의 압류 및 전부명령이 발하여진 경우에 전부명령에 포함된 집행채권과 관련하여서는 그 전부명령의 확정으로 집행절차가 종료하게 되므로 그 부분에 관한 한 집행문 부여에 대한 이의의 소를 제기할 이익이 없다 할 것이나, 전부명령에 포함되지 아니하여 만족을 얻지 못한 잔여 집행채권 부분에 관하여는 아직 압류사건이 존속하게 되므로 강제집행절차는 종료되었다고 볼 수 없고, 한편 추심명령의 경우에는 그 명령이 발령되었다고 하더라도 그 이후 배당절차가 남아 있는 한 아직 강제집행이 종료되었다고 할 수 없다.[76] 승계집행문은 판결에 표시된 채무자의 포괄승계인이나 판결에 기한 채무를 특정하여 승계한 자에 대한 집행을 위하여 부여하는 것인데, 이와 같은 강제집행절차에서는 권리관계의 공권적인 확정 및 그 신속·확실한 실현을 도모하기 위하여 절차의 명확·안정을 중시하여야 하므로, 기초되는 채무가 판결에 표시된 채무자 이외의 자가 실질적으로 부담하여야 하는 채무라거나 채무가 발생하는 기초적인 권리관계가 판결에 표시된 채무자 이외의

76) 대법원 2003. 2. 14. 선고 2002다64810 판결

자에게 승계되었다고 하더라도, 그 자가 판결에 표시된 채무자의 포괄승계인이거나 판결상의 채무 자체를 특정하여 승계하지 아니한 이상, 그 자에 대하여 새로이 채무의 이행을 소구하는 것은 별론으로 하고, 판결에 표시된 채무자에 대한 판결의 기판력 및 집행력의 범위를 채무자 이외의 자에게 확장하여 승계집행문을 부여할 수는 없으며, 승계집행문 부여에 대한 이의의 소에서 승계사실에 대한 증명책임은 채권자인 피고에게 있다.[77]

제3절 형성의 소

Ⅰ. 법률에서 특정한 권리 또는 법률관계의 변동을 구하는 내용의 소를 제기할 수 있다고 규정한 경우 예컨대 친자관계의 발생을 내용으로 하는 인지청구, 혼인관계의 소멸을 내용으로 하는 이혼청구 등 형성의 소를 제기할 수 있다. 형성의 소는 법률에 소권을 규정한 경우에만 제기할 수 있으므로 부동산을 분배하기로 한 당사자 간 화해계약이 체결되었다 하더라도 법원에 경매를 하여 대금을 분할해줄 것을 요구하는 소를 제기할 수 없는 것이다. 근거규정 없이 제기된 형성의 소는 부적법하여 각하하여야 한다.[78] 형성의 소에는 경계확정의소, 공유물분할의 소, 사해행위취소의 소, 재판상 이혼의 소[79], 주주총회결의취소의 소[80], 청구이의의 소, 제3자이의의 소, 배당이의의 소 등이 있다.

---

77) 대법원 2015. 1. 29. 선고 2012다111630 판결

78) 대법원 1993. 9. 14. 선고 92다35462 판결

79) 소장의 청구취지에 "원고와 피고는 이혼한다"라고 쓴다.

80) 소장의 청구취지에 "피고의 2016. 5. 6. 임시주주총회에서 김덕수를 이사로 선임한 결의를 취소한다"라고 쓴다.

Ⅱ. 형성판결에 의해 새로운 법률관계의 변동이 생긴다. 형성의 소 개념에서 실체법상의 형성권 개념을 도출하여, 해제권・취소권・상계권・추인권・지상물매수청구권 등을 형성권이라고 부르고 있으나, 이러한 형성권들은 형성의 소와 무관하며, 개별 계약에서 발생하는 법률관계에 관한 당사자의 의사표시에 블과하다. 그러한 의사표시를 판결로 구하는 것도 불가능하다. 따라서 실체법상 형성권 개념과 형성의 소를 연결하여 형성의 소를 설명하는 방식[81]은 자연스럽지 않다.

Ⅲ. 토지경계확정의 소

1. 토지경계 확정의 소는 인접한 토지의 경계가 사실상 불분명하여 다툼이 있는 경우에 재판에 의하여 그 경계를 확정하여 줄 것을 구하는 소송이다. 경계확정의 소는 1필지의 토지와 1필지의 토지와의 경계, 즉 지번과 지번 간의 공적인 경계에 관하여 분쟁이 발생한 경우 그 공적인 경계를 비송적으로 확정하고자 하는 형식적 형성소송으로 경계확정의 소의 대상이 되는 경계라고 하는 것은 지번과 지번 간의 공적 경계만을 의미한다. 공적으로 설정 인증된 경계선이라 함은 지적공부에 등록되어 특정되는 단위 토지의 공부상 구획선으로, 도해지적에 있어서는 지적공부에 그려진 일 필지의 구획선을 말하고, 수치지적에 있어서는 수치지적부에 등록된 좌표의 연결을 의미 한다. 경계확정의 소의 목적 및 법적 성격상 사적자치가 허용되는 소유권의 범위를 확정하기 위하여 그 소를 제기하는 것은 허용되지 않는다. 토지경계확정의 소에 원・피고 소유의 내의 지점을 기초점으로 기준으로 방향과 거리・위치를 특정하는 지적도상의 현실의 어느 부분에 해당하는지를 명확하게

81) 이시윤, 전게서, 186면.

표시할 필요가 있고, 당사자가 쌍방이 주장하는 경계선에 기속되지 아니하고 법원이 스스로 진실하다고 인정되는 바에 따라 경계를 확정하여야 한다.[82)]

2. 소장의 청구취지에 "별지 목록 기재 부동산 중 원고 소유의 별지 도면 표시 1, 2, 3, 4, 5, 6, 7, 1의 각 점을 순차로 연결한 선내 '가', '나' 부분 89.5㎡와 피고 소유의 별지 도면 표시 3, 30, 26, 15, 4, 3의 각 점을 순차로 연결한 선내 '다' 부분 52.8㎡와의 경계는 별지 도면 표시 3, 4의 각 점을 직선으로 연결한 선으로 확정한다." 라고 쓴다.

3. 건물의 경계를 정하는 것은 건물 소유권의 범위를 확정하는 소유권확인소송에 의하여야 하고, 토지 경계확정의 소의 대상이 되지 못한다.[83)]

Ⅳ. 공유물분할의 소

1. 공유물분할의 소는 필수적 공동소송으로 원고를 제외한 공유자 전원을 피고로 하여야만 한다. 구분소유적 공유자[84)], 공동명의수탁자[85)] 사이에서는 공유물분할의 소가 허용되지 않는다. 공유물인 토지를 현물분할함에 있어서는 위치, 토지면적, 토질, 이용상황, 환경 등을 종합 고려하여 합리적으로 나눔으로서 분할된 각 부분의 지분 비율상의 교환가치가 같도록 분할하여야 한다.[86)]

---

82) 대법원 1993. 11. 23. 선고 93다41792, 41808 판결
83) 대법원 1997. 7. 8. 선고 96다36517 판결
84) 대법원 1980. 12. 9. 선고 79다634 판결
85) 대법원 1993. 2. 9. 선고 92다37482 판결
86) 대법원 1999. 6. 11. 선고 99다6746 판결

2. 현물분할의 경우 소장의 청구취지에 “별지 목록 기재 대지 중 별지 도면 표시 1, 2, 5, 6, 1의 각 점을 차례로 연결한 선내 (가) 부분 80㎡를 원고의 소유로, 같은 도면 표시 2, 3, 4, 5, 2의 각 점을 순차 연결한 선내 (나)부분을 피고의 소유로 분할한다”라고 쓴다.

3. 경매에 의한 분할의 경우 소장의 청구취지에 “별지 목록 기재 부동산을 경매에 부쳐 그 대금에서 경매비용을 공제한 나머지 금액을 원고에게 5분의 2, 피고에게 5분의3의 각 비율로 배당한다”라고 쓴다.

V. 사해행위취소의 소

1. 사해행위취소의 소는 채권자를 해함을 알면서 행한 채무자의 법률행위를 취소하고, 채무자의 재산을 회복하는 소송으로 그 소권은 민법 제406조가 규정하고 있다. 채무자회생및파산에관한법률이 규정하고 있는 부인권과 같다. 사해행위취소소송의 기원은 로마법이며, 프랑스민법이 규정하고 있는 것을 우리 민법이 도입하였다. 독일의 경우 민법이 아니라 특별법 형태로 규정하고 있다. 사해행위취소소송 본질을 형성의 소와 이행의 소의 결합으로 보는 것이 통설과 판례이다. 채권자취소권은 반드시 재판상 행사하여야 하므로, 채권자취소권에 관한 민법 규정은 사해행위취소소송을 제기할 수 있는 소권을 정하고 있는 것이라 볼 것이다. 사해행위취소소송에서의 피보전채권은 금전채권이나 종류채권임을 요하고, 소유권이전등기청구권과 같은 특정물채권을 피보전채권으로 삼을 수는 없다.87)

87) 대법원 1996. 9. 20. 선고 95다1965 판결

2. 사해행위취소소송의 원고는 채권자이며, 피고는 수익자 또는 전득자이다.[88] 채무자는 소송당사자가 아니므로 피고적격이 없다. 판결의 기판력은 소송당사자 사이에서만 생기므로 원고인 채권자와 피고인 수익자 · 전득자 사이에서만 생긴다. 원상회복만 청구할 수는 없고, 반드시 사해해위의 취소를 함께 청구하여야 한다. 사해행위의 취소의 청구가 민법 제406조 제2항에 정해진 기간 안에 제기되었다면 원상회복 청구를 그 기간이 지난 뒤에도 할 수 있다.[89] 사해행위취소소송은 채권자가 취소원인을 안 날[90]로부터 1년, 법률행위 있은 날로부터 5년 내에 제기하여야 한다(민법 제406조 제2항). 이 기간은 제척기간이다.

3. 채무자의 재산처분행위가 사해행위가 되는지 여부 즉 그로 인하여 채무자의 총 재산의 감소가 초래되어 채권의 공동담보에 부족이 생기게 되는지 여부는 처분행위 당시를 기준으로 판단하여야 하므로, 채무자의 총 재산이나 채권의 담보로 제공된 담보물의 가액은 가액의 하락이 예상되는 등 특별한 사정이 없는 한 재산처분행위 당시의 시가를 주장 · 증명하여야 한다.[91] 채권자의 채권에 보

---

88) 피고는 피보전채권이 소멸시효의 완성으로 소멸하였거나 변제되었다는 항변을 할 수 있다. 소멸시효를 원용할 수 있는 사람은 권리의 소멸에 의하여 직접 이익을 받는 자에 한정되는바, 사해행위취소소송의 상대방이 된 사해행위의 수익자는, 사해행위가 취소되면 사해행위에 의하여 얻은 이익을 상실하고 사해행위취소권을 행사하는 채권자의 채권이 소멸하면 그와 같은 이익의 상실을 면하는 지위에 있으므로, 그 채권의 소멸에 의하여 직접 이익을 받는 자에 해당하는 것으로 보아야 한다(대법원 2007. 11. 29. 선고 2007다54849 판결).

89) 대법원 2001. 9. 4. 선고 2001다14108 판결

90) 대법원 2000. 9. 29. 선고 2000다3262 판결 "취소원인을 안 날이란 채무자가 채권자를 해함을 알면서 사해행위를 한 사실을 알게 된 날을 의미하므로, 단순히 채무자가 법률행위를 한 사실을 아는 것만으로는 부족하다. 채무자가 유일한 재산인 부동산을 매각하여 소비하기 쉬운 금전으로 바꾸는 경우는 채무자의 사해의사가 추정되므로, 채권자가 그 매각사실을 알았다면 특별한 사정이 없는 한 채무자의 사해의사도 알았다고 본다."

91) 대법원 2001. 4. 27. 선고 2000다69026 판결; 대법원 2002. 11. 8. 선고 2002다41589 판결

증인, 연대채무자 등 인적 담보가 붙어 있더라도 채권자에게 반드시 우선변제가 보장되는 것이 아니므로 이들의 자력을 고려하여 채무초과상태를 증명할 필요가 없으며, 연대보증인의 법률행위가 취소대상일 경우 주채무자의 일반적인 자력 또한 고려할 필요가 없다.[92]

4. 염가의 매각은 사해행위에 해당하지만 적정가격으로 매각한 경우는 사해행위가 되지 않는다. 채무자가 채권자 중 한 사람과 통모하여 그 채권자만 우선적으로 채권의 만족을 얻도록 할 의도로 매각한 경우[93]와 매각의 대상이 유일한 재산인 부동산인 경우[94]는 매각가격의 적정성 여부에 상관없이 사해행위에 해당한다. 채무자가 특정채권자에게 채무내용에 따른 변제를 함으로써 다른 채권자의 공동담보가 감소하는 결과가 되는 경우에도 원칙적으로 사해행위가 되지 않는다.[95] 채무자가 특정채권자에게 담보를 제공하는 것은 원칙적으로 사해행위가 되지 아니하나 담보 제공 당시 이미 채무초과상태에 있었다면 특별한 사정이 없는 한 사해행위가 성립한다.[96]

---

92) 대법원 2003. 7. 8. 선고 2003다13246 판결 단일 주채무자 소유의 부동산이 채권자 앞으로 근저당권이 설정되어 있고 그 부동산의 가액 및 채권최고액이 당해 채무액을 초과하여 채무 전액에 대하여 채권자에게 우선변제권이 확보되어 있다면, 연대보증인이 자신의 유일한 재산을 처분하더라도 사해행위에 해당되지 아니한다(대법원 2000. 12. 8. 선고 2000다21017 판결).

93) 대법원 1995. 6. 30. 선고 94다14582 판결

94) 대법원 1998. 4. 14. 선고 97다54420 판결; 대법원 1999. 4. 9. 선고 99다2515 판결; 대법원 2001. 4. 24. 선고 2000다41875 판결

95) 대법원 2001. 4. 10. 선고 2000다66034 판결

96) 대법원 2000. 4. 25. 선고 99다55656 판결; 2002. 4. 12. 선고 2000다43352 판결; 그러나 자금난으로 사업을 계속 추진하기 어려운 상황에 처한 채무자가 자금을 융통하여 사업을 계속 추진하기 위하여 담보를 제공한 경우 사해행위가 부정될 여지가 있다(대법원 2001. 5. 8. 선고 2000다66089 판결).

5. 채권자취소소송의 피고인 수익자 또는 전득자는 자신이 사해행위 당시에 채무자의 행위가 원고 등의 일반채권자를 해한다는 것을 알지 못하였다는(선의였다는) 사실을 항변할 수 있다. 선의 여부의 판단시기는 수익자는 채무자와 법률행위 당시이고, 전득자는 전득 당시이므로 채무자와의 법률행위 당시나 전득 당시 선의였다면 그 후 사해사실을 알게 되었더라도 채권자취소권은 성립되지 아니한다. 수익자 또는 전득자가 악의가 없었다는 점에 대한 입증책임은 수익자 또는 전득자에게 있다.

처분행위 당시에는 채권자를 해하는 것이었더라도 그 후 채무자가 자력을 회복하거나 채무가 감소하여 사실심 변론종결시에는 채권자를 해하지 않게 된 때에는 채권자취소권이 소멸하므로 이러한 사정변경사실은 채권자취소소송의 피고인 수익자 또는 전득자의 유효한 항변사유가 된다.

6. 사해행위취소로 인한 원상회복으로 가액배상을 하는 경우 그 이행의 상대방은 채권자이어야 한다.[97] 수익자와 전득자가 공동피고가 되어 가액배상을 하는 경우에는 서로 부진정연대관계에 있다.

7. 부동산에 관한 법률행위가 사해행위에 해당하는 경우에는 그 사해행위를 취소하고 소유권이전등기의 말소 등 부동산 자체의 회복을 명하는 것이 원칙이다. 진정명의회복을 원인으로 하여 채무자 앞으로 소유권이전등기절차의 이행을 구하는 것도 가능하다.[98]

8. 소장의 청구취지에 "1. 피고와 소외 甲 사이의 별지 목록 기재 부동산에 관하여 2015. 2. 25. 체결된 매매계약을 취소한다. 2. 피고

97) 대법원 2008. 4. 24. 선고 2007다84352 판결
98) 대법원 2000. 2. 25. 선고 99다53704 판결

는 소외 甲에게 위 부동산에 관하여 전주지방법원 2015. 3. 10. 접수 제12458호로 마친 소유권이전등기의 말소등기절차를 이행하라"라고 쓴다.

9. 저당권이 설정되어 있는 부동산에 관하여 사해행위가 이루어진 경우에 그 사해행위는 저당권의 피담보채무액을 공제한 잔액의 범위 내에서만 성립하는 것이고, 따라서 그 잔액 범위에서만 계약을 취소하고, 가액반환을 구하여야한다.[99] 이때 소장의 청구취지에 "1. 피고와 소외 甲 사이에 별지 목록 기재 부동산에 관하여 2015. 3. 6. 체결된 매매계약을 30,000,000원의 한도 내에서 취소한다. 2. 피고는 원고에게 30,000,000원 및 이에 대한 이 판결 확정일 다음날부터 다 갚는 날가지 연 5%의 비율에 의한 금원을 지급하라"라고 쓴다.

10. 여러 명의 채권자가 동시 또는 시기를 달리하여 사해행위취소송을 제기하는 경우 이들 소는 중복제소에 해당하지 않는다. 사해행위취소소송은 가액반환을 포함하더라도, 전체가 이행소송이 아니라 형성소송이므로 사해행위취소 부분과 가액반환 모두에 대해 가집행선고가 허용되지 않는다.

---

99) 채권자의 채권에 대하여 물상담보권 등 우선변제권이 확보되어 있다면 그 범위 내에서는 채무자의 재산처분행위가 있다 하더라도 채권자를 해하지 아니하므로 사해행위가 성립되지 아니하고, 당해 채무액이 담보부동산의 가액 및 차권최고액을 초과하는 경우 그 담보물로부터 우선변제받을 액을 공제한 나머지 채권액에 대하여만 채권자취소권이 인정된다. 담보물이 제3자 소유인 경우에도 공제하여야 한다(대법원 2002. 4. 12. 선고 2000다63912 판결). 이 경우 피보전채권의 존재와 그 범위는 채권자취소권 행사의 한 요건에 해당되므로 피고에게 담보부동산의 가액이 채권액을 초과하여 그 채권이 담보부동산으로 우선변제권이 확보되어 있다는 사실에 대한 주장・증명책임이 있는 것이 아니라, 채권자취소권을 행사하는 원고가 그 담보권의 존재에도 불구하고 자신이 주장하는 피보전채권이 그 우선변제권 범위 밖에 있다는 점을 주장・증명하여야 한다(대법원 2002. 11. 8. 선고 2002다41589 판결).

Ⅵ. 청구이의의 소

1. 청구이의의 소는 집행권원의 성립절차와 집행절차를 분리하고 있는 제도에서 실체적 권리상태를 제대로 반영하지 않는 집행권원의 집행력을 배제하여 집행을 막는 구제방법이다.[100] 청구이의의 소의 성질에 관하여 통설과 판례는 집행권원의 집행력 배제를 발생시키는 이의권을 소송물로 하는 형성의 소라고 한다.[101] 채무자가 판결에 따라 확정된 청구에 관하여 이의하려면 제1심 판결법원에 청구에 관한 이의의 소를 제기하여야 한다(민사집행법 제44조 제1항). 청구이의의 소는 그 이유가 변론이 종결된 뒤(변론 없이 한 판결의 경우에는 판결이 선고된 뒤)에 생긴 것이어야 한다(민사집행법 제44조 제2항). 이 소는 강제집행을 계속하여 진행하는 데에는 영향을 미치지 아니한다(민사집행법 제46조 제1항). 이의를 주장한 사유가 법률상 정당한 이유가 있다고 인정되고, 사실에 대한 소명이 있을 때에는 수소법원은 당사자의 신청에 따라 판결이 있을 때까지 담보를 제공하게 하거나 담보를 제공하게 하지 아니하고 강제집행을 정지하도록 명할 수 있으며, 담보를 제공하게 하고 그 집행을 계속하도록 명하거나 실시한 집행처분을 취소하도록 명할 수 있다(민사집행법 제46조 제2항). 이의이유가 여러 가지인 때에는 동시에 주장하여야 한다.

2. 판결이 집행권원인 경우 소장의 청구취지에 "피고의 원고에 대한 서울지방법원 2015. 8. 4. 선고 2015가단2458 판결에 기한 강제집행을 불허한다"라고 쓴다. 집행증서가 집행권원인 경우 소장의 청구취지에 "피고의 원고에 대한 전주지방검찰청 소속 공증인 갑이

---

100) 사법연수원, 「민사집행법」, 사법연수원 출판부(2011), 91면.
101) 사법연수원, 「민사실무Ⅱ」, 사법연수원 출판부(2013), 135면.

2015. 4. 6. 작성한 2015년 증서 제2345호 금전소비대차계약 공정증서에 기초한 강제집행을 불허한다"라고 쓴다. 청구취지에 "피고의 원고에 대한 서울지방법원 2015. 8. 4. 선고 2015가단2458 판결에 기초하여 별지 목록 기재 물건에 대하여 강제집행을 불허한다"라고 쓰면 안 된다. 개개의 개별적 집행행위에 대한 청구이의의 소는 허용되지 않고 각하되기 때문이다.[102]

3. 청구 이의의 이유에는 변제, 대물변제, 경개, 소멸시효 완성[103], 면제, 포기, 상계, 공탁[104], 화해, 채무자의 책임 없는 사유로 발생한 이행불능, 청구권의 양도, 청구권에 대한 전부명령의 확정, 면책적 채무인수, 부집행의 합의, 한정승인[105], 권리남용[106] 등이 대표적

---

102) 대법원 1971. 12. 28. 선고 71다1008 판결

103) 그러나 변론종결 전에 이미 소멸시효가 완성되어 있었기 때문에 이를 주장할 수 있었음에도 이를 주장하지 않고 있다가 변론종결 후에 이를 이유로 청구이의의 소를 제기할 수 있는지에 대하여는 부정적으로 보는 견해가 다수이다.

104) 대법원 2008. 7. 10. 선고 2008다10051 판결 "채무자가 공탁원인이 있어서 공탁에 의하여 그 채무를 면하려면 채무액 전부를 공탁하여야 할 것이고, 일부의 공탁은 그 채무를 변제함에 있어서 일부의 제공이 유효한 제공이라고 시인될 수 있는 특별한 사정이 있는 경우를 제외하고는 채권자가 이를 수락하지 아니하는 한 그에 상응하는 효력을 발생할 수 없다고 할 것이다. 소송비용액확정결정에 따른 소송비용액 상환의무는 소송비용액확정결정이 확정됨으로써 비로소 이행기가 도래하고, 채무자가 그 이행기가 도래하였음을 안 때로부터 지체책임을 진다고 할 것이다. 채무자가 1개 또는 수개의 채무의 비용 및 이자를 지급할 경우에 변제자가 그 전부를 소멸하게 하지 못한 급여를 한 때에는 비용, 이자, 원본의 순서로 변제에 충당하여야 하고, 강제집행에 필요한 비용은 채무자가 부담하고 그 집행에 의하여 우선적으로 변상을 받는 것이므로 금전의 지급을 명한 집행권원에 더하여는 그 집행비용을 변상하지 아니하는 한 그 집행력 전부의 배제를 구할 수 없다고 할 것이다."

105) 대법원 2006. 10. 13. 선고 2006다23138 판결 "한정승인에 의한 책임의 제한은 상속채무의 존재 및 범위의 확정과는 관계가 없고 다만 판결의 집행대상을 상속재산의 한도로 한정함으로써 판결의 집행력을 제한할 뿐이다. 특히 채권자가 피상속인의 금전채무를 상속한 상속인을 상대로 그 상속채무의 이행을 구하여 제기한 소송에서 채무자가 한정승인 사실을 주장하지 않으면, 책임의 범위는 현실적인 심판대상으로 등장하지 아니하여 주문에서는 물론 이유에서도 판단되지 않는 것이므로 그에 관하여는 기판력이 미치지 않는다. 그러므로 채무자가 한정승인을 하고도 채권자가 제기한 소송의 사실심 변론종결시까지 그 사실을 주장하지 아니하는 바람에 책임의

이다. 확정판결과 달리 기판력이 없는 집행증서, 확정된 지급명령, 확정된 이행권고결정의 경우에는 사회질서 위반, 대리권의 흠, 불공정 법률행위 등 사유도 이의이유가 된다.[107] 채무자의 의사의 진술을 구하는 소송은 판결이 확정되면, 채무자가 의사를 진술한 것과 동일한 효력이 발생하는 것이므로 강제집행은 이로써 완료되는 것이고 집행기관에 의한 별도의 집행절차가 필요한 것이 아

범위에 관하여 아무런 유보가 없는 판결이 선고되어 확정되었다고 하더라도, 채무자는 그 후 위 한정승인 사실을 내세워 청구에 관한 이의의 소를 제기하는 것이 허용된다고 봄이 옳다." 그러나 상속포기의 경우에는 청구이의의 소를 제기할 수 없다. 대법원 2009. 5. 28. 2008다79876 "채무자가 한정승인을 하였으나 채권자가 제기한 소송의 사실심 변론종결시까지 이를 주장하지 아니하는 바람에 책임의 범위에 관하여 아무런 유보 없는 판결이 선고·확정된 경우라 하더라도 채무자가 그 후 위 한정승인 사실을 내세워 청구에 관한 이의의 소를 제기하는 것이 허용되는 것은, 한정승인에 의한 책임의 제한은 상속채무의 존재 및 범위의 확정과는 관계없이 다만 판결의 집행 대상을 상속재산의 한도로 한정함으로써 판결의 집행력을 제한할 뿐으로, 채권자가 피상속인의 금전채무를 상속한 상속인을 상대로 그 상속채무의 이행을 구하여 제기한 소송에서 채무자가 한정승인 사실을 주장하지 않으면 책임의 범위는 현실적인 심판대상으로 등장하지 아니하여 주문에서는 물론 이유에서도 판단되지 않는 관계로 그에 관하여는 기판력이 미치지 않기 때문이다. 위와 같은 기판력에 의한 실권효 제한의 법리는 채무의 상속에 따른 책임의 제한 여부만이 문제되는 한정승인과 달리 상속에 의한 채무의 존재 자체가 문제되어 그에 관한 확정판결의 주문에 당연히 기판력이 미치게 되는 상속포기의 경우에는 적용될 수 없다."

106) 대법원 2006. 7. 6. 선고 2004다17436 판결 "확정판결에 의한 권리라고 하더라도 신의에 좇아 성실히 행사되어야 하고 그 판결에 기한 집행이 권리남용이 되는 경우에는 허용되지 않는 것이므로 집행채무자는 청구이의의 소에 의하여 그 집행의 배제를 구할 수 있다고 할 것인바, 확정판결의 내용이 실체적 권리관계에 배치되는 경우 그 판결에 의하여 집행할 수 있는 것으로 확정된 권리의 성질과 그 내용, 판결의 성립 경위 및 판결 성립 후 집행에 이르기까지의 사정, 그 집행이 당사자에게 미치는 영향 등 제반 사정을 종합하여 볼 때, 그 확정판결에 기한 집행이 현저히 부당하고 상대방으로 하여금 그 집행을 수인하도록 하는 것이 정의에 반함이 명백하여 사회생활상 용인할 수 없다고 인정되는 경우에는 그 집행은 권리남용으로서 허용되지 않는다고 할 것이며, 민사집행법 제44조에서 청구에 관한 이의의 소를 규정한 것은 부당한 강제집행이 행하여지지 않도록 하려는 데 있다 할 것이므로, 판결에 의하여 확정된 청구가 그 판결의 변론종결 후에 변경·소멸된 경우뿐만 아니라 판결을 집행하는 자체가 불법한 경우에는 그 불법은 당해 판결에 의하여 강제집행에 착수함으로써 외부에 나타나 비로소 이의의 원인이 된다고 보아야 하기 때문에 이 경우에도 이의의 소를 허용함이 상당하다 할 것이다."

107) 사법연수원, 「민사집행법」, 사법연수원 출판부(2011), 92면.

니므로, 집행절차가 계속됨을 전제로 하여 그 채무명의가 가지는 집행력의 배제를 구하는 청구이의의 소는 허용될 수 없다.[108] 항소심 계속 중에 가집행 선고 있는 판결에 의하여 지급한 것은 변론종결 후 변제에 해당하므로, 청구이의의 이유가 된다.[109]

4. 청구이의의 소는 집행권원이 가지는 집행력의 배제를 목적으로 하는 것으로서 청구이의의 소의 판결이 확정되더라도 당해 집행권원의 원인이 된 실체법상 권리관계에 관하여 기판력이 미치지 않으므로, 채무자가 채권자에 대하여 채무부담행위를 하고 그에 관하여 강제집행승낙문구가 기재된 공정증서를 작성하여 주었으나, 그 공정증서에 관한 청구이의의 소를 제기하지 않고 그 공정증서의 작성원인이 된 채무에 관하여 채무부존재확인의 소를 제기한 경우 채무자의 목적이 오로지 공정증서의 집행력 배제에 있다고 할 수 없는 이상 청구이의의 소를 제기할 수 있다는 사정만으로

108) 대법원 1995. 11. 10. 95다37568 "대지에 대한 수분양자 명의변경 절차의 이행을 소구함은 채무자의 의사의 진술을 구하는 소송으로서 그 청구를 인용하는 판결이 선고되고 그 소송이 확정되었다면, 그와 동시에 채무자가 수분양자 명의변경 절차의 이행의 의사를 진술한 것과 동일한 효력이 발생하는 것이므로 위 확정판결의 강제집행은 이로써 완료되는 것이고 집행기관에 의한 별도의 집행절차가 필요한 것이 아니므로, 특별한 사정이 없는 한 위 확정판결 이후에 집행절차가 계속됨을 전제로 하여 그 채무명의가 가지는 집행력의 배제를 구하는 청구이의의 소는 허용될 수 없다."

109) 대법원 1995. 6. 30. 95다15827 "원고는 제1심 판결이 인용한 금액에 상당하는 채무가 있음을 스스로 인정하고 이에 대한 확정적 변제행위로 위 공사금채권에 대하여 추심권을 취득한 대한민국에게 위 금원을 지급한 것이 아니라, 제1심 판결이 인용한 지연손해금의 확대를 방지하고 위 판결에 붙은 가집행선고에 기한 강제집행을 면하기 위하여 위와 같이 추심권을 취득한 대한민국에게 위 금원을 지급한 것으로 봄이 상당하고, 이와 같이 제1심 판결에 붙은 가집행선고에 의하여 지급된 금원은 확정적으로 변제의 효과가 발생하는 것이 아니어서 원고가 위와 같은 금원의 지급 사실을 항소심에서 주장하더라도 항소심은 그러한 사유를 참작하지 아니하므로, 위와 같은 금원 지급에 의한 위 공사대금채권의 소멸의 효과는 위 판결이 확정된 때에 비로소 발생한다고 할 것이며, 따라서 원고가 위와 같이 금원을 지급하였다는 사유는 위 공사대금 청구 소송의 확정판결의 집행력을 배제하는 적법한 청구이의 사유가 된다고 할 것이다."

채무부존재확인소송이 확인의 이익이 없어 부적법하다고 볼 것은 아니다.[110)]

5. 집행증서상 청구권은 의무의 단순 이행을 내용으로 하는 것인데 그 청구권이 반대의무의 이행과 상환으로 이루어져야 하는 동시이행관계에 있으므로 집행증서에 기한 집행이 불허되어야 한다는 주장은, 집행증서상으로는 단순 이행의무로 되어 있는 청구권이 반대의무와 동시이행관계의 범위 내에서만 집행력이 있고 그것을 초과하는 범위에서의 집행력은 배제되어야 한다는 것을 의미한다. 따라서 이러한 사유는 본래 집행권원에 표시된 청구권의 변동을 가져오는 청구이의의 소의 이유가 된다. 그리고 이러한 사유를 이유로 하는 청구이의의 소에 관한 재판에서 집행권원상의 청구권과 동시이행관계에 있는 반대의무의 존재가 인정되는 경우, 법원으로서는 본래의 집행권원에 기한 집행력의 전부를 배제하는 판결을 할 것이 아니라 집행청구권이 반대의무와 동시이행관계에 있음을 초과하는 범위에서 집행력의 일부 배제를 선언하는 판결을 하여야 한다.[111)]

Ⅶ. 제3자이의의 소

1. 제3자가 강제집행의 목적물에 대하여 소유권이 있다고 주장하거나 목적물의 양도나 인도를 막을 수 있는 권리가 있다고 주장하는 때에는 채권자를 상대로 그 강제집행에 대한 이의의 소를 제기할 수 있다. 다만, 채무자가 그 이의를 다투는 때에는 채무자를 공동피고로 할 수 있다(제48조 제1항). 제3자이의의 소는 청구이의의

110) 대법원 2013. 5. 9. 2012다4381
111) 대법원 2013. 1. 10. 2012다75123,75130

소와 달리 집행권원 자체의 집행력의 배제를 구하는 소가 아니라 개개의 구체적인 집행행위 내지 집행처분의 배제를 구하는 소이다.[112] 제3자이의의 소는 집행법원이 관할한다. 다만, 소송물이 단독판사의 관할에 속하지 아니할 때에는 집행법원이 있는 곳을 관할하는 지방법원의 합의부가 이를 관할한다(제48조 제2항).

2. 판결에 의한 경매의 경우 소장의 청구취지에 "피고가 소외 김덕수에 대한 전주지방법원 2014. 11. 12. 선고 2014가합1547 판결의 집행력 있는 정본에 기초하여 2015. 8. 21. 별지 목록 기재 물건에 대하여 한 강제집행을 불허한다"라고 쓴다. 담보권실행을 위한 경매의 경우 소장의 청구취지에 "피고가 별지 제1목록 기재 부동산에 관한 전주지방법원 완산등기소 2014. 1. 5. 접수 제1245호 마친 근저당권설정등기에 기하여 2016. 5. 4. 별지 제2목록 기재 부동산에 대하여 한 담보권실행을 위한 경매를 불허한다"라고 쓴다.

3. 강제집행은 채무자의 책임재산만을 대상으로 하여야 한다. 하지만 집행기관은 외관에 따라서만 책임재산 여부를 판단하기 때문에 채무자의 책임재산이 아닌 제3자가 권리를 가지고 있는 재산에 강제집행이 되는 경우가 발생한다. 이러한 경우 제3자가 채권자의 강제집행을 다투는 절차가 제3자이의의 소이다. 제3자가 소유권을 주장하여 제3자이의의 소를 제기한 경우에 있어서 선고하는 판결은 제3자의 집행이의권의 존부를 확정하는 것이고 제3자의 소유권의 존부를 확정하는 것은 아니므로 피고의 원고에 대한 목적물에 대한 제3자이의의 소에서 피고가 패소확정되었다 하더라도 그 것 때문에 목적물에 대한 피고의 소유권이 없다는 기판력이 생기는 것은 아니다.[113]

---

112) 사법연수원, 「민사실무Ⅱ」, 사법연수원 출판부(2013), 140면.

4. 강제집행에 대한 제3자 이의의 소는 이미 개시된 집행목적물에 대하여 소유권 기타 목적물의 양도나 인도를 저지하는 권리를 주장함으로써 그에 대한 집행의 배제를 구하는 것이니만큼 그 소의 원인이 되는 권리는 집행채권자에 대항할 수 있는 것이어야 할 것인바, 집행목적물인 이 사건 토지에 관하여 매매로 인한 소유권이전등기절차를 이행할 의무가 있다는 이유만으로 제3자 이의의 소에 의한 청구를 인용할 수 없다.[114] 채무자 소유의 집행목적물에 대하여 제3자가 계약에 기한 채권적 청구권만을 근거로 제3자이의의 소를 제기할 수 없다. 그러나 양도담보권자는 제3자에 대하여 소유권을 주장할 수 있는 지위를 가지므로 제3자이의의 소를 제기할 수 있다.[115] 지상권, 전세권, 유치권 등은 인도를 막을 수 있는 권리로서 이러한 권리를 침해하는 집행에 대하여 제3자이의의 소를 제기할 수 있다. 그러나 부동산강제경매에서는 점유사용이 방해받는 경우가 될 수 없기 때문에 제3자이의의 소를 제기할 수 없다. 공유권자 중 1인에 대한 집행권원으로써 공유물 전부에 대하여 집행이 행하여진 때는 다른 공유자는 제3자이의의 소를 제기할 수 있다. 그러나 부부 공유 유체동산에 대하여 압류가 행하여 진 경우에는 한쪽 배우자가 제3자이이의 소를 제기할 수는 없다.

5. 제3자이의의 소는 모든 재산권을 대상으로 하는 집행에 대하여 적용되는 것이므로, 금전채권에 대하여 압류 및 추심명령이 있은 경우에 집행채무자 아닌 제3자가 자신이 진정한 채권자로서 자신의 채권의 행사에 있어 압류 등으로 인하여 사실상 장애를 받았다면 그 채권이 자기에게 귀속한다고 주장하여 집행채권자에 대하여

---

113) 대법원 1977. 10. 11. 77다1041

114) 대법원 1980. 1. 29. 79다1223

115) 대법원 1994. 8. 26. 93다44739

제3자이의의 소를 제기할 수 있다. 조합의 채권은 조합원 전원에게 합유적으로 귀속하는 것이어서, 특별한 사정이 없는 한 조합원 중 1인이 임의로 조합의 채무자에 대하여 출자지분의 비율에 따른 급부를 청구할 수 없는 것이므로, 조합원 중 1인의 채권자가 그 조합원 개인을 집행채무자로 하여 조합의 채권에 대하여 강제집행하는 경우, 다른 조합원으로서는 보존행위로서 제3자이의의 소를 제기하여 그 강제집행의 불허를 구할 수 있다.116)

6. 제3자이의의 소는 등기청구권을 포함하여 모든 재산권을 대상으로 하는 집행에 대하여 적용되는 것이므로, 등기청구권에 대하여 압류명령이 있은 경우에 집행채무자 아닌 제3자가 자신이 진정한 등기청구권의 귀속자로서 자신의 등기청구권의 행사에 있어 위 압류로 인하여 장애를 받는 경우에는 그 등기청구권이 자기에게 귀속함을 주장하여 집행채권자에 대하여 제3자이의의 소를 제기할 수 있다.117)

7. 대지 소유권에 기한 방해배제청구로서 그 지상건물의 철거를 구하여 승소확정판결을 얻은 경우 그 지상건물에 관하여 위 확정판결의 변론종결 전에 경료된 소유권이전청구권가등기에 기하여 위 확정판결의 변론종결 후에 소유권이전등기를 경료한 자가 있다면 그는 민사소송법 제204조 제1항의 변론종결 후의 승계인이라 할 것이어서 위 확정판결의 기판력이 미친다. 제3자이의의 소의 원고적격은 집행의 목적물에 대하여 양도 또는 인도를 저지할 권리가 있음을 주장하는 제3자에게 있고, 제3자란 채무명의 또는 집행문에 채권자, 채무자 또는 그 승계인으로 표시된 자 이외의 자를 말하

116) 대법원 1997. 8. 26. 97다4401

117) 대법원 1999. 6. 11. 98다52995

며, 승계집행문으로 인하여 피고의 승계인으로 표시된 자가 그 채무명의의 집행력의 배제를 구하는 소는 제3자이의의 소라 할 수 없다.[118)]

Ⅷ. 배당이의의 소

1. 집행력 있는 집행권원의 정본을 가지지 아니한 채권자(가압류채권자를 제외한다)에 대하여 이의한 채무자와 다른 채권자에 대하여 이의한 채권자는 배당이의의 소를 제기하여야 한다(민사집행법 제154조 제1항). 집행력 있는 집행권원의 정본을 가진 채권자에 대하여 이의한 채무자는 청구이의의 소를 제기하여야 한다(민사집행법 제154조 제2항). 배당이의의 소에서 원고적격이 있는 사람은 적법하게 배당이의를 한 채무자 또는 채권자이다. 채무자는 배당기일에 출석하지 않아도 서면으로 이의가 허용되므로, 서면으로 이의한 이상 원고적격이 인정된다. 그러나 채권자는 반드시 배당기일에 출석하여 배당이의를 하여야만 원고적격이 인정된다. 이의한 채권자나 채무자가 배당기일부터 1주 이내에 집행법원에 대하여 위 배당이의의 소를 제기한 사실을 증명하는 서류를 제출하지 아니한 때 또는 위 청구이의의 소를 제기한 사실을 증명하는 서류와 그 소에 관한 집행정지재판의 정본을 제출하지 아니한 때에는 이의가 취하된 것으로 본다(민사집행법 제154조 제3항). 이의한 채권자가 위 1주의 기간을 지키지 아니한 경우에도 배당표에 따른 배당을 받은 채권자에 대하여 소로 우선권 및 그 밖의 권리를 행사하는 데 영향을 미치지 아니한다.[119)]

---

118) 대법원 1992. 10. 27. 92다10883

119) 대법원 2006. 9. 28. 2004다68427 "경매신청기입등기 전에 등기된 근저당권자는 경락으로 인하여 그 권리가 소멸하는 대신 별도로 배당요구를 하지 않더라도 그 순위에 따라 경락대금에서 우선변제를 받을 수 있어 당연히 배당요구를 한 것과 같은

2. 배당이의의 소는 배당을 실시한 집행법원이 속한 지방법원의 관할로 한다. 다만, 소송물이 단독판사의 관할에 속하지 아니할 경우에는 지방법원의 합의부가 이를 관할한다(민사집행법 제156조 제1항). 여러 개의 배당이의의 소가 제기된 경우에 한 개의 소를 합의부가 관할하는 때에는 그 밖의 소도 함께 관할한다(민사집행법 제156조 제2항). 배당이의의 소에 대한 판결에서는 배당액에 대한 다툼이 있는 부분에 관하여 배당을 받을 채권자와 그 액수를 정하여야 한다. 이를 정하는 것이 적당하지 아니하다고 인정한 때에는 판결에서 배당표를 다시 만들고 다른 배당절차를 밟도록 명하여야 한다(민사집행법 제157조). 배당이의한 사람이 배당이의의 소의 첫 변론기일에 출석하지 아니한 때에는 소를 취하한 것으로 본다(민사집행법 제158조). 배당이의의 소에서 첫 변론준비기일에 출석한 원고라 하더라도 첫 변론기일에 불출석하면 제158조에 따라

효력이 있으므로, 그러한 근저당권자가 배당요구를 하지 아니하였다 하여도 배당에서 제외하여서는 아니 되고, 다만 그러한 근저당권자가 경락기일까지 채권계산서를 제출하지 않았다면 특별한 사정이 없는 한 경매법원은 등기부등본에 기재된 채권최고액을 현실의 채권액으로 보아 배당함이 상당하다고 할 것이다. 위 법리를 기초로 원심판결 이유를 기록과 대조하여 보면, 원심이 원고가 선순위근저당권에 기하여 경매신청을 하면서 그 경매신청서에 청구금액을 '22억 원'이라고 기재한 이상 그 선순위근저당권의 채권최고액이 80억 원이고, 경매절차 진행중 채권액을 확장하는 내용의 채권계산서를 제출하였다고 하여 청구금액이 확장되는 것은 아니어서 경매법원으로서는 선순위근저당권자(경매신청채권자)의 지위에 있는 원고에게 청구금액 22억 원만을 배당하는 경우에도, 원고는 다른 한편으로 이 사건 경매개시결정등기 전에 등기된 후순위근저당권자이기도 하므로, 원고가 그 근저당권에 기해서는 배당요구를 하지 않았다고 하여도 그 근저당권자로서의 원고를 배당에서 제외하여서는 아니 되고, 따라서 경매법원으로서는 선순위근저당권자로서의 원고에게 22억 원을 배당하고 남은 잔액 237,196,633원을 피고들의 조세채권에 그 배당순위가 앞서는 후순위근저당권자로서의 원고에게 배당하였어야 할 것이라고 판단한 것은 정당하고, 거기에 민사집행에 관한 어떠한 법리오해의 위법도 없다. 이를 다투는 피고 천안시의 상고논지는 받아들일 수 없다. 확정된 배당표에 의하여 배당을 실시하는 것은 실체법상의 권리를 확정하는 것이 아니므로 배당을 받아야 할 자가 배당을 받지 못하고 배당을 받지 못할 자가 배당을 받은 경우에는 배당에 관하여 이의를 한 여부 또는 형식상 배당절차가 확정되었는가의 여부에 관계없이 배당을 받지 못한 우선채권자에게 부당이득반환청구권이 있다."

서 소를 취하한 것으로 본다.[120]

3. 소장의 청구취지에 "전주지방법원 2015타경1547호 부동산강제경매 사건에 관하여 위 법원이 2015. 2. 4. 작성한 배당표 중 피고에 대한 배당액 20,000,000원을 10,000,000원으로, 원고에 대한 배당액 5,000,000원을 15,000,000원으로 경정한다"라고 쓴다.

4. 소멸주의에 따른 경매절차에서는 우선채권자나 일반채권자의 배당요구와 배당을 인정하므로 그 절차에서 작성된 배당표에 대하여 배당이의의 소를 제기하는 것이 허용되지만, 인수주의에 따른 경매절차에서는 배당요구와 배당이 인정되지 아니하고 배당이의의 소도 허용되지 아니한다.[121]

5. 배당이의소송에 있어서의 배당이의사유에 관한 증명책임도 일반 민사소송에서의 증명책임 분배의 원칙에 따라야 하므로, 원고가 피고의 채권이 성립하지 아니하였음을 주장하는 경우에는 피고에게 채권의 발생원인사실을 입증할 책임이 있고, 원고가 그 채권이 통정허위표시로서 무효라거나 변제에 의하여 소멸되었음을 주장하는 경우에는 원고에게 그 장애 또는 소멸사유에 해당하는 사실을 증명할 책임이 있다.[122]

6. 배당이의의 소 판결의 효력은 채권자가 소를 제기한 경우에는 원고와 피고 당사자 사이에서만 미친다. 그러나 채권자가 제기한 배당이의의 소의 본안판결이 확정된 때에는 이의가 있었던 배당액에 관한 실체적 배당수령권의 존부의 판단에 기판력이 생긴다.[123]

---

120) 대법원 2007. 10. 25. 2007다34876

121) 대법원 2014. 1. 23. 2011다83691

122) 대법원 2007. 7. 12. 2005다39617

7. 근저당권설정계약을 사해행위로서 취소하는 경우 경매절차가 진행되어 타인이 소유권을 취득하고 근저당권설정등기가 말소되었다면 원물반환이 불가능하므로 가액배상의 방법으로 원상회복을 명할 것인바, 이미 배당이 종료되어 수익자가 배당금을 수령하였다면 수익자로 하여금 배당금을 반환하도록 명하여야 하고, 배당표가 확정되었으나 채권자의 배당금지급금지가처분으로 인하여 수익자가 배당금을 현실적으로 지급받지 못한 경우에는 배당금지급채권의 양도와 그 채권양도의 통지를 명할 것이나, 채권자가 배당기일에 출석하여 수익자의 배당 부분에 대하여 이의를 하였다면 그 채권자는 사해행위취소의 소와 병합하여 원상회복으로서 배당이의의 소를 제기할 수 있다고 할 것이다. 다만, 이 경우 법원으로서는 배당이의의 소를 제기한 당해 채권자 이외의 다른 채권자의 존재를 고려할 필요 없이 그 채권자의 채권이 만족을 받지 못한 한도에서만 근저당권설정계약을 취소하고 그 한도에서만 수익자의 배당액을 삭제하여 당해 채권자의 배당액으로 경정하여야 할 것이다.[124)]

8. 확정된 배당표에 의하여 배당을 실시하는 것은 실체법상의 권리를 확정하는 것이 아니므로, 배당을 받아야 할 채권자가 배당을 받지 못하고 배당을 받지 못할 자가 배당을 받은 경우에는 배당을

---

123) 대법원 2000. 1. 21. 선고 99다3501 판결 "채권자가 제기한 배당이의의 소의 본안판결이 확정된 때에는 이의가 있었던 배당액에 관한 실체적 배당수령권의 존부의 판단에 기판력이 생긴다고 할 것이고, 위 배당이의의 소에서 패소의 본안판결을 받은 당사자가 그 판결이 확정된 후 상대방에 대하여 위 본안판결에 의하여 확정된 배당액이 부당이득이라는 이유로 그 반환을 구하는 소송을 제기한 경우에는, 전소인 배당이의의 소의 본안판결에서 판단된 배당수령권의 존부가 부당이득반환청구권의 성립 여부를 판단하는 데에 있어서 선결문제가 된다고 할 것이므로, 당사자는 그 배당수령권의 존부에 관하여 위 배당이의의 소의 본안판결의 판단과 다른 주장을 할 수 없고, 법원도 이와 다른 판단을 할 수 없다 할 것이다."

124) 대법원 2004. 1. 27. 2003다6200

받지 못한 채권자로서는 배당에 관하여 이의를 한 여부에 관계없이 배당을 받지 못할 자이면서도 배당을 받았던 자를 상대로 부당이득반환청구권을 갖는다 할 것이고, 배당을 받지 못한 그 채권자가 일반채권자라고 하여 달리 볼 것은 아니다. 배당이의소송은 대립하는 당사자 사이의 배당액을 둘러싼 분쟁을 그들 사이에서 상대적으로 해결하는 것에 지나지 아니하여 그 판결의 효력은 오직 그 소송의 당사자에게만 미칠 뿐이므로, 어느 채권자가 배당이의 소송에서의 승소확정판결에 기하여 경정된 배당표에 따라 배당을 받은 경우에 있어서도, 그 배당이 배당이의소송에서 패소확정판결을 받은 자 아닌 다른 배당요구채권자가 배당받을 몫까지도 배당받은 결과로 된다면 그 다른 배당요구채권자는 위 법리에 의하여 배당이의소송의 승소확정판결에 따라 배당받은 채권자를 상대로 부당이득반환청구를 할 수 있다.[125)]

9. 확정된 배당표에 의하여 배당을 실시하는 것은 실체법상의 권리를 확정하는 것이 아니므로, 배당을 받아야 할 채권자가 배당을 받지 못하고 배당을 받지 못할 자가 배당을 받은 경우에는 배당을 받지 못한 채권자로서는 배당에 관하여 이의를 한 여부에 관계없이 배당을 받지 못할 자이면서도 배당을 받았던 자를 상대로 부당이득반환청구권을 가지며, 배당을 받지 못한 그 채권자가 일반채권자라거나 배당이의 소송에서 승소하여 배당표를 경정한 것이 사해행위 취소판결에 의한 것이라고 하여 달리 볼 것은 아니다. 이 때 배당이의 소송을 통하여 자신이 배당받아야 할 금액보다 초과하여 배당받은 채권자는, 그 초과 부분을 적법하게 배당요구를 하였으나 배당이의 소송에 참여하지 못한 다른 채권자에게 부당이득으로서 반환할 의무가 있을 뿐 사해행위를 한 채무자에게 반

125) 대법원 2007. 2. 9. 2006다39546

환할 의무는 없다.[126]

10. 첫 경매개시결정등기 전에 등기된 가압류채권자로부터 피보전권리를 양수한 채권양수인이 경매법원에 채권신고를 하였으나 배당표가 확정되기 전까지 채권양수사실을 제대로 소명하지 못함에 따라 가압류채권자에게 배당된 경우에, 다른 배당참가 채권자가 가압류채권자의 피보전권리는 채권양수인에게 양도되어 이미 소멸하였다는 이유로 가압류채권자에게 배당된 금액에 대하여 배당이의를 제기하고 배당이의의 소를 통해 가압류채권자에게 배당된 금액을 배당받는다면 채권양수인은 그 채권자를 상대로 가압류채권자의 배당액에 관하여 부당이득반환청구를 할 수 있다.[127]

11. 집행공탁과 민법의 규정에 의한 변제공탁이 혼합되어 공탁된 이른바 혼합공탁의 경우에 어떠한 사유로 배당이 실시되었고 배당표상의 지급 또는 변제받을 채권자와 금액에 관하여 다툼이 있으면 이를 배당이의의 소라는 단일한 절차에 의하여 한꺼번에 분쟁을 해결함이 타당하므로, 공탁금에서 지급 또는 변제받을 권리가 있음에도 불구하고 지급 또는 변제받지 못하였음을 주장하는 자는 배당표에 배당받는 것으로 기재된 다른 채권자들을 상대로 배당이의의 소를 제기할 수 있다. 따라서 공탁금에서 적법하게 변제받을 지위에 있는 채권자는 배당이의의 소를 통하여 집행채권자들에 대한 배당액 중 변제공탁에 해당하는 부분으로서 배당재단이 될 수 없는 부분을 경정하여 이를 자신에게 배당할 것을 청구할 수 있다. 다만 이 경우에 집행공탁에 의한 정당한 배당재단 부

126) 대법원 2011. 2. 10. 2010다90708

127) 대법원 2012. 4. 26. 2010다94090

분에 대하여는 다른 배당이의의 사유가 없는 한 종전의 배당표에서 정한 집행배당순위에 영향이 없으므로, 집행채권자의 채권이 배당표상의 다른 집행채권자의 채권보다 앞서거나 또는 적어도 동순위이기 때문에 배당이 잘못되지 않았더라도 여전히 배당을 받을 수 있었던 범위에서는 배당액이 유지되어야 하며, 결국 그 배당액을 넘는 범위에 한하여 배당표의 경정이 허용된다.[128)]

Ⅸ. 재심의 소

1. 재심은 확정된 종국판결에 민사소송법이 정한 사유에 해당하는 중대한 흠이 있는 경우에 그 판결의 취소와 사건의 재심판을 구하는 소이다. 그 성질은 형성의 소이다. 재심은 재심을 제기할 판결을 한 법원의 전속관할로 한다(제453조 제1항). 심급을 달리하는 법원이 같은 사건에 대하여 내린 판결에 대한 재심의 소는 상급법원이 관할한다. 다만, 항소심판결과 상고심판결에 각각 독립된 재심사유가 있는 때에는 그러하지 아니하다(제453조 제2항). 대법원의 환송판결은 종국판결이지만, 재심의 대상이 되지 않는다.[129)]

2. 종국판결에 대한 재심의 소는 민사소송법 제451조 소정의 사유[130)]가 있은 때에 한하여 허용되는 것이고, 재심원고가 주장하

---

128) 대법원 2014. 11. 13. 선고 2012다117461 판결

129) 대법원 1995. 2. 14. 선고 93재27,34 전원합의체 판결

130) 민사소송법 제451조(재심사유) ① 다음 각호 가운데 어느 하나에 해당하면 확정된 종국판결에 대하여 재심의 소를 제기할 수 있다. 다만, 당사자가 상소에 의하여 그 사유를 주장하였거나, 이를 알고도 주장하지 아니한 때에는 그러하지 아니하다. 1. 법률에 따라 판결법원을 구성하지 아니한 때 2. 법률상 그 재판에 관여할 수 없는 법관이 관여한 때 3. 법정대리권·소송대리권 또는 대리인이 소송행위를 하는 데에 필요한 권한의 수여에 흠이 있는 때. 다만, 제60조 또는 제97조의 규정에 따라 추인한 때에는 그러하지 아니하다. 4. 재판에 관여한 법관이 그 사건에 관하여 직무에 관한 죄를 범한 때 5. 형사상 처벌을 받을 다른 사람의 행위로 말미암아 자백을 하

는 사유가 이에 해당하지 않으면 재심의 소를 각하하여야 한다.[131)]

3. 원고승소판결에 대한 재심을 구하는 경우 소장의 청구취지에 "1. 귀원이 2015가합1258 소유권이전등기청구사건에 관하여 2015. 5. 21. 선고한 판결은 이를 취소한다. 2. 원고(재심피고)의 청구를 기각한다."라고 쓴다. 원고패소판결에 대한 재심을 구하는 경우 소장의 청구취지에 "1. 재심대상판결을 취소한다. 2. 1심 판결 중 원고(재심원고) 패소 부분을 취소한다. 3. 원고(재심원고)에게, 피고(재심피고)는 별지 목록 기재 건물을 명도하라."라고 쓴다. 준재심의 경우 소장의 청구취지에 "1. 서울지방법원 2015가단1548 건물명도사건에 관하여 2015. 3. 20. 작성된 화해조서를 취소한다. 2. 원고(준재심 피고)의 청구를 기각한다."라고 쓴다.

4. 재심기간

재심의 소는 당사자가 판결이 확정된 뒤 재심의 사유를 안 날부터 30

였거나 판결에 영향을 미칠 공격 또는 방어방법의 제출에 방해를 받은 때 6. 판결의 증거가 된 문서, 그 밖의 물건이 위조되거나 변조된 것인 때 7. 증인·감정인·통역인의 거짓 진술 또는 당사자신문에 따른 당사자나 법정대리인의 거짓 진술이 판결의 증거가 된 때 8. 판결의 기초가 된 민사나 형사의 판결, 그 밖의 재판 또는 행정처분이 다른 재판이나 행정처분에 따라 바뀐 때 9. 판결에 영향을 미칠 중요한 사항에 관하여 판단을 누락한 때 10. 재심을 제기할 판결이 전에 선고한 확정판결에 어긋나는 때 11. 당사자가 상대방의 주소 또는 거소를 알고 있었음에도 있는 곳을 잘 모른다고 하거나 주소나 거소를 거짓으로 하여 소를 제기한 때 ② 제1항 제4호 내지 제7호의 경우에는 처벌받을 행위에 대하여 유죄의 판결이나 과태료부과의 재판이 확정된 때 또는 증거부족 외의 이유로 유죄의 확정판결이나 과태료부과의 확정재판을 할 수 없을 때에만 재심의 소를 제기할 수 있다. ③ 항소심에서 사건에 대하여 본안판결을 하였을 때에는 제1심 판결에 대하여 재심의 소를 제기하지 못한다.

민사소송법 제452조(기본이 되는 재판의 재심사유) 판결의 기본이 되는 재판에 제451조에 정한 사유가 있을 때에는 그 재판에 대하여 독립된 불복방법이 있는 경우라도 그 사유를 재심의 이유로 삼을 수 있다.

131) 대법원 1987. 12. 8. 선고 87재다24 판결

일 이내에 제기하여야 한다(제456조 제1항). 판결이 확정된 뒤 5년이 지난 때에는 재심의 소를 제기하지 못한다(제456조 제3항). 재심의 사유가 판결이 확정된 뒤에 생긴 때에는 위 5년의 기간은 그 사유가 발생한 날부터 계산한다(제456조 제4항). 대리권의 흠 또는 제451조 제1항 제10호에 규정한 사항(기판력의 저촉)을 이유로 들어 제기하는 재심의 소에는 재심기간에 관한 제456조의 규정을 적용하지 아니한다(제457조).

5. 재심의 심리와 재판

재심의 소의 적법요건 및 재심사유의 유무에 관한 심리 및 재판을 본안에 관한 심리 및 재판과 분리하여 먼저 할 수 있는데, 이 경우 재심사유가 있다고 인정한 때에는 그 취지의 중간판결을 한 뒤 본안에 관하여 심리・재판한다(제454조). 재심의 소송절차에는 각 심급의 소송절차에 관한 규정을 준용한다(제455조). 재심소장에는 필수적으로 당사자와 법정대리인, 재심할 판결의 표시와 그 판결에 대하여 재심을 청구하는 취지, 재심의 이유를 적어야 한다(제458조). 재심 본안의 변론과 재판은 재심청구이유의 범위 안에서 하여야 한다(제459조 제1항). 재심의 사유가 있는 경우라도 판결이 정당하다고 인정한 때에는 법원은 재심의 청구를 기각하여야 한다(460조).

6. 준재심

화해조서, 청구의 포기・인낙조서(제220조) 또는 즉시항고로 불복할 수 있는 결정이나 명령이 확정된 경우에 제451조 제1항에 규정된 사유가 있는 때에는 확정판결에 대한 제451조 내지 제460조의 규정에 준하여 재심을 제기할 수 있다(제461조).

제4절 채권자대위소송

Ⅰ. 채권자대위권은 채권자가 자기의 채권을 보전하기 위하여 채무자에게 속하는 권리를 채무자를 대위하여 행사할 수 있는 권리로 민법 제404조가 규정하고 있다. 프랑스민법에서 간접소권이라고 하는 것을 우리 민법이 도입한 것이다. 강제집행제도가 완비된 우리 법제 하에서는 인정할 실익이 적다는 견해[132]도 주장되고 있으나, 등기청구권의 대위행사, 물권적 청구권의 대의행사, 보전처분의 대위행사 등 민사법 전 분야에 걸쳐 활발하게 활용되고 있다.

Ⅱ. 채권자대위소송은 채권자가 채무자의 소송을 수행하는 것으로 그 본질은 간접소권에 의한 소송이다. 통설과 판례[133]는 채권자대위소송을 민법이 채권자에게 소송수행권을 부여하여 채권자가 채무자를 대위하여 소송을 수행하는 법정소송담당으로 설명한다.[134]

---

132) 곽윤직, 「채권총론 신정판」, 박영사(1994), 242-243면.

133) 대법원 1992. 11. 10. 선고 92다30016 판결 "채권자대위권은 채무자가 제3채무자에 대한 권리를 행사하지 아니하는 경우에 한하여 채권자가 자기의 채권을 보전하기 위하여 행사할 수 있는 것이어서 채권자가 대위권을 행사할 당시는 이미 채무자가 권리를 재판상 행사하였을 때에는 설사 패소의 본안판결을 받았더라도 채권자는 채무자를 대위하여 채무자의 권리를 행사할 당사자적격이 없다."

134) 이와 달리 채권자대위소송를 채권자가 자기 채권의 보전이라는 자신의 이익을 위해 민법이 자신에게 인정한 대위권을 행사하는 것으로 보는 견해가 있다(호문혁, 전게서, 193면). 이 견해는 채권자대위소송을 채권자의 실체법상 대위권이라는 자기 권리의 행사로 파악하기 때문에 피보전채권의 존재, 보전의 필요성, 채무자가 자기 권리를 행사하지 않을 것 등의 채권자대위소송의 소송요건(당사자적격)을 채권자의 채권자대위소송 제기 단계에서는 문제 삼지 않고, 모두 본안 문제로 파악한다. 그러나 채권자대위권이 우연히 민법에 규정되어 있다는 사정만으로 본질적으로도 그것이 실체법상 권리로 파악될 수는 없다. 민법의 채권자대위권 규정은 채권자의 간접소권을 규정한 것이다. 비록 소권이 민법에 규정되어 있다 하더라도 그 이유만으로 실체법상 권리로 파악하는 것은 개념의 개념화에 불과하다. 대위권이라는 실체법상 권리를 각 채권자들이 갖는다면, 여러 채권자를 가지는 제3채무자는 여러 채권자들의 각자의 대위권 행사로 인하여 수차례 소제기를 당하게 되는 불합리가 발생한다(이시윤, 전게서, 130면).

채권자 대위권은 채권자취소권과 달리 반드시 재판상 행사할 필요는 없지만, 대부분 소송의 형태로 행사된다. 재판 외에 행사할 수 있다고 하지만, 권리의 실현은 종국적으로 재판을 통해서만 가능하기 때문이다. 채권자대위소송은 채권자가 소송담당자이며, 채무자가 채권자대위소송이 있음을 알게 된 때에는 대위소송 판결의 기판력은 채무자에게 미친다.[135]

Ⅱ. 채권자대위소송은 채무자에게 이행할 것으로 청구하는 것이나, 금전의 지급이나 물건의 인도를 청구할 경우 원고인 채권자에게 직접 이행할 것을 구할 수 있다.[136] 피보전채권이 인정되지 않으면 당사자적격이 없게 되어 대위소송은 각하된다.[137] 대위소송에서 제3채무자는 채무자가 채권자에 대하여 가지는 소멸시효완성의 항변으로 채권자에게 대항할 수 없다.[138]

Ⅲ. 채권자대위소송의 계속중에 채무자가 청구취지 및 원인을 같이 하는 내용의 소송을 제기한 경우, 중복소송 금지규정에 저촉된다.[139]

---

135) 대법원 1975. 5. 13. 선고 74다1664 판결 외 다수.

136) 대법원 1995. 5. 12. 선고 93다59502 판결 "원고는 이 사건 지하도상가의 운영을 목적으로 한 도로점용 허가를 받은 자로서 위 상가의 소유자 겸 관리주체인 서울시에 대하여 위 상가 내 각 점포의 사용을 청구할 수 있는 권리를 가지는 것이므로, 서울시에 대한 위 각 점포사용청구권을 보전하기 위하여 위 점포들의 소유자인 서울시가 불법점유자인 피고들에 대하여 가지는 명도청구권을 대위행사할 수 있고, 이러한 경우 원고는 피고들에 대하여 직접 자기에게 위 점포들을 명도할 것을 청구할 수도 있다 할 것이다."

137) 대법원 1994. 6. 24. 94다14339 판결

138) 대법원 1992. 11. 10. 선고 92다35899 판결

139) 대법원 1995. 4. 14. 선고 94다29256 판결 "원고가 소유권이전등기말소소송을 제기하기 전에 이미 원고의 채권자가 같은 피고를 상대로 채권자대위권에 의하여 원고를 대위하여 그 소송과 청구취지 및 청구원인을 같이하는 내용의 소송을 제기하여 계속중에 있다면, 양 소송은 비록 그 당사자는 다르다 할지라도 실질상으로는 동일 소송이므로, 원고가 제기한 소송은 민사소송법 제234조 소정의 이른바 중복소송 금지규정에 저촉되는 것이다."

채권자대위소송이 이미 법원에 계속중에 있을 때 같은 채무자의 다른 채권자가 동일한 소송물에 대하여 채권자대위권에 기한 소를 제기한 경우 시간적으로 나중에 계속하게 된 소송은 중복제소금지의 원칙에 위배하여 제기된 부적법한 소송이 된다.[140)]

Ⅳ. 채권자가 채권자대위권을 행사하는 방법으로 제3채무자를 상대로 소송을 제기하고 판결을 받은 경우에는 채권자 대위권에 의한 소송이 제기된 사실을 채무자가 알았을 때에는 그 판결의 효력은 채무자(피대위자)에게 미치므로, 채권자대위권에 의한 소송이 제기되어 본안에 대한 종국판결을 받은 경우에는 피대위자는 대위소송이 제기된 사실을 안 이상 위 대위소송에 관한 종국판결이 있은 후 그 소가 취하되거나 위 소송이 상소심에서 소 취하된 때에는 피대위자에게도 민사소송법 제267조 제2항 재소금지규정의 적용을 받아 위 대위소송과 동일한 소를 제기하지 못한다.[141)] 제3자가 채권자를 대위하여 채무자를 상대로 제기한 소송과 이미 확정판결이 되어 있는 채권자와 채무자간의 기존소송이 실질적으로 동일내용의 소송이라면 위 확정판결의 효력은 채권자대위권행사에 의한 소송에도 미친다.[142)] 어느 채권자가 채권자대위권을 행사하는 방법으로 제3채무자를 상대로 소송을 제기하여 판결을 받은 경우, 어떠한 사유로든 채무자가 채권자대위소송이 제기된 사실을 알았을 경우에 한하여 그 판결의 효력이 채무자에게 미치므로, 이러한 경우에는 그 후 다른 채권자가 동일한 소송물에 대하여 채권자대위권에 기한 소를 제기하면 전소의 기판력을 받게 된다고 할 것이지만, 채무자가 전소인 채권자대위소송이 제기된 사실을 알지 못하였을 경우에는 전소의 기판력이 다른 채권자가 제기한 후소인 채권자대위소송에 미치

140) 대법원 1994. 2. 8. 선고 93다53092 판결
141) 대법원 1981. 1. 27. 선고 79다1618 판결
142) 대법원 1981. 7. 7. 선고 80다2751 판결

지 않는다.[143]

Ⅴ. 채무자가 채권자대위권에 의한 소송이 제기된 것을 알았을 경우에는 그 확정판결의 효력은 채무자에게도 미친다는 것이 판례인바, 다수의 채권자가 각 채권자대위권에 기하여 공동하여 채무자의 권리를 행사하는 이 사건의 경우 소송계속중 채무자인 박봉규가 제1심 증인으로 증언까지 한 바 있어 당연히 채권자대위권에 의한 소송이 제기중인 것을 알았다고 인정되므로 그 판결의 효력은 위 박봉규에게도 미치게 되는 것이다. 따라서 위 망인의 소송수계인들은 유사필요적 공동소송관계에 있다고 하여야 할 것이다.[144]

Ⅵ. 대위에 의한 부동산 말소등기를 청구하는 경우 소장의 청구취지에 "별지 목록 기재 부동산에 관하여, 가. 피고 甲에게, 피고 乙은 전주지방법원 2013. 3. 4. 접수 제4567호로 마친 소유권이전등기의, 피고 丙은 같은 법원 2010. 1. 5. 접수 제3456호로 마친 소유권이전등기의, 피고 丁은 같은 법원 2008. 3. 26. 접수 제2347호로 마친 소유권이전등기의 각 말소등기절차를 이행하고, 나. 피고 甲은 원고에게 2013. 1. 18. 매매를 원인으로 한 소유권이전등기절차를 이행하라"라고 쓴다.

143) 대법원 1994. 8. 12. 선고 93다52808 판결
144) 대법원 1991. 12. 27. 선고 91다23486 판결

제6장 소송요건(소권의 성립)

제1절 소송요건의 개념

Ⅰ. 소가 법원에서 적법한 것으로 취급되어 본안판결을 받기 위한 사항을 소송요건이라 한다. 이는 소권의 성립요건을 의미한다. 국가의 재판권행사를 효율적으로 운영하기 위해서 소송요건사항을 먼저 심리한 다음 이 사항에 흠이 없을 때에만 본안심리로 나아가는 것이다. 소송요건은 당사자를 위한 것이 아니라 법원을 위한 것으로 소송요건에 흠이 생기면 본안에 관한 심리를 거절하여 법원의 노고를 덜 수 있도록 한 것이다.[1)]

Ⅱ. 피고가 원고의 소송에 소송요건상 흠이 있다고 다투는 것을 본안전항변이라고 한다. 소송요건에 흠이 있는 경우 법원은 보정을 명할 수 있다. 법원의 보정명령에 당사자가 응하지 않으면 법원은 소를 각하할 수 있다. 이를 소송판결이라 한다. 소송판결의 주문은 "이 사건의 소를 각하한다", "원고의 소를 각하한다", "원고의 피고 乙에 대한 소를 각하한다"이다. 법원의 관할은 소송요건이기는 하나 관할위반은 소각하판결을 할 사유가 아니며 결정으로 관할법원에 이송하여야 한다(제34조). 이는 전속관할의 경우에도 동일하다.[2)] 병합된 소송에서 병합 요건을 갖추지 못한 경우 독립된 소로 취급하여야 한다.

---

1) 강현중, 「민사소송법강의」, 박영사(2013), 24면.
2) 사법연수원, 「민사실무Ⅱ」, 사법연수원 출판부(2013), 59면.

Ⅲ. 소취하의 유효 여부, 민사소송법 제268조의 규정에 의한 소취하 간주의 성립 여부를 둘러싸고 다툼이 있는 경우에 행하는 소송종료선언 또는 소취하 무효선언(민사소송규칙 제67조)도 성질상 소송판결에 속한다.[3] 소송종료선언판결의 주문은 "이 사건은 2016. 5. 4. 소취하로 종료되었다"이고, 소취하무효선언판결의 주문은 "이 사건에 관한 원고의 2016. 5. 4.자 소취하는 무효임을 선언한다"이다.

Ⅳ. 소송요건에 흠이 있는데 이를 간과하고 본안판결이 내려진 경우 이는 상소에 의하여 취소할 수 있다. 소송요건을 갖추고 있는데도 잘못 판단하여 각하판결을 한 경우 상소를 제기할 수 있고, 상소가 이유 있으면 원심판결을 취소하고 사건을 원심에 환송하여야 한다.

제2절 법원에 관한 소송요건

Ⅰ. 우리나라 법원의 재판권이 인정될 것

1. 우리나라 법원이 재판권을 행사할 수 없는 사건에 관한 소는 부적법하므로 각하된다. 국제사법 제2조는 국제재판관할에 관하여 제1항 "법원은 당사자 또는 분쟁이 된 사안이 대한민국과 실질적 관련이 있는 경우에 국제재판관할권을 가진다. 이 경우 법원은 실질적 관련의 유무를 판단함에 있어 국제재판관할 배분의 이념에 부합하는 합리적인 원칙에 따라야 한다.", 제2항 "법원은 국내법의 관할 규정을 참작하여 국제재판관할권의 유무를 판단하되, 제1항의 규정의 취지에 비추어 국제재판관할의 특수성을 충분히 고려하

3) 사법연수원, 「민사실무Ⅱ」, 사법연수원 출판부(2013), 57면.

여야 한다."고 규정하고 있다.

2. 대법원 1998. 12. 17. 선고 97다39216 전원합의체 판결은 "국제관습법에 의하면 국가의 주권적 행위는 다른 국가의 재판권으로부터 면제되는 것이 원칙이라 할 것이나, 국가의 사법적(사법적) 행위까지 다른 국가의 재판권으로부터 면제된다는 것이 오늘날의 국제법이나 국제관례라고 할 수 없다. 따라서 우리나라의 영토 내에서 행하여진 외국의 사법적 행위가 주권적 활동에 속하는 것이거나 이와 밀접한 관련이 있어서 이에 대한 재판권의 행사가 외국의 주권적 활동에 대한 부당한 간섭이 될 우려가 있다는 등의 특별한 사정이 없는 한, 외국의 사법적 행위에 대하여는 당해 국가를 피고로 하여 우리나라의 법원이 재판권을 행사할 수 있다고 할 것이다."라고 판시하였다.

3. 대법원 2010. 7. 15. 선고 2010다18355 판결은 "법원이 국제재판관할권의 유무를 판단함에 있어서 당사자 간의 공평, 재판의 적정, 신속 및 경제를 기한다는 기본이념에 따라 국제재판관할을 결정하여야 하고, 구체적으로는 소송당사자들의 공평, 편의 그리고 예측가능성과 같은 개인적인 이익뿐만 아니라 재판의 적정, 신속, 효율 및 판결의 실효성 등과 같은 법원 내지 국가의 이익도 함께 고려하여야 하며, 이러한 다양한 이익 중 어떠한 이익을 보호할 필요가 있을지 여부는 개별 사건에서 법정지와 당사자의 실질적 관련성 및 법정지와 분쟁이 된 사안과의 실질적 관련성을 객관적인 기준으로 삼아 합리적으로 판단하여야 한다."고 판시하였다. 이 사건은 2002년 김해공항 인근에서 발생한 중국 항공기 추락사고로 사망한 중국인 승무원의 유가족이 중국 항공사를 상대로 대한민국 법원에 손해배상청구소송을 제기한 사안인데, 대법원은 민

사소송법상 토지관할권, 소송당사자들의 개인적인 이익, 법원의 이익, 다른 피해유가족들과의 형평성 등에 비추어 위 소송은 대한민국과 실질적 관련이 있다고 보기에 충분하므로, 대한민국 법원의 국제재판관할권을 인정한 것이다.

Ⅱ. 법원이 관할권을 가질 것

1. 관할의 의미

대법원을 비롯하여 고등법원, 지방법원, 가정법원, 지원, 시·군법원 등 여러 종류의 법원들이 모두 민사재판권을 가지고 있기 때문에 구체적 사건에서 어느 법원이 소송을 맡아 재판권을 행사할지를 정하여야 하는데, 이를 관할이라고 한다. 재판권은 우리나라 법원과 외국 법원과의 관계에서 문제이고, 관할권은 우리나라 법원 중에서 어느 법원이 사건을 담당할 것인지의 문제이다.

2. 토지관할

가. 소송과 관련한 인적·물적 관련 지점을 기준으로 같은 종류의 법원 사이에 어느 법원이 재판권을 가지는가를 정하는데, 이를 토지관할이라고 한다. 민사소송법은 토지관할을 재판적이라고 표현한다. 소(訴)는 피고의 보통재판적이 있는 곳의 법원이 관할한다(제2조). 사람의 보통재판적은 그의 주소에 따라 정한다. 다만, 대한민국에 주소가 없거나 주소를 알 수 없는 경우에는 거소에 따라 정하고, 거소가 일정하지 아니하거나 거소도 알 수 없으면 마지막 주소에 따라 정한다(제3조).

나. 법인, 그 밖의 사단 또는 재단의 보통재판적은 이들의 주된 사무소 또는 영업소가 있는 곳에 따라 정하고, 사무소와 영업소

가 없는 경우에는 주된 업무담당자의 주소에 다라 정한다(제5조 제1항). 국가의 보통재판적은 그 소송에서 국가를 대표하는 관청 또는 대법원이 있는 곳으로 한다(제6조).[4)]

다. 사무소 또는 영업소에 계속하여 근무하는 사람에 대하여 소를 제기하는 경우에는 그 사무소 또는 영업소가 있는 곳을 관할하는 법원에 제기할 수 있다(제7조). 사무소 또는 영업소가 있는 사람에 대하여 그 사무소 또는 영업소의 업무와 관련이 있는 소를 제기하는 경우에는 그 사무소 또는 영업소가 있는 곳의 법원에 제기할 수 있다(제12조).

라. 재산권에 관한 소를 제기하는 경우에는 거소지 또는 의무이행지[5)]의 법원에 제기할 수 있다(제8조).[6)] 부동산에 관한 소를 제

4) 민사소송에서 국가를 대표하는 관청은 법무부장관이다. 법무부가 있는 수원지방법원이 국가의 보통재판적이나 대법원이 있는 곳의 지방법원 본원에서도 소를 제기할 수 있으므로 서울에 있는 지방법원도 국가에 대한 관할권을 가진다.

5) 대법원 2002. 5. 10. 자 2002마1156 결정 "채권자가 사해행위의 취소와 함께 수익자 또는 전득자로부터 책임재산의 회복을 구하는 사해행위취소의 소를 제기한 경우 그 취소의 효과는 채권자와 수익자 또는 전득자 사이의 관계에서만 생기는 것이므로, 수익자 또는 전득자가 사해행위의 취소로 인한 원상회복 또는 이에 갈음하는 가액배상을 하여야 할 의무를 부담한다고 하더라도 이는 채권자에 대한 관계에서 생기는 법률효과에 불과하고 채무자와 사이에서 그 취소로 인한 법률관계가 형성되는 것은 아닐 뿐만 아니라, 이 경우 채권자의 주된 목적은 사해행위의 취소 그 자체보다는 일탈한 책임재산의 회복에 있는 것이므로, 사해행위취소의 소에 있어서의 의무이행지는 '취소의 대상인 법률행위의 의무이행지'가 아니라 '취소로 인하여 형성되는 법률관계에 있어서의 의무이행지'라고 보아야 한다. 부동산등기의 신청에 협조할 의무의 이행지는 성질상 등기지의 특별재판적에 관한 민사소송법 제19조에 규정된 '등기할 공무소 소재지'라고 할 것이므로, 원고가 사해행위취소의 소의 채권자라고 하더라도 사해행위취소에 따른 원상회복으로서의 소유권이전등기 말소등기의무의 이행지는 그 등기관서 소재지라고 볼 것이지, 원고의 주소지를 그 의무이행지로 볼 수는 없다."

6) 계약상 의무, 불법행위・부당이득・사무관리 등 의무의 각 이행을 청구하는 소송은 모두 그 의무이행지에서 소를 제기할 수 있다. 물권적 청구권 역시 그 의무이행지에서 소송을 제기할 수 있다. 특정물 인도청구 이외의 채무는 특약이 없는 한 지참채무(민법 제467조 제2항 상법 제56조)가 원칙이기 때문에, 원고가 되는 채권자의 주소지나

기하는 경우에는 부동산이 있는 곳의 법원에 제기할 수 있다(제20조).[7] 어음·수표에 관한 소를 제기하는 경우에는 지급지의 법원에 제기할 수 있다(제9조).[8] 대한민국에 주소가 없는 사람 또는 주소를 알 수 없는 사람에 대하여 재산권에 관한 소를 제기하는 경우에는 청구의 목적 또는 담보의 목적이나 압류할 수 있는 피고의 재산이 있는 곳의 법원에 제기할 수 있다(제11조).

마. 불법행위에 관한 소를 제기하는 경우에는 행위지의 법원에 제기할 수 있다(제18조 제1항).[9] 선박 또는 항공기의 충돌이나 그 밖의 사고로 말미암은 손해배상에 관한 소를 제기하는 경우에는 사고선박 또는 항공기가 맨 처음 도착한 곳의 법원에 제기할 수 있다(제18조 제2항). 항공기 사고의 경우 불법행위지는 사고의 행위지, 결과발생지, 항공기의 도착지이다.[10]

바. 등기·등록에 관한 소를 제기하는 경우에는 등기 또는 등록할 공공기관이 있는 곳의 법원에 제기할 수 있다(제21조). 상속에 관한 소 또는 유증, 그 밖에 사망으로 효력이 생기는 행위에 관한 소를 제기하는 경우에는 상속이 시작된 당시 피상속인의 보통재판적이 있는 곳의 법원에 제기할 수 있다(제22조).

영업소가 있는 곳이 관할법원이 될 수 있다.

7) 토지와 건물은 물론 광업권·어업권, 공장재단·광업재단도 포함된다. 그러나 선박·자동차·중기·항공기는 적용되지 않는다. 부동산소유권의 확인·부동산의 인도나 명도소송처럼 직접 부동산과 관련되어야 하는 것이고, 그것이 아니라 부동산매매대금·차임청구등 매매계약이나 임대차계약 관련 소송은 여기에 속하지 않는다.

8) 이득상환청구(어음법 제79조)의 경우에는 적용이 없다.

9) 불법행위에는 특수불법행위와 채무불이행도 포함된다. 공법상 손실보상청구는 적법행위로 인한 것이므로 포함되지 않는다.

10) 대법원 2010. 7. 15. 선고 2010다18355판결

사. 하나의 소로 여러 개의 청구를 하는 경우에는 여러 개 가운데 하나의 청구에 대한 관할권이 있는 법원에 소를 제기할 수 있다(제25조 제1항). 소송목적이 되는 권리나 의무가 여러 사람에게 공통되거나 사실상 또는 법률상 같은 원인으로 말미암아 그 여러 사람이 공동소송인으로서 당사자가 되는 경우에도 같다(제25조 제2항).

2. 사물관할

가. 사물관할은 지방법원 단독판사와 지방법원 합의부 사이에서 소송목적의 값(訴價)를 기준으로 제1심 소송사건에 대한 재판권의 분담을 정한 것이다. 법원조직법에서 소송목적의 값에 따라 관할을 정하는 경우 그 값은 소로 주장하는 이익을 기준으로 계산하여 정한다(제26조 제1항). 그 값을 계산할 수 없는 경우 그 값은 민사소송등인지법의 규정에 따른다(제26조 제2항).

나. 하나의 소로 여러 개의 청구를 하는 경우에는 그 여러 청구의 값을 모두 합하여 소송목적의 값을 정한다(제27조 제1항). 과실・손해배상・위약금 또는 비용의 청구가 소송의 부대목적이 되는 경우에는 그 값은 소송목적의 값에 넣지 아니한다(제27조 제2항).

다. 법원조직법은 제1심 사건은 원칙적으로 단독판사가 심판하고, 예외적으로 소가가 2억 원을 초과하는 사건, 합의부에서 심판할 것으로 합의부가 결정한 사건, 비재산권을 목적으로 하는 소[11], 재산권상의 소로서 소가를 산출할 수 없는 것[12]을 합의

11) 민사소송 등 인지규칙 제15조(회사등 관계소송등) ① 주주의 대표소송, 이사의 위법행위유지(留止)청구의 소 및 회사에 대한 신주발행유지(留止)청구의 소는 소가를 산

부 관할로 하고 있다(법원조직법 제7조 제4항, 제5항, 제32조 제1항).[13] 수표금·약속어음금 청구, 금융기관 등이 원고인 대

출할 수 없는 소송으로 본다. ②제1항에 규정된 것을 제외하고 상법의 규정에 의한 회사관계 소송은 비재산권을 목적으로 하는 소송으로 본다. ③회사 이외의 단체에 관한 것으로서 제2항에 규정된 소에 준하는 소송은 비재산권을 목적으로 하는 소송으로 본다. ④해고무효확인의 소는 비재산권을 목적으로 하는 소송으로 본다.

민사소송 등 인지규칙 제15조의2(단체소송) 다음 각 호의 단체소송은 비재산권을 목적으로 하는 소송으로 본다. 1.「소비자기본법」제70조에 따른 금지·중지 청구에 관한 소송 2.「개인정보 보호법」제51조에 따른 금지·중지청구에 관한 소송

12) 민사소송 등 인지규칙 제17조의2(특허소송) 특허법원의 전속관할에 속하는 소송의 소가는 재산권상의 소로서 그 소가를 산출할 수 없는 것으로 본다.

민사소송 등 인지규칙 제18조(무체재산권에 관한 소) 무체재산권에 관한 소중 금전의 지급이나 물건의 인도를 목적으로 하지 아니하는 소는 소가를 산출할 수 없는 소송으로 본다.

13) 민사소송 등 인지규칙 제12조(통상의 소) 통상의 소의 소가는 다음 각호에 규정된 가액 또는 기준에 의하여 산정한다. 1. 확인의 소(소극적확인의 소를 포함한다)에 있어서는 권리의 종류에 따라 제10조 및 제11조의 규정에 의한 가액 2. 증서진부확인의 소에 있어서는 그 증서가 유가증권인 경우에는 제9조제4항의 규정에 의한 가액의 2분의 1, 기타의 증서인 경우에는 제9조제5항의 규정에 의한 가액 3. 금전지급청구의 소에 있어서는 청구금액 4. 기간이 확정되지 아니한 정기금청구의 소에 있어서는 기발생분 및 1년분의 정기금 합산액 5. 물건의 인도·명도 또는 방해배제를 구하는 소에 있어서는 다음의 구별에 의한다. 가. 소유권에 기한 경우에는 목적물건 가액의 2분의 1 나. 지상권·전세권·임차권 또는 담보물권에 기한 경우 또는 그 계약의 해지·해제·계약기간의 만료를 원인으로 하는 경우에는 목적물건 가액의 2분의 1 다. 점유권에 기한 경우에는 목적물건 가액의 3분의 1 라. 소유권의 이전을 목적으로 하는 계약에 기한 동산인도청구의 경우에는 목적물건의 가액 6. 상린관계상의 청구에 있어서는 부담을 받는 이웃 토지 부분의 가액의 3분의 1 7. 공유물분할 청구의 소에 있어서는 목적물건의 가액에 원고의 공유지분 비율을 곱하여 산출한 가액의 3분의 1 8. 경계확정의 소에 있어서는 다툼이 있는 범위의 토지부분의 가액 9. 사해행위취소의 소에 있어서는 취소되는 법률행위의 목적의 가액을 한도로 한 원고의 채권액 10. 기간이 확정되지 아니한 정기금의 지급을 명한 판결을 대상으로 한「민사소송법」제252조에 규정된 소에 있어서는 그 소로써 증액 또는 감액을 구하는 부분의 1년간 합산액

민사소송 등 인지규칙 제13조(등기·등록 등 절차에 관한 소) ① 등기 또는 등록 등(이하 이 조에서는 "등기"라고만 한다) 절차의 이행을 구하는 소의 소가는 다음 각 호에 규정된 가액 또는 기준에 의한다. 1. 소유권이전등기의 경우에는 목적물건의 가액 2. 제한물권의 설정등기 또는 이전등기의 경우에는 다음의 구별에 의한다. 가. 지상권 또는 임차권인 경우에는 목적물건가액의 2분의 1 나. 담보물권 또는 전세권인 경우에는 목적물건가액을 한도로 한 피담보채권액(근저당권의 경우에는 채권최고액) 다. 지역권인 경우에는 승역지 가액의 3분의 1 3. 가등기 또는 그에 기한 본등기

여・구상・보증금 청구사건, 자동차손해배상보장법에 기한 손해배상청구사건, 산업재해로 인한 손해배상청구사건은 소가와 상관없이 단독판사의 관할이다(사물관할규칙 제2조).

3. 재정관할(지정관할)

관할법원이 재판권을 법률상 또는 사실상 행사할 수 없는 때, 법원의 관할구역이 분명하지 아니한 때에는 관계된 법원과 공통되는 바로 위의 상급법원이 그 관계된 법원 또는 당사자의 신청에 따라 결정으로 관할법원을 정한다(제28조 제1항). 실무상 거의 활용되지 않는다.

4. 합의관할

가. 당사자는 합의로 제1심 관할법원을 정할 수 있다(제29조 제1항). 이러한 관할합의는 일정한 법률관계로 말미암은 소에 관하여 서면으로 하여야 한다(제29조 제2항).

나. 약관의 규제에 관한 법률은 제6조에서 "신의성실의 원칙에 반하여 공정을 잃은 약관조항은 무효이다."라고 규정하고(제1항), 고객에 대하여 부당하게 불리한 약관조항은 공정을 잃은 것으로 추정된다고 규정한 다음(제2항 제1호), 제14조에서 "고객에 대하여 부당하게 불리한 소제기의 금지조항 또는 재판관할의 합의조항이나 상당한 이유 없이 고객에게 입증책임을 부담시키는 약관조항은 이를 무효로 한다."라고 규정하고 있는바, 그 약관조항에 의하여 고객에게 생길 수 있는 불이익의 내

의 경우에는 권리의 종류에 따라 제1호 또는 제2호의 규정에 의한 가액의 2분의 1 4. 말소등기 또는 말소회복등기의 경우에는 다음의 구별에 의한다. 가. 설정계약 또는 양도계약의 해지나 해제에 기한 경우에는 제1호 내지 제3호의 규정에 의한 가액 나. 등기원인의 무효 또는 취소에 기한 경우에는 제1호 내지 제3호의 규정에 의한 가액의 2분의 1 ②등기의 인수를 구하는 소의 소가는 목적물건 가액의 10분의 1

용과 불이익 발생의 개연성, 당사자들 사이의 거래과정에 미치는 영향, 관계 법령의 규정 등 제반 사정을 종합하여 볼 때, 당사자 중 일방이 지정하는 법원을 관할법원으로 한다는 것과 다를 바 없거나, 사업자가 그 거래상의 지위를 남용하여 사업자의 영업소를 관할하는 지방법원을 전속적 관할로 하는 약관조항을 작성하여 고객과 계약을 체결함으로써 건전한 거래질서를 훼손하는 등 고객에게 부당하게 불이익을 주었다고 인정되는 경우라면, 그 약관조항은 위 법조항에 위반되어 무효라고 볼 것이고, 이에 이르지 아니하고 그 약관조항이 고객에게 다소 불이익한 것에 불과하다면 그 약관조항을 무효라고 할 수는 없을 것이나, 이 경우에도 그 약관은 신의성실의 원칙에 따라 공정하게 해석되어야 하며, 약관의 뜻이 명백하지 아니한 경우에는 고객에게 유리하게 해석되어야 한다.[14)]

5. 변론관할

피고가 제1심 법원에서 관할위반이라고 항변하지 아니하고 본안에 대하여 변론하거나 변론준비기일에서 진술하면 그 법원은 관할권을 가진다(제30조).

6. 관할의 표준이 되는 시기

법원의 관할은 소를 제기한 때를 표준으로 정한다(제33조). 소를 제기할 때 관할이 정해지면, 그 뒤 사정변경이 생겨도 정해진 관할에 영향이 없다. 그러나 본소가 단독사건인데 반소가 합의사건인 경우와 청구취지 확장으로 합의부 관할이 된 경우에는 합의부로 이송하여야 한다.

---

14) 대법원 2009. 11. 13. 자 2009마1482 결정

7. 소송의 이송

가. 법원은 소송의 전부 또는 일부에 대하여 관할권이 없다고 인정하는 경우에는 결정으로 이를 관할법원에 이송한다(제34조 제1항). 법원은 소송에 대하여 관할권이 있는 경우라도 현저한 손해 또는 지연을 피하기 위하여 필요하면 직권 또는 당사자의 신청에 따른 결정으로 소송의 전부 또는 일부를 다른 관할법원에 이송할 수 있다. 다만, 전속관할이 정하여진 소의 경우에는 그러하지 아니하다(제35조).

나. 소송을 이송받은 법원은 이송결정에 따라야 한다(제38조 제1항). 소송을 이송받은 법원은 사건을 다시 다른 법원에 이송하지 못한다(제38조 제2항). 이송결정이 확정된 때에는 소송은 처음부터 이송받은 법원에 계속된 것으로 본다(제40조 제1항). 소송을 이송한 경우에 있어서 법률상 기간의 준수 여부는 소송이 이송된 때가 아니라 이송한 법원에 소가 제기된 때를 기준으로 하여야 한다.[15] 소멸시효의 중단에 대하여도 같다.[16]

8. 전속관할

가사사건, 회사관계사건, 행정사건, 파산・회생사건, 증권관련집단소송, 할부거래・방문판매사건, 소비자단체소송, 공시최고절차, 독촉절차, 재심사건, 민사집행사건 등은 전속관할이다. 전속관할에 관한 법률들은 모두 강행규정이다. 임의관할이든 전속관할이든 소송요건이고 직권조사사항이지만, 전속관할은 합의, 변론에 의하여 관할이 생길 수 없다.

15) 대법원 1984. 2. 28. 선고 83다카1981 전원합의체 판결
16) 대법원 2007. 11. 30. 선고 2007다54610 판결

제3절 당사자에 관한 소송요건

Ⅰ. 당사자가 확정될 것

1. 당사자는 소장에 기재된 표시 및 청구의 내용과 원인 사실을 종합하여 확정하여야 하는 것이며, 당사자표시 변경은 당사자로 표시된 자의 동일성이 인정되는 범위 내에서 그 표시만을 변경하는 경우에 한하여 허용되는 것이다.[17)]

2. 원고가 사망 사실을 모르고 사망자를 피고로 표시하여 소를 제기한 경우에, 청구의 내용과 원인사실, 당해 소송을 통하여 분쟁을 실질적으로 해결하려는 원고의 소제기 목적 내지는 사망 사실을 안 이후의 원고의 피고 표시 정정신청 등 여러 사정을 종합하여 볼 때 사망자의 상속인이 처음부터 실질적인 피고이고 다만 그 표시를 잘못한 것으로 인정된다면, 사망자의 상속인으로 피고의 표시를 정정할 수 있다. 그리고 이 경우에 실질적인 피고로 해석되는 사망자의 상속인은 실제로 상속을 하는 사람을 가리키고, 상속을 포기한 자는 상속 개시시부터 상속인이 아니었던 것과 같은 지위에 놓이게 되므로 제1순위 상속인이라도 상속을 포기한 경우에는 이에 해당하지 아니하며, 후순위 상속인이라도 선순위 상속인의 상속포기 등으로 실제로 상속인이 되는 경우에는 이에 해당한다.[18)]

3. 원고가 피고의 사망 사실을 모르고 사망자를 피고로 표시하여 소를 제기한 경우에, 청구의 내용과 원인사실, 당해 소송을 통하여

---

17) 대법원 1986. 9. 23. 선고 85누953 판결; 대법원 1995. 12. 5. 선고 95누1484 판결
18) 대법원 2006. 7. 4. 자 2005마425 결정

분쟁을 실질적으로 해결하려는 원고의 소제기 목적 내지는 사망 사실을 안 이후 원고의 피고표시정정신청 등 여러 사정을 종합하여 볼 때에, 실질적인 피고는 당사자능력이 없어 소송당사자가 될 수 없는 사망자가 아니라 처음부터 사망자의 상속자이고 다만 그 표시에 잘못이 있는 것에 지나지 않는다고 인정되면 사망자의 상속인으로 피고의 표시를 정정할 수 있다 할 것인바, 상속개시 이후 상속의 포기를 통한 상속채무의 순차적 승계 및 그에 따른 상속채무자 확정의 곤란성 등 상속제도의 특성에 비추어 위의 법리는 채권자가 채무자의 사망 이후 그 1순위 상속인의 상속포기 사실을 알지 못하고 1순위 상속인을 상대로 소를 제기한 경우에도 채권자가 의도한 실질적 피고의 동일성에 관한 위 전제요건이 충족되는 한 마찬가지로 적용이 된다.[19)]

4. 소송당사자가 누구인가는 소장에 기재된 표시 및 청구의 내용과 원인사실 등 소장의 전 취지를 합리적으로 해석하여 확정하여야 하고, 비록 소장의 당사자 표시가 착오로 잘못 기재되었음에도 소송 계속 중 당사자표시정정이 이루어지지 않아 잘못 기재된 당사자를 표시한 본안판결이 선고・확정된 경우라 하더라도 그 확정판결을 당연무효라고 볼 수 없을뿐더러, 그 확정판결의 효력은 잘못 기재된 당사자와 동일성이 인정되는 범위 내에서 위와 같이 적법하게 확정된 당사자에 대하여 미친다고 보아야 한다. 원심판결 이유에 의하면, 원심은, 이 사건 임야의 소유자이던 원고가 매도증서에 자신의 성명 원고를 소외 1로 잘못 기재하고, 이에 따라 이 사건 임야에 관한 등기부 및 구 토지대장에도 소유명의자가 소외 1로 잘못 기재된 사실, 피고의 피상속인 소외 2는 등기부상 소유명의자인 소외 1을 상대로 이 사건 임야에 관하여 진정명의회

19) 대법원 2009.10.15. 선고 2009다49964 판결

복을 원인으로 한 소유권이전등기절차의 이행을 구하는 소송을 제기하고 공시송달에 의한 승소판결을 받은 사실을 각 인정한 다음, 소외 2가 의욕하였던 소송 상대방은 그 기재 여부에 불구하고 이 사건 임야의 소유자로 보이는 외관을 갖춘 자라고 보는 것이 타당하고, 소외 2가 등기부 등의 기재를 신뢰하여 이 사건 임야의 소유명의자를 소외 1로 보고 그를 상대로 소송을 제기하여 승소판결을 받았다고 하여 그 판결을 실재하지 않는 자 또는 허무인을 상대로 한 소송을 통해 받은 판결로 보아 무효라 할 수는 없으며, 그 확정판결의 효력은 동일한 당사자로 인정되는 원고에게 미친다고 판단하였다.[20]

5. 회사가 외형상으로는 법인의 형식을 갖추고 있으나 법인의 형태를 빌리고 있는 것에 지나지 아니하고 실질적으로는 완전히 그 법인격의 배후에 있는 사람의 개인기업에 불과하거나, 그것이 배후자에 대한 법률적용을 회피하기 위한 수단으로 함부로 이용되는 경우에는, 비록 외견상으로는 회사의 행위라 할지라도 회사와 그 배후자가 별개의 인격체임을 내세워 회사에게만 그로 인한 법적 효과가 귀속됨을 주장하면서 배후자의 책임을 부정하는 것은 신의성실의 원칙에 위배되는 법인격의 남용으로서 심히 정의와 형평에 반하여 허용될 수 없고, 따라서 회사는 물론 그 배후자인 타인에 대하여도 회사의 행위에 관한 책임을 물을 수 있다고 보아야 한다. 여기서 회사가 그 법인격의 배후에 있는 사람의 개인기업에 불과하다고 보려면, 원칙적으로 문제가 되고 있는 법률행위나 사실행위를 한 시점을 기준으로 하여, 회사와 배후자 사이에 재산과 업무가 구분이 어려울 정도로 혼용되었는지 여부, 주주총회나 이사회를 개최하지 않는 등 법률이나 정관에 규정된 의사결정절차

20) 대법원 2011. 1. 27. 선고 2008다27615 판결

를 밟지 않았는지 여부, 회사 자본의 부실 정도, 영업의 규모 및 직원의 수 등에 비추어 볼 때, 회사가 이름뿐이고 실질적으로는 개인 영업에 지나지 않는 상태로 될 정도로 형해화되어야 한다. 또한, 위와 같이 법인격이 형해화될 정도에 이르지 않더라도 회사의 배후에 있는 자가 회사의 법인격을 남용한 경우, 회사는 물론 그 배후자에 대하여도 회사의 행위에 관한 책임을 물을 수 있으나, 이 경우 채무면탈 등의 남용행위를 한 시점을 기준으로 하여, 회사의 배후에 있는 사람이 회사를 자기 마음대로 이용할 수 있는 지배적 지위에 있고, 그와 같은 지위를 이용하여 법인 제드를 남용하는 행위를 할 것이 요구되며, 위와 같이 배후자가 법인 제도를 남용하였는지 여부는 앞서 본 법인격 형해화의 정도 및 거래상대방의 인식이나 신뢰 등 제반 사정을 종합적으로 고려하여 개별적으로 판단하여야 한다.[21)]

6. 갑 회사와 을 회사가 기업의 형태·내용이 실질적으로 동일하고, 갑 회사는 을 회사의 채무를 면탈할 목적으로 설립된 것으로서 갑 회사가 을 회사의 채권자에 대하여 을 회사와는 별개의 법인격을 가지는 회사라는 주장을 하는 것이 신의성실의 원칙에 반하거나 법인격을 남용하는 것으로 인정되는 경우에도, 권리관계의 공권적인 확정 및 그 신속·확실한 실현을 도모하기 위하여 절차의 명확·안정을 중시하는 소송절차 및 강제집행절차에 있어서는 그 절차의 성격상 을 회사에 대한 판결의 기판력 및 집행력의 범위를 갑 회사에까지 확장하는 것은 허용되지 아니한다.[22)]

21) 대법원 2008. 9. 11. 선고 2007다90982 판결
22) 대법원 1995. 5. 12. 선고 93다44531 판결

Ⅱ. 당사자능력, 소송능력을 구비할 것

1. 당사자능력은 원고 · 피고 · 참가인이 소송의 주체가 될 수 있는 능력을 뜻한다. 권리의무의 주체는 당사자능력이 있다. 사람은 살아 있는 동안 권리와 의무의 주체가 되고, 소송법상 당사자능력이 있다. 법인은 법에 의하여 권리능력이 인정되고, 당사자능력이 있다. 국가는 시원적으로 지방자치단체는 지방자치법 제3조 제1항에 의하여 권리능력이 있으며, 당사자능력이 있다. 법인이 아닌 사단이나 재단은 대표자 또는 관리인이 있는 경우에는 그 사단이나 재단의 이름으로 당사자가 될 수 있다(제52조).[23)]

2. 민법상 조합은 당사자능력이 없다. 따라서 조합의 이름으로 원고나 피고가 될 수 없다. 조합채무는 조합원 각자의 채무이므로 조합채권자는 직접 조합원을 상대로 소를 제기하여 조합원 개인재산에 관하여 집행할 수 있다. 이 때 민법 제711조 · 제712조가 적용되어 각 조합원의 지분에 비례하거나 균분하여 책임을 물을 수 있을 따름이다. 그러나 조합채무가 조합원전원을 위하여 상행위가 되는 경우에는 상법 제57조 제1항이 적용되어 조합원들은 조합채권자에 대하여 연대책임을 지게 된다.[24)]

---

23) 대법원 2011. 7. 28. 선고 2010다97044 판결 “당사자는 소장에 기재된 표시 및 청구의 내용과 원인사실 등 소장의 전취지를 합리적으로 해석하여 확정하여야 하고, 이와 같이 확정된 당사자와 동일성이 인정되는 범위 내에서라면 올바른 당사자로 그 표시를 정정하는 것은 허용된다. 비법인사단이 당사자인 사건에 있어서 대표자에게 적법한 대표권이 있는지 여부는 소송요건에 관한 것으로서 법원의 직권조사사항이므로, 법원으로서는 그 판단의 기초자료인 사실과 증거를 직권으로 탐지할 의무까지는 없다 하더라도 이미 제출된 자료에 의하여 그 대표권의 적법성에 의심이 갈만한 사정이 엿보인다면 그에 관하여 심리 · 조사할 의무가 있다. 비법인사단이 총유재산에 관한 소송을 제기함에 있어서는 정관에 다른 정함이 있다는 등의 특별한 사정이 없는 한 사원총회의 결의를 거쳐야 하는 것이므로, 비법인사단이 이러한 사원총회의 결의 없이 그 명의로 제기한 소송은 소송요건이 흠결된 것으로서 부적법하다.”

24) 대법원 1992. 11. 27. 선고 92다30405 판결

3. 소송능력이란 당사자가 소송을 수행하는데 필요한 능력을 뜻한다. 민법상 행위능력자는 모두 소송능력자이다. 미성년자와 제한능력자(한정치산자·금치산자)는 법정대리인에 의하여서만 소송행위를 할 수 있다. 다만, 미성년자 또는 제한능력자(한정치산자)가 독립하여 법률행위를 할 수 있는 경우에는 그러하지 아니하다(제55조). 법정대리인이 상대방의 소제기 또는 상소에 관하여 소송행위를 하는 경우에는 친족회로부터 특별한 권한을 받을 필요가 없다(제56조 제1항). 법정대리인이 소의 취하, 화해, 청구의 포기·인낙 또는 독립당사자참가소송에서의 탈퇴를 하기 위하여서는 특별한 권한을 받아야 한다(제56조 제2항). 외국인은 그의 본국법에 따르면 소송능력이 없는 경우라도 대한민국의 법률에 따라 소송능력이 있는 경우에는 소송능력이 있는 것으로 본다(제57조). 법정대리권이 있는 사실 또는 소송행위를 위한 권한을 받은 사실은 서면으로 증명하여야 한다. 선정당사자를 선정하고 바꾸는 경우에도 권한을 받은 사실을 서면으로 증명하여야 한다(제58조 제1항). 소송능력·법정대리권 또는 소송행위에 필요한 권한의 수여에 흠이 있는 경우에는 법원은 기간을 정하여 이를 보정하도록 명하여야 하며, 만일 보정하는 것이 지연됨으로써 손해가 생길 염려가 있는 경우에는 법원은 보정하기 전의 당사자 또는 법정대리인으로 하여금 일시적으로 소송행위를 하게 할 수 있다(제59조). 소송능력, 법정대리권 또는 소송행위에 필요한 권한의 수여에 흠이 있는 사람이 소송행위를 한 뒤에 보정된 당사자나 법정대리인이 이를 추인한 경우에는, 그 소송행위는 이를 한 때에 소급하여 효력이 생긴다(제60조).

4. 공동의 이해관계를 가진 여러 사람이 그 가운데에서 모두를 위하여 당사자가 될 한 사람 또는 여러 사람을 선정하거나 이를 바꿀

수 있다(제53조 제1항). 이를 선정당사자라 한다. 선정당사자가 받은 판결은 선정자에게 그 효력이 미친다. 선정당사자가 이행판결을 받았을 때에는 선정자를 위해 또는 선정자에 대해 강제집행할 수 있는데, 이때 반드시 승계집행문이 필요하다.[25] 소송이 법원에 계속된 뒤 선정당사자를 바꾼 때에는 그 전의 당사자는 당연히 소송에서 탈퇴한 것으로 본다(제53조 제2항). 선정된 여러 당사자 가운데 죽거나 그 자격을 잃은 사람이 있는 경우에는 다른 당사자가 모두를 위하여 소송행위를 한다(제54조). 선정당사자와 소송 도중 선정자가 별소를 제기할 경우 상대방은 중복제소를 주장하여 소각하를 구할 수 있다.

5. 우리나라는 민사소송에 있어 변호사강제주의를 채택하고 있지 않다.[26] 당사자는 언제나 어느 심급에서나 직접 소송을 수행할 수 있다. 그러나 다른 사람에게 소송대리를 위임하고자 하는 경우에는 반드시 변호사에게 하여야 한다.[27]

Ⅲ. 당사자적격이 있을 것

1. 당사자적격은 당사자가 소송목적이 되는 권리 또는 법률관계에 관하여 소송을 수행하고 본안판결을 받을 수 있는 자격을 뜻하는

---

25) 민사집행법 제31조

26) 그러나 헌법재판소 심판청구는 반드시 변호사를 대리인으로 선임하여야만 가능하다(헌법재판소법 제25조 제3항).

27) 단독판사가 심리・재판하는 사건에서 당사자의 배우자 또는 4촌 이내의 친족으로서 당사자와의 생활관계에 비추어 상당하다고 인정되거나 당사자와의 고용 그밖에 이에 준하는 계약관계를 맺고 그 사건에 관한 통상의 사무를 처리・보존하는 사람으로서 그 사람이 담당하는 사무와 사건의 내용 등에 비추어 상당하다고 인정되는 경우에 서면으로 신청하여 법원의 허가를 받으면 변호사가 아니더라도 소송대리인이 될 수 있다. 2,000만 원 이하 소액사건의 제1심에서는 당사자의 배우자, 직계혈족, 형제자매는 법원의 허가 없이도 소송대리인이 될 수 있다.

것으로, 이러한 자격을 가지는 원고에 한정하여 원고적격이 인정된다.

2. 이행의 소에서는 이행청구권이 있다고 주장하는 원고가 피고를 특정하여 소를 제기하는 대부분의 경우 원고적격이 인정된다. 즉 원고적격은 단순히 자신에게 이행청구권이 있음을 주장하는 것만으로 충족되는 것이고, 실제로 이행청구권이 인정되는지 여부는 본안에서 판단 받을 문제이다. 그러나 판례는 이행의 소에서 당사적격을 별도로 요구하는 경우가 있다. 등기의무자, 즉 등기부상의 형식상 그 등기에 의하여 권리를 상실하거나 기타 불이익을 받을 자(등기명의인이거나 그 포괄승계인)가 아닌 자를 상대로 한 등기의 말소절차이행을 구하는 소는 당사자적격이 없는 자를 상대로 한 부적법한 소로 각하판결을 받게 된다.[28] 등기관의 직권이나 법원의 촉탁에 의하여 기입된 등기의 말소등기나 말소된 등기의 회복등기는 등기관의 직권이나 법원의 촉탁에 의하여 행하여져야 하므로 그 등기명의인을 상대로 말소등기나 회복등기를 구하는 소는 소의 이익이 없어 각하판결을 받게 된다.[29] 타인의 토지 위에 건립된 건물이 미등기이고 그 건물로 인하여 그 토지의 소유권이 침해되는 경우 그 건물을 철거할 의무(철거소송의 피고적격)는 그 건물을 법률상, 사실상 처분할 수 있는 지위에 있는 사람이라 할 것이므로 피고가 이 사건 건물의 원시취득자인 위 회사로부터 이를 양수하여 사실상의 처분권을 갖게 된 이상 이 사건 건물을 철거할 의무를 진다.[30] 채권에 대한 압류 및 추심명령이 있으면 제3채무자에 대한 이행의 소는 추심채권자만이 제기할 수 있고 채무자는 피압류채권에 대한 이행소송을 제기할 당사자적격을 상실한

28) 대법원 1994. 2. 25. 선고 93다39225 판결
29) 대법원 1976. 3. 9. 선고 75다1923,1924 판결
30) 대법원 1991. 6. 11. 선고 91다11278 판결

다.[31] 그러나 추심금청구소송을 제기하여 확정판결을 받은 경우라도 그 집행에 의한 변제를 받기 전에 압류명령의 신청을 취하하여 추심권이 소멸하면 추심권능과 소송수행권 모두 채무자에게 복귀한다.[32] 채무자가 제3채무자를 상대로 제기한 이행의 소가 법원에 계속되어 있는 경우에도 압류채권자는 제3채무자를 상대로 압류된 채권의 이행을 청구하는 추심의 소를 제기할 수 있고, 제3채무자를 상대로 압류채권자가 제기한 추심의 소는 채무자가 제기한 이행의 소에 대한 관계에서 민사소송법 제259조가 금지하는 중복된 소제기에 해당하지 않는다.[33]

3. 확인의 소에서는 확인의 이익을 가지는 자만이 원고가 될 수 있다. 피고는 그 확인에 대한 반대 이익을 가져야 한다. 주주총회 또는 이사회결의의 무효 또는 부존재 확인의 소에서 이사 등 해당 결의에 의해 선임된 개인은 피고적격이 없고, 회사만 피고적격을 가진다.[34] 종중대의원회 결의의 무효 또는 부존재 확인의 소도 같다.[35] 단체의 대표자를 선출한 결의의 무효 또는 부존재 확인의 소에서 피고인 단체를 대표할 자는 다투어지는 결의에 의해 선출

---

31) 대법원 2000. 4. 11. 선고 99다23888 판결

32) 대법원 2009. 11. 12. 선고 2009다48879 판결

33) 대법원 2013. 12. 18. 선고 2013다202120 전원합의체 판결 "채무자가 제3채무자를 상대로 제기한 이행의 소가 이미 법원에 계속되어 있는 상태에서 압류채권자가 제3채무자를 상대로 제기한 추심의 소의 본안에 관하여 심리・판단한다고 하여, 제3채무자에게 불합리하게 과도한 이중 응소의 부담을 지우고 본안 심리가 중복되어 당사자와 법원의 소송경제에 반한다거나 판결의 모순・저촉의 위험이 크다고 볼 수 없다. 압류채권자는 채무자가 제3채무자를 상대로 제기한 이행의 소에 민사소송법 제81조, 제79조에 따라 참가할 수도 있으나, 채무자의 이행의 소가 상고심에 계속 중인 경우에는 승계인의 소송참가가 허용되지 아니하므로 압류채권자의 소송참가가 언제나 가능하지는 않으며, 압류채권자가 채무자가 제기한 이행의 소에 참가할 의무가 있는 것도 아니다."

34) 대법원 1982. 9. 14. 선고 80다2425 판결

35) 대법원 1973. 12. 11. 선고 73다1553 판결

된 대표자이다.[36] 직무집행정지 및 직무대행자선임 가처분의 채무자(피신청인)은 회사가 아니라 임원 개인이다.[37]

4. 형성의 소의 경우 소권을 규정한 법률이 있어야만 제기할 수 있다. 따라서 근거 법률에 원고와 피고가 획일적으르 정해져 있는 경우가 많다. 법률에 당사자적격이 명시되지 않은 경우 판례에 의해 구체적으로 제한된다. 주주총회결의취소의 소에서 원고적격는 주주·이사 또는 감사만 가진다(상법 제376조). 사해행위취소의 소에서 피고적격은 수익자, 전득자만 가진다.[38]

5. 고유필수적 공동소송 경우에는 공동소송인이 되어야 할 사람 모두가 당사자가 되어야만 소의 제기가 가능하다. 그 가운데 한 사람이라도 빠지면 당사자적격에 흠이 생긴다. 민사소송법 제868조는 공동소송인의 추가를 허용하고 있다.

6. 채권자대위소송에서 대위의 원인채권인 채권자가 채무자에게 가지는 채권이 없으면 채권자에게 제3자로서 소송을 담당을 자격이 없게 되어 대위소송은 각하판결을 받게 된다.[39] 채무자가 제3채무자를 상대로 채권을 가지고 있지 않는 경우는 본안문제로 청구기각판결을 받게 된다.

---

36) 대법원 1983. 3. 22. 선고 82다카1810 전원합의체 판결
37) 대법원 1982. 2. 9. 선고 80다2424판결
38) 대법원 1991. 8. 13. 선고 91다13717 판결
39) 대법원 1994. 6. 24. 선고 94다14339 판결

제4절 소송상 청구에 관한 소송요건

Ⅰ. 소의 이익이 있을 것

1. 당사자가 민사소송제도를 이용하려면 소의 이익이 있어야 한다. 소의 이익이 없으면 본안판결을 받을 수 없다. 중복소송금지에 해당하는 경우, 종국판결선고 이후 소를 취하한 경우, 소를 제기하지 않겠다는 특약을 한 경우, 중재합의, 소취하계약 또는 상소권포기계약을 한 경우 등에 제기된 소는 소의 이익이 없다.

소송비용확정절차에 의하지 않고 제기한 소송비용확정의 소, 외국판결이나 중재판정이 있는 경우에 집행판결을 구하지 않고 제기한 이행의 소, 집행비용액확정결정신청신청에 의하지 않고 집행비용지급의 이행을 구하는 소, 원심판결에 불복을 상소로 하지 않고, 별소로 제기한 경우, 이미 승소확정판결을 받은 경우 그에 기하여 강제집행신청을 할 수 있는데, 판결원본이 멸실되거나 시효중단을 구하는 등의 사정이 없음에도 다시 같은 내용의 소송을 제기한 경우 등에는 소의 이익이 없다.

2. 법원조직법 제2조 제1항은 "법원은 헌법에 특별한 규정이 있는 경우를 제외한 일체의 법률상 쟁송을 심판하고, 이 법과 다른 법률에 의하여 법원에 속하는 권한을 가진다"고 규정하고 있다. 이 조문은 법원의 심판권이 법률상 쟁송에 한정됨으로 알려 준다. 법류상 쟁송이란 법령의 해석 · 적용에 의하여 해결할 수 있는 당사자 사이의 구체적 권리 · 의무에 관한 분쟁을 뜻한다. 어떤 특정인이나 정당 등 특정단체의 의견이나 사상, 이념 등 법규가 아닌 것은 절대로 사법의 범위에 속하지 아니하게 하여 결국 이 규정은 우리나라의 법체제가 전제주의나 절대주의로 회귀하는 것을 구실을 한다.[40]

Ⅱ. 소송상 청구가 특정될 것

1. 개념

소송상의 청구는 원고가 법원에 판결을 구하는 청구로서 법원의 본안판단 대상이 되는 실체법상의 법률관계를 말한다. 소송상의 청구는 본안판결의 주문에서 판단하여야 할 최소기본단위이므로 반드시 특정되어야만 법원의 심판대상이 된다. 소송상의 청구를 특정하는 기준은 소장의 청구취지이다. 그러나 이행을 구하는 소와 가족관계에 관한 형성을 구하는 소는 소장의 청구원인까지 구체적으로 감안하여야만 특정할 수 있다. 소송은 그 시작부터 끝날 때까지 소송상의 청구를 중심을 전개된다. 토지 및 사물관할의 유무, 중복소송금지의 기준, 기판력의 객관적 범위 등은 모두 소송상의 청구를 기준으로 판단한다.

2. 이행을 구하는 소

가. 특정물 인도의 소

원고는 피고를 상대로 특정물을 인도하겠다는 계약상 의무를 원인으로 특정물의 인도를 구할 수 있다. 원고는 자신의 소유권 또는 점유권에 기하여 피고를 상대로 특정물의 인도를 구할 수도 있다. 민법 제208조는 점유권에 기한 소와 본권에 기한 소는 서로 영향을 미치지 않는다고 규정하고 있다. 소장의 청구취지만 보아서는 계약상 의무의 이행을 구하는 것인지, 소유권에 기한 목적물의 반환청구를 구하는 소를 제기한 것인지, 점유권에 기한 점유의 회복을 구하는 소를 제기한 것인지 알 수 없다. 따라서 소장의 청구원인까지 읽어보아야 소송상의 청구를 분명하게 특정할 수 있다.

---

40) 강현중, 전게서, 31면.

나. 금전 그 밖에 대체물의 일정수량의 지급을 구하는 소

소장의 청구취지만 볼 경우 피고는 원고에게 금1억 원을 지급하라는 소장의 청구취지만으로는 무엇을 원인으로 한 것인지 알 수 없다. 따라서 소장의 청구원인을 읽어보아 계약상 금전 지급의무의 이행을 구하는 것인지, 채무불이행에 기한 원상회복 또는 손해배상을 구하는 것인지, 불법행위를 원인으로 한 손해배상을 구하는 것인지, 부당이득의 반환을 구하는 것인지, 기타 법률의 규정에 기한 손해배상책임을 구하는 것인지를 파악하여 소송상 청구를 특정할 수밖에 없다.

3. 확인을 구하는 소

원고가 피고를 상대로 채무가 존재하지 않는다는 점에 대한 확인을 구하는 소, 피고는 원고에게 소유권이전등기절차를 이행할 의무가 존재한다는 점에 대한 확인을 구하는 소, 원고와 피고 사이에는 임대차계약을 체결한 사실이 있다는 점에 대한 확인을 구한 소와 같이 권리 또는 법률관계의 확인을 구하는 소의 경우에는 소장의 청구취지만 읽어 보아도 소송상 청구의 내용을 확실하게 알 수 있다. 따라서 확인의 소의 경우에는 소송상의 청구를 특정하기 위하여 소장의 청구원인까지 읽어볼 필요는 없다.

4. 법률관계의 형성을 구하는 소

가. 주주총회결의 취소의 소

주주총회결의취소의 소에 있어서 개별적 결의취소의 사유는 공격방법에 불과하고, 주주총회의 결의의 취소를 구하는 것 자체가 소송상의 청구이다. 소송상의 청구를 특정하기 위하여 결의취소 구체적 사유를 알 필요는 없다.

나. 가족관계에 관한 소

이혼사유마다 이혼소송이 별개로 성립하는 것으로 보아야하기 때문에 어떠한 사유를 근거로 한 이혼청구인지를 파악하기 위해서는 소장의 청구원인까지 읽어보아야 할 것이다.

Ⅲ. 중복제소금지에 반하지 않을 것

1. 피고에게 소장이 송달되어 소송계속이 발생하면 이와 동일한 사건에 대한 소를 제기하지 못한다(제259조). 전소와 후소의 당사자가 동일해야 한다. 중복제소금지는 소송계속으로 인하여 당연히 발생하는 소송요건의 하나로서 이미 동일한 사건에 관하여 전소가 제기되었다면, 설령 그 전소가 소송요건을 흠결하여 부적법하다고 할지라도 후소의 변론종결시까지 취하・각하 등에 의하여 그 소송계속이 소멸되지 아니하는 한 후소는 중복제소금지에 위배하여 부적법각하판결을 받게 된다.[41]

2. 소송당사자가 아니더라도 변론종결 후의 승계인, 청구목적물이 소지자, 제3자의 소송담당에서 권리의무의 주체에게는 판결의 효력이 미치기 때문에(제218조) 이러한 자들이 후소의 당사자가 되는 경우에도 중복제소에 해당한다.[42]

3. 중복제소금지의 원칙에 위배되어 제기된 소에 대한 판결이나 그 소송절차에서 이루어진 화해라도 확정된 경우에는 당연무효라고 할 수는 없다.[43]

---

41) 대법원 1998. 2. 27. 선고 97다45532 판결

42) 그러나 채무자가 제3채무자를 상대로 소를 제기한 후에 압류채권자가 제3채무자를 상대로 추심의 소를 제기하는 경우에는 전소가 각하될 것이므로 후소는 중복제소에 해당하지 않는다(대법원 2013. 12. 18. 선고 2013다202120호 (全)판결).

43) 대법원 1995. 12. 5. 선고 94다59028 판결

4. 전소와 후소의 확정판결이 서로 모순되는 경우에는 소송계속의 선후에 관계없이 후에 확정된 판결이 재심에 의하여 취소될 수 있다(제451조 제1항 제10호).

5. 채권자가 제3채무자를 상대로 대위소송을 진행하고 있는 중에 채무자가 같은 내용의 소를 제기한 경우[44], 대위소송이 진행 중인데, 또 다른 채권자가 같은 내용의 대위소송을 제기한 경우[45] 중복제소금지원칙에 반한다. 채무자가 제3채무자를 상대로 직접 소송을 진행하고 있는 중에 채권자가 같은 내용을 소를 채권자대위권에 기하여 채권자대위소송을 제기한 경우에는 보전의 필요성이 없으므로 당사자적격 흠결로 소각하 판결을 받게 된다.[46] 채권자가 채무자를 대위하여 제3채무자를 상대로 제기한 채권자대위소송이 법원에 계속 중 채무자와 제3채무자 사이에 채권자대위소송과 소송물을 같이하는 내용의 소송이 제기된 경우, 양 소송은 동일소송이므로 후소는 중복제소금지원칙에 위배되어 제기된 부적법한 소송이라 할 것이나, 이 경우 전소, 후소의 판별기준은 소송계속의 발생시기의 선후에 의할 것이며, 소의 추가적 변경이 있는 경우 추가된 소의 소송계속의 효력은 그 서면을 상대방에게 송달하거나 변론기일에 이를 교부한 때에 생긴다고 할 것이다.[47]

6. 채권자취소소송의 경우에는 각 채권자가 채무자의 권리를 대위하여 행사하는 것이 아니라 자기 고유의 권리인 채권자취소권을 행사하는 것이므로 중복제소에 해당하지 않는다.[48]

---

44) 대법원 1992. 5. 22. 선고 91다41187 판결(채권자대위소송이 제기되었는지에 대하여 채무자가 알았는지 여부는 관계없다)

45) 대법원 1994. 11. 25. 선고 94다12517 판결

46) 대법원 2009. 3. 12. 선고 2008다65839 판결

47) 대법원 1992. 5. 22. 선고 91다41187 판결

48) 대법원 2003. 7. 11. 선고 2003다19558 판결

7. 전 소송에서 불법행위를 원인으로 치료비청구를 하면서 일부만을 특정하여 청구하고 그 이외의 부분은 별도소송으로 청구하겠다는 취지를 명시적으로 유보한 때에는 그 전소송의 소송물은 그 청구한 일부의 치료비에 한정되는 것이고 전 소송에서 한 판결의 기판력은 유보한 나머지 부분의 치료비에까지는 미치지 아니한다 할 것이므로 전 소송의 계속 중에 동일한 불법행위를 원인으로 유보한 나머지 치료비청구를 별도소송으로 제기하였다 하더라도 중복제소에 해당하지 아니한다.[49]

8. 전소와 후소가 동일한 사건이 아니고 단지 선결적 법률관계(전소가 물권적 청구이고 후소가 물권의 확인을 구하는 경우, 전소가 이자청구이고 후소가 원금채권을 구하는 경우 등)에 있을 뿐인 경우에는 중복제소에 해당하지 않는다.[50]

9. 상계의 항변을 제출할 당시 이미 자동채권과 동일한 채권에 기한 소송을 별도로 제기하여 계속 중인 경우, 사실심의 담당재판부로서는 전소와 후소를 같은 기회에 심리·판단하기 위하여 이부, 이송 또는 변론병합 등을 시도함으로써 기판력의 저촉·모순을 방지함과 아울러 소송경제를 도모함이 바람직하였다고 할 것이나, 그렇다고 하여 특별한 사정이 없는 한 별소로 계속 중인 채권을 자동채권으로 하는 소송상 상계의 주장이 허용되지 않는다고 볼 수는 없다.[51] 예비적 반소의 원인채권에 기한 상계항변이 다른 사건에서 인용되어 이미 확정된 경우, 그 예비적 반소는 소의 이익이 없게 되어 부적법각하되어야 한다.[52]

---

49) 대법원 1985. 4. 9. 선고 84다552 판결
50) 대법원 1989. 10. 10. 선고 88다카18023 판결
51) 대법원 2001. 4. 27. 선고 2000다4050 판결
52) 대법원 2010. 8. 26. 선고 2010다30966,30973 판결

Ⅳ. 전소(前訴) 기판력에 저촉되지 않을 것

1. 당사자가 같은 사건에 관한 소송에서 앞의 판결 내용과 다른 주장을 하거나 법원이 다른 판결을 내릴 수 없도록 하기 위하여 확정판결에 대하여 인정되는 것이 기판력이다. 판례는 청구원인에 의하여 특정되는 실체법상의 권리 또는 법률관계의 주장을 소송물로 본다.[53] 판례의 논리에 따르면 원고가 전소에서 승소판결을 받아 확정된 경우, 다시 동일한 소를 제기하면 소의 이익이 없으므로 각하된다. 다만 판결원본이 멸실되었거나 시효중단을 위하여 재차 소송을 할 수밖에 없는 경우에는 각하할 수 없고 본안판결을 하여야 한다. 원고가 패소확정판결을 받은 후 동일한 사안에 대하여 다시 소를 제기한 경우 전소의 패소확정 판결과 모순 없는 판단을 위해 청구기각을 할 것이지 권리보호의 필요가 없다 하여 소를 각하할 것이 아니라는 것이 판례의 태도이다.[54] 소송판결의 기판력은 그 판결에서 확정한 소송요건의 흠결에 관하여 미친다.[55] 소송판결의 기판력은 그 판결에서 확정한 소송요건의 흠결에 관하여 미치는 것이지만, 당사자가 그러한 소송요건의 흠결을 보완하여

---

53) 이러한 판례의 입장에 대하여 "기판력의 객관적 범위가 지나치게 좁게 인정되어 동일한 사실관계라 하더라도 조금만 법적 견해를 달리하면 기판력이 미치지 않게 되므로 편집적인 패소 당사자로 하여금 승소한 상대방을 끝까지 물고 늘어져 골탕먹일 수 있는 가능성을 열어주고 있어서 법적 안정 내지 기판력제도의 취지에 충분히 부합하지 못하는 단점이 있다"는 비판이 있다(송석언, "기판력의 본질과 객관적 범위에 관한 소고", 법정논총 28권(42집), 중앙대학교 법과대학(1988), 46면). 그러나 우리나라 민사소송의 유례없이 고액인 인지와 기일출석이 부담을 고려한다면 편집적인 패소 당사자가 동일한 사실관계에 대하여 조금만 법적 견해를 달리하여 여러 번 소송을 제기하는 상황은 발생하기 어려우며 실제 실무에서도 일어나지 않고 있다.

54) 대법원 1976. 12. 14. 선고 76다1488 판결; 대법원 1983. 12. 28. 자 83사14 결정 "기판력이라는 것은 재판이 확정된 경우에 같은 사안이 다시 소송이 되면 법원은 기왕에 확정된 재판에 배치되는 판단을 할 수 없다는 실체적 확정력을 말하는 것으로 이는 그 사안이 동일한 경우에 관한 것이[다]."

55) 대법원 1997. 12. 9. 선고 97다2552호 판결

다시 소를 제기한 경우에는 그 기판력의 제한을 받지 않는다.[56] 소송물이 특정되지 않았다는 이유로 원고의 청구를 기각한 판결은 기판력이 없다.[57] 중재법에 의한 중재판정이 있으면 기판력에 의하여 대상이 된 청구권의 존재가 확정되고, 그에 대한 집행판결이 확정됨에 따라 현실적 집행력이 발생하는 것이다.[58]

2. 민사소송법은 기판력의 개념 규정을 하고 있지 않다. 기판력이란 판결의 내용에 일종의 구속력이 생겨 당사자는 동일한 사안에 대하여 다시 다툴 수 없게 되고, 법원도 모순 저촉되는 판결을 할 수 없게 되는 것을 말한다.[59] 로마법은 판단된 사항(res judicata) 또는 일사부재리(me bis in idem)의 법리를 인정하였고, 영미법은 보통법(common law)상 금반언의 원리(doctrine of estoppel) 또는 배제의 원리(doctrine of preclusion)를 판례법을 통해 형성하였다.[60] 기판력이의 이론적 근거 · 본질과 관련하여 실체법적 효력설, 소송법적 효력설, 법규범적 효력설 등이 주장되고 있다. 법이 일반적으로 갖고 있는 속성인 구속력으르부터 기판력의 정당화 근거를 구하는 법규범적 효력설이 타당하다. 법규범적 효력설은 재판은

56) 대법원 2003. 4. 8. 선고 2002다70181호 판결

57) 대법원 1964. 11. 30. 선고 64다800호 판결

58) 대법원 2005. 12. 23. 선고 2004다8814호 판결

59) 대법원 1960. 11. 3. 선고 4292민상656호 판결 "판결의 기판력이라 함은 확정판결효력의 일종으로서 그 재판에 포함된 구체적인 법적효과에 대한 선언의 규준성을 말하는 것인 바, 그 판단의 대상이 된 구체적인 권리관계에 대하여 그 기판력의 효과를 받은 당사자 간에 또 다시 다툼이 되었을 경우 재판소는 위 확정판결과 저촉되는 판단은 할 수 없고, 당사자도 위 판결과 저촉되는 주장은 할 수 없도록 함으로써 우리들의 법적 생활에 있어서 법적 안정을 기하자는 데 그 목적이 있는 것이다."

60) 양경승, "기판력이론의 논리적 구조", 청연논총 제9집, 사법연수원(2012), 11면, 같은 면 각주 4는 다음과 같이 서술하고 있다. "로마법은 실체법상의 권리가 소송법적으로 일체화된 이른바 소권(actio) 체제를 취하고 있었으므로 한번 소권을 행사하면 그 소권이 소멸하고, 따라서 당사자는 동일한 소권을 다시 행사할 수 없는 일사부재리, 즉 재소금지 효과가 발생한다. 이런 점에서 로다법상 기판력은 재소의 금지라는 소극적 측면에서 작용하였다."

국가가 선언하는 구체적인 법으로서 당연히 후소 법원과 당사자에 대하여 구속력을 갖는다고 본다.[61]

3. 확정판결과 같은 효력이 있는 파산채권에 대한 파산 채권자표의 기재, 화해, 청구의 포기·인낙의 조서, 중재판정, 조정에 갈음하는 결정, 이의신청이 없는 화해권고결정은 기판력이 인정된다. 하지만 지급명령의 경우 상대방의 이의가 없어 확정되었다 하더라도 집행력만이 인정되며, 기판력은 인정되지 않는다. 확정된 이행권고결정에도 마찬가지로 기판력까지 인정되는 것은 아니다. 소송판결의 경우에는 소송요건의 흠에 관해서만 기판력이 생긴다. 보전처분에 관한 결정에는 기판력이 발생하지 않는다. 결정과 명령에는 일반적으로 기판력이 발생하지 않지만, 사실관계에 대한 판단을 수반하는 소송비용에 관한 결정과 간접강제의 수단으로서 배상금 지급결정에는 기판력이 발생한다.[62]

4. 기판력의 객관적 범위

가. 확정판결은 주문에 포함된 것에 한하여 기판력을 가진다(제216

61) 양경승, 전게논문, 13면.

62) 대법원 2002. 9. 23. 자 2000마5257 결정 "확정된 종국판결은 소송물로 주장된 법률관계의 존부에 관한 판단의 결론에 관하여 기판력을 가지며 결정·명령재판에도 실체관계를 종국적으로 판단하는 내용의 것인 경우에는 기판력이 있다. 기판력 있는 본안판결에서 소송비용 상환의무의 실체관계 판단이 확정된 후에 그에 근거하여 법원이 상환청구권자인 당사자가 신청한 수액에 따라 소송비용확정결정을 하였다면 그 소송비용에 관한 결정은 본안판결의 소송비용 부담의 실체관계 판단을 계량적으로 구체화한 종국적 판단을 내용으로 하는 것이므로 기판력이 있다. 가분채권의 일부에 대한 이행청구의 소를 제기하면서 나머지를 유보하고 일부만을 청구한다는 취지를 명시하지 아니한 이상 그 재판의 기판력은 청구하고 남은 잔부 청구에까지 미치는 것이므로 그 나머지 부분을 별도로 다시 청구할 수 없게 된다. 소송비용에 포함되는 개별비용항목에 대하여 소송비용확정신청을 하면서 일부 청구임을 밝히지 아니한 경우, 그 소송비용확정결정의 기판력이 당해 개별비용항목의 액수에 미쳐 다시 그 비용항목 액수의 추가결정을 신청하는 것이 허용되지 않는다."

조 제1항). 상계를 주장한 청구가 성립되는지 아닌지의 판단은 상계하자고 대항한 액수에 한하여 기판력을 가진다(제216조 제2항). 기판력은 판결주문에만 생기지만 판결이유 중 상계항변의 경우에는 그 액수에 관하여 기판력이 생기는 것이다.

나. 동일한 부동산에 관한 것이라 하더라도 전소가 소유권보존등기말소 및 소유권확인청구소송이고 그 후소가 취득시효 완성으로 인한 소유권이전등기 청구소송이라면 두 소송은 각기 그 청구를 달리하고 있으므로 전소판결의 기판력이 후소에 미칠 수는 없다.[63)]

다. 말소등기청구사건의 소송물은 당해 등기의 말소등기청구권이고 그 동일성 식별의 표준이 되는 청구원인, 즉 말소등기청구권의 발생원인은 당해 등기원인의 무효라 할 것으로서 등기원인의 무효를 뒷받침하는 개개의 사유는 독립된 공격방어방법에 불과하여 별개의 청구원인을 구성하는 것이 아니라 할 것이므로 전소에서 원고가 주장한 사유나 후소에서 주장하는 사유들은 모두 등기의 원인무효를 뒷받침하는 공격방법에 불과한 것일 뿐, 그 주장들이 자체로서 별개의 청구원인을 구성한다고 볼 수 없고, 모두 전소의 변론종결 전에 발생한 사유라면 전소와 후소는 그 소송물이 동일하여 후소에서의 주장사유들은 전소의 확정판결의 기판력에 저촉되어 허용될 수 없는 것이다.[64)] 소유권이전등기가 원인무효라는 이유로 그 말소등기청구를 인용한 판결이 확정되었어도 그 확정판결의 기판력은 그 소송물이었던 말소등기청구권의 존브에만 미치는 것이고 그 기본인 부동산의 소유권 자체의 존부에 관하여는 미치지 아니한다. 갑

63) 대법원 1971. 12. 28. 선고 71다2353호 판결
64) 대법원 1993. 6. 29. 선고 93다11050호 판결

이 을을 상대로 공유지분에 관하여 소유권이전등기의 말소를 구하는 소송을 제기하여 이를 인용한 판결이 확정된 경우, 병이 위 판결의 변론종결일 이후에 을 명의의 공유지분에 관하여 명의신탁의 해지를 원인으로 한 소유권이전등기청구권 보전을 위한 처분금지가처분등기를 경료한 후 그 본안으로서 위 공유지분에 관하여 을을 상대로 소유권이전등기를 구하는 소송을 제기한 경우, 병이 위 말소등기청구를 인용한 판결의 변론종결일 이후에 그 패소자인 을을 상대로 한 위 처분금지가처분등기를 경료하였다고 하더라도, 그 본안소송에서 승소하는 등으로 을 명의의 공유지분에 관하여 병 명의의 소유권이전등기를 마침으로써 그 지분소유권을 승계취득하는 경우 그러한 병의 지분소유권의 존부에 관하여는 위 말소등기청구를 인용한 판결의 기판력이 미치지 아니하는 이상, 병이 당연히 위 말소등기청구를 인용한 판결의 변론종결 후의 승계인에 해당한다고 할 수는 없다 할 것이므로, 병이 말소등기에 관한 법률상의 이해관계인이 아니라거나 갑에 대하여 위 가처분등기의 말소를 승낙할 의무를 부담한다고 할 수는 없다.[65]

다. 판결의 기판력은 주문에 포함된 소송물인 법률관계의 존부에 관한 판단의 결론에 대하여서만 생기는 것이므로 소유권이전등기절차의 이행을 명한 확정판결의 기판력은 소송물인 그 이전등기청구권의 존부에만 미치고 소송물이 되어 있지 아니한 소유권의 귀속자체에까지 미치는 것은 아니다.[66] 매매를 원인으로 한 소유권이전등기청구소송과 취득시효 완성을 원인으로 한 소유권이전등기청구소송은 이전등기청구권의 발생원인을 달리 하는 별개의 소송물이므로 전소의 기판력은 후소에 미치

65) 대법원 1998. 11. 27. 선고 97다22904호 판결
66) 대법원 1987. 3. 24. 선고 86다카1958호 판결

지 아니한다.[67] 소유권이전등기청구사건에 있어서 등기원인을 달리하는 경우에는 그것이 단순히 공격·방어방법의 차이에 불과한 것이 아니고 등기원인별로 별개의 소송물로 인정되는 것이다. 그런데 원심이 확정한 사실관계에 의하면 원고 등이 망 정건차에게 원고들이 이 사건 부동산의 처분에 관한 위임을 할 당시 그 위임사무 처리를 위하여 소유권이전등기를 넘겨주기로 약정하였다는 것이므로, 위와 같은 약정은 매매와는 서로 다른 법률관계임이 분명하고 위와 같은 약정을 원인으로 한 소유권이전등기청구권과 매매를 원인으로 하는 소유권이전등기청구권은 별개의 소송물이라고 할 것이어서, 비록 위 준재심소송에서 인낙조서가 취소되고 정건차의 원고들에 대한 매매로 인한 소유권이전등기청구를 기각하는 판결이 선고되어 그 판결이 확정되었다고 하여도, 그 기판력은 위 인정과 같은 약정으로 인한 소유권이전등기청구권의 존부에 미치는 것이라고 볼 수 없다.[68]

라. 진정한 등기명의의 회복을 위한 소유권이전등기청구는 이미 자기 앞으로 소유권을 표상하는 등기가 되어 있었거나 법률에 의하여 소유권을 취득한 자가 진정한 등기명의를 회복하기 위한 방법으로 현재의 등기명의인을 상대로 그 등기의 말소를 구하는 것에 갈음하여 허용되는 것인데, 말소등기에 갈음하여 허용되는 진정명의회복을 원인으로 한 소유권이전등기청구권과 무효등기의 말소청구권은 어느 것이나 진정한 소유자의 등기명의를 회복하기 위한 것으로서 실질적으로 그 목적이 동일하고, 두 청구권 모두 소유권에 기한 방해배제청구권으로서 그 법적 근거와 성질이 동일하므로, 비록 전자는 이전등기, 후자

67) 대법원 1981. 1. 13. 선고 80다204,205호 판결
68) 대법원 1996. 8. 23. 선고 94다49922호 판결

는 말소등기의 형식을 취하고 있다고 하더라도 그 소송물은 실질상 동일한 것으로 보아야 하고, 따라서 소유권이전등기말소청구소송에서 패소확정판결을 받았다면 그 기판력은 그 후 제기된 진정명의회복을 원인으로 한 소유권이전등기청구소송에도 미친다.[69]

마. 확정판결이 실체적 권리관계와 다르다 하더라도 그 판결이 재심의 소 등으로 취소되지 않는 한 그 판결의 기판력에 저촉되는 주장을 할 수 없어 그 판결의 집행으로 교부받은 금원을 법률상 원인 없는 이득이라 할 수 없는 것이므로, 불법행위로 인한 인신손해에 대한 손해배상청구소송에서 판결이 확정된 후 피해자가 그 판결에서 손해배상액 산정의 기초로 인정된 기대여명보다 일찍 사망한 경우라도 그 판결이 재심의 소 등으로 취소되지 않는 한 그 판결에 기하여 지급받은 손해배상금 중 일부를 법률상 원인 없는 이득이라 하여 반환을 구하는 것은 그 판결의 기판력에 저촉되어 허용될 수 없다.[70]

5. 기판력의 주관적 범위

가. 확정판결은 당사자, 변론을 종결한 뒤의 승계인(변론 없이 한 판결의 경우에는 판결을 선고한 뒤의 승계인) 또는 그를 위하여 청구의 목적물을 소지한 사람에 대하여 효력이 미친다(제218조 제1항).

나. 판결의 기판력은 변론 종결후의 승계인 등 그 사건의 당사자와 동일하게 처리할 수 있는 자를 제외하고는 원칙적으로 그 사건

69) 대법원 2001. 9. 20. 선고 99다37894호 (全) 판결

70) 대법원 2009. 11. 12. 선고 2009다56665호 판결

의 대립 당사자간에만 미친다.[71]

다. 전소의 소송물이 대세적 효력이 있는 물권적 청구권인 경우 즉 원인무효를 이유로 소유권이전등기의 말소를 명하는 판결인 경우 변론종결 후에 그 목적물에 관한 소유권이전등기를 마친 자나 근저당권설정등기를 마친 자, 경락취득자[72] 등은 "변론종결 후 승계인"에 해당하여 기판력이 미친다. 그러나 전소의 소송물이 채권적 청구권인 소유권이전등기청구권인 경우에는 전소의 변론종결 후에 그 목적물에 관한 소유권이전등기를 넘겨받은 사람은 변론종결 후의 승계인에 해당하지 아니한다[73]. 이러한 법리는 화해권고결정이 확정된 후 그 목적물에 관하여 소유권등기를 이전받은 사람에 관하여도 다를 바 없다고 할 것이다. 한편 소유권에 기한 물권적 방해배제청구로서 소유권등기의 말소를 구하는 소송이나 진정명의 회복을 원인으로 한 소유권이전등기절차의 이행을 구하는 소송 중에 그 소송물에 대하여 화해권고결정이 확정되면 상대방은 여전히 물권적인 방해배제의무를 지는 것이고, 화해권고결정에 창설적 효력이 있다고 하여 그 청구권의 법적 성질이 채권적 청구권으로 바뀌지 아니한다[74].

라. 당사자가 변론을 종결할 때(변론 없이 한 판결의 경우에는 판결을 선고할 때)까지 승계사실을 진술하지 아니한 때에는 변론

71) 대법원 1960. 7. 28. 선고 4292민상784호 판결

72) 대법원 1975. 12. 9. 선고 75다746호 판결; 대법원 1974. 12. 10. 선고 74다1046호 판결 "근저당권설정등기의 말소를 명한 판결이 확정되었으면 그 판결의 변론 종결후의 승계인인 임의경매실행으로 인한 소유권 취득자에 대하여는 경매절차의 진행을 저지하는 절차나 등기부상 대항력을 갖추는 조처를 취한 여부에 불구하고 그 판결의 기판력이 미친다."

73) 대법원 2003. 5. 13. 선고 2002다64148호 판결

74) 대법원 2012. 5. 10. 선고 2010다2558호 판결

을 종결한 뒤(변론 없이 한 판결의 경우에는 판결을 선고한 뒤)에 승계한 것으로 추정한다(제218조 제2항). 추정승계인이 후소에서 승계가 있었음을 증명하면 기판력으로부터 제외된다.[75]

마. 다른 사람을 위하여 원고나 피고가 된 사람에 대한 확정판결은 그 다른 사람에 대하여도 효력이 미친다(제218조 제3항). 제3자의 소송담당에서 소송담당자가 받은 판결의 기판력은 권리의 귀속주체에게 미친다. 선정당사자가 받은 판결은 선정자에게 효력이 미치며(제53조), 해난구조료사건에서 선장이 받은 판결은 선주에게 효력을 미친다(상법 제894조). 채권자대위소송에서 채무자가 대위소송의 계속을 알게 된 경우 기판력이 채무자에게 미친다.[76]

바. 독립당사자참가(제79조), 참가승계(제81조), 인수승계(제82조)의 경우, 소송탈퇴자에게 기판력이 미친다.

6. 기판력이 시적 범위

가. 확정판결의 내용인 당사자들의 권리관계는 소송 중 시간이 흘러가는 도중에도 계속 변하기 마련이고, 따라서 기판력이 발생하는 시적 표준이 필요하게 된다. 사실심변론종결시를 기판력이 발생하는 시적 표준이다.[77] 소송이 항소심까지 진행된 경우

75) 대법원 1977. 7. 26. 선고 77다92호 판결; 대법원 2005. 11. 10 선고 2005다34667, 34674호 판결

76) 대법원 1975. 5. 13. 선고 74다1664호 (全)판결; 대법원 1996. 9. 20. 93다20177,20184호 판결

77) 대법원 1963. 9. 12. 선고 63다359호판결 "변론종결시 새로 발생한 사실을 주장하여 전판결내용과 상반되는 청구를 하는 것은 확정판결의 기판력에 저촉되지 아니한다."

소송이 제1심에서 종료하였을 때는 제1심의 변론종결시, 항소심에서 종료되었을 때는 항소심의 변론종결시, 항소각하・취하의 경우에는 제1심의 변론종결시가 기판력의 표준시이다. 소송이 상고심까지 간 경우에는 제2심의 변론종결시가 표준시이다. 재심의 소가 제기된 경우 재심이 각하된 경우에는 원심 판결의 변론종결시가 표준시이고, 재심이 인용된 경우 재심판결의 변론종결시가 표준시가 된다.

나. 판결의 기판력이 생기면 판결 대상의 사건의 사실심변론종결시까지 존재했으나 제출하지 않았던 공격방법방법(사실과 증거)은 원칙적으로 당사자가 그 존재를 알고 있었는지, 모르고 있었는지 묻지 않고 後訴에서 제출할 수 없다.[78] 이를 기판력의 차단효 또는 실권효라 한다.

다. 표준시인 사실심변론종결시 이후 그 전에 발생한 단순한 공격방어방법인 취소권[79], 해제권, 백지어음보충권[80] 등은 행사할

---

78) 대법원 1980. 5. 13. 선고 80다473 판결 “기판력은 그 소송의 변론종결 전에 있어서 주장할 수 있었던 모든 공격 및 방어방법에 미치는 것이며 그 당시 알 수 있었거나 또는 알고서 이를 주장하지 않았던 사항에 한하여 미친다고는 볼 수 없다.”

79) 대법원 1959. 9. 24. 선고 4291민상830호 판결 “차단효와 관련한 판례 권리 또는 법률관계의 존부에 관한 판결이 확정된 때에는 당사자 또는 일반 승계인간에 있어서는 동일한 권리 또는 법률관계에 관하여 구두변론 종결전의 사유를 원인으로 하여 확정판결의 취지에 반하는 주장을 할 수 없고 법원 또한 당사자간의 별개소송에 있어서 확정판결의 취지에 반하는 판단을 할 수 없는 소위 기판력이 발생하는 것이고 따라서 확정된 법률관계에 있어 취소권을 행사치 않음으로 인하여 취소권자에게 불리하여 확정되었다 할지라도 확정 후 취소권을 행사함으로써 동확정의 효력을 부인할 수 없게 되는 것이다.”

80) 대법원 2008. 11. 27. 선고 2008다59230호 판결 “약속어음의 소지인이 어음요건의 일부를 흠결한 이른바 백지어음에 기하여 어음금 청구소송(전소)을 제기하였다가 위 어음요건의 흠결을 이유로 청구기각의 판결을 받고 위 판결이 확정된 후 위 백지 부분을 보충하여 완성된 어음에 기하여 다시 전소의 피고에 대하여 어음금 청구소송(후소)을 제기한 경우에는, 원고가 전소에서 어음요건의 일부를 오해하거나 그 흠결을 알지 못했다고 하더라도, 전소와 후소는 동일한 권리 또는 법률관계의 존부를 목

수 없다. 그러나 단순한 공격방법이 아닌 출혈적 항변에 해당하는 상계권[81], 매수청구권[82] 등은 기판력과 상관없이 행사할 수 있다.

라. 일반적으로 판결이 확정되면 법원이나 당사자는 확정판결에 반하는 판단이나 주장을 할 수 없는 것이나, 이러한 확정판결의 효력은 그 표준시인 사실심 변론종결시를 기준으로 하여 발생하는 것이므로, 그 이후에 새로운 사유가 발생한 경우까지 전소의 확정판결의 기판력이 미치는 것은 아니므로, 전소에서 정지조건 미성취를 이유로 청구가 기각되었다 하더라도 변론종결 후에 그 조건이 성취되었다면, 이는 변론종결 후의 취소권이나 해제권 행사의 경우와는 달리 동일한 청구에 대하여 다시 소를 제기할 수 있다.[83]

적으로 하는 것이어서 그 소송물은 동일한 것이라고 보아야 할 것이다. 그리고 확정판결의 기판력은 동일한 당사자 사이의 소송에 있어서 변론종결 전에 당사자가 주장하였거나 주장할 수 있었던 모든 공격 및 방어방법에 미치는 것이므로, 약속어음의 소지인이 전소의 사실심 변론종결일까지 백지보충권을 행사하여 어음금의 지급을 청구할 수 있었음에도 위 변론종결일까지 백지부분을 보충하지 않아 패소판결이 확정된 경우, 백지 보충권을 행사하여 다시 동일한 어음금을 청구하였을 때에는 전소판결의 기판력에 의하여 차단되어 허용되지 않는다."

81) 대법원 1966. 6. 28. 선고 66다780호 판결

82) 대법원 1995. 12. 26. 선고 95다42195호 판결 "건물의 소유를 목적으로 하는 토지임대차에 있어서, 임대차가 종료함에 따라 토지의 임차인이 임대인에 대하여 건물매수청구권을 행사할 수 있음에도 불구하고 이를 행사하지 아니한 채, 토지의 임대인이 임차인에 대하여 제기한 토지인도 및 건물철거청구소송에서 패소하여 그 패소판결이 확정되었다고 하더라도, 그 확정판결에 의하여 건물철거가 집행되지 아니한 이상 토지의 임차인으로서는 건물매수청구권을 행사하여 별소로서 임대인에 대하여 건물매매대금의 지급을 구할 수 있다."

83) 대법원 2002. 5. 10. 선고 2000다50909호 판결

제5절 특별한 형태의 소송이 요구하는 요건

Ⅰ. 청구의 병합·변경

1. 소의 객관적 병합

가. 소의 객관적 병합이란 원고의 피고에 대한 여러 개의 청구를 하나의 소송절차에서 심판할 수 있도록 합치는 것을 뜻한다(제253조). 여러 개 청구를 병합해서 소를 제기하거나(원시적 병합), 소송 진행 중에 병합할 수 있다(후발적 병합). 법원은 모든 청구에 대하여 토지관할권과 사물관할권을 가지고 있어야 한다. 소의 객관적 병합의 요건은 직권으로 심사하여 요건이 결여된 경우에는 분리하여 이송하거나 소송판결로 각하하여야 한다. 병합된 여러 개의 청구는 같은 소송절차에서 심판한다. 기일은 모든 청구에 공통되며 변론과 증거조사도 공통적으로 실시한다. 병합된 청구 중 어느 하나에 대하여 판단이 누락되면 추가판결을 하여야 한다(제212조 제1항).

나. 민사소송과 비송, 민사소송과 보전소송, 민사소송과 조정사건은 서로 병합이 허용되지 않는다. 행정소송과 가사소송을 병합하는 것처럼 본안판단의 기준이 전혀 다른 청구들을 무리하게 병합할 이유가 없다. 행정소송법상 취소소송에 민사소송을 병합하는 것은 허용되지 않지만 행정청의 취소처분과 관련한 손해배상청구, 부당이득반환, 원상회복청구는 병합이 허용된다.[84)]

---

84) 행정소송법 제10조(관련청구소송의 이송 및 병합) ① 취소소송과 다음 각 호의 1에 해당하는 소송(관련청구소송)이 각각 다른 법원에 계속되고 있는 경우에 관련청구소송이 계속된 법원이 상당하다고 인정하는 때에는 당사자의 신청 또는 직권에 의하여 이를 취소소송이 계속된 법원으로 이송할 수 있다. 1. 당해 처분등과 관련되는 손해배상·부당이득반환·원상회복등 청구소송 2. 당해 처분등과 관련되는 취소소송 ②

가사소송법 제2조 제1항 소정의 나류 가사소송사건과 마류 가사비송사건은 통상의 민사사건과는 다른 종류의 소송절차에 따르는 것이므로, 원칙적으로 위와 같은 가사사건에 관한 소송에서 통상의 민사사건에 속하는 청구를 병합할 수는 없다.[85)]

다. 단순병합은 변론의 분리 및 일부 판결이 가능하지만, 선택적으로 병합된 여러 개의 청구는 하나의 소송절차에서 불가분적으로 결합되었기 때문에 변론을 분리하거나 일부 판결을 할 수 없다. 또한 양립할 수 없는 여러 개의 청구가 병합된 경우에는 오로지 예비적 병합의 방법에 의해서만 심판하여야 하기 때문에 변론을 분리하거나 일부 판결을 하여서는 안 된다.

라. 전부판결의 일부에 대하여 상소하면 상소심의 대상은 상소한 부분뿐이지만 이심과 확정차단의 효력은 청구 전부에 생긴다

취소소송에는 사실심의 변론종결시까지 관련청구소송을 병합하거나 피고외의 자를 상대로 한 관련청구소송을 취소소송이 계속된 법원에 병합하여 제기할 수 있다.

85) 대법원 2006. 1. 13. 선고 2004므1378 판결 "기록에 의하면, 원고는 당초 나류 가사소송사건 및 마류 가사비송사건인 이혼청구 및 재산분할청구를 병합한 가사소송을 서울가정법원에 제기하였다가 제1심에서 원고 패소판결이 선고되자 원심에 이르러, 주위적으로 위와 같은 취지의 청구를 유지하는 한편, 부부간의 명의신탁약정의 해지에 관한 법리에 의하거나 민법 제829조 제3항의 부부 공유의 재산분할청구권에 관한 규정이 혼인 전 부부재산약정이 없는 경우에도 유추 적용될 수 있음을 전제로 하여, 제1차 예비적 청구로, 피고 명의의 부동산들 중 1/2 지분에 관하여 명의신탁해지를 원인으로 한 소유권이전등기절차의 이행을 구하고, 제2차 예비적 청구로, 부부 공유재산인 피고 명의의 부동산들을 경매에 붙여 그 대금을 원・피고에게 1/2씩 분할할 것을 구하는 추가적・예비적 청구변경신청을 한 사실을 알 수 있다. 그런데 부부간의 명의신탁해지를 원인으로 한 소유권이전등기청구나 민법 제829조 제2항에 의한 부부재산약정의 목적물이 아닌 부부 공유재산의 분할청구는 모두 통상의 민사사건으로, 그 소송절차를 달리하는 나류 가사소송사건 또는 마류 가사비송사건인 이혼 및 재산분할청구와는 병합할 수 없다. 따라서 원심이 같은 취지에서 원고의 추가적・예비적 청구변경신청은 부적법하다는 이유로 이를 허용하지 않은 것은 위 법리에 따른 것으로서 정당하고, 거기에 상고이유 주장과 같은 청구의 병합 또는 변경에 관한 법리오해 등의 위법이 없다."

(제415조). 이를 상소불가분의 원칙이라고 한다. 선택적 병합이나 예비적 경합이나 병합된 청구 중 어느 하나를 누락할 경우 판단누락으로 보아 상소의 대상이 된다.

마. 원고가 피고의 주소를 알면서 허위주소로 제소하여 공시송달의 방법으로 승소확정판결을 받았다는 이유로 피고가 제기한 재심의 소에서는 피고는 확정판결의 취소를 구함과 동시에 본소 청구기각을 구하는 외에 원고에 대한 새로운 청구를 병합하는 것은 부적법하다.[86]

바. 청구의 선택적 병합이란 원고가 양립할 수 있는 수개의 경합적 청구권에 기하여 동일 취지의 급부를 구하거나 양립할 수 있는 수개의 형성권에 기하여 동일한 형성적 효과를 구하는 경우에 그 어느 한 청구가 인용될 것을 해제조건으로 하여 수개의 청구에 관한 심판을 구하는 병합 형태이므로 논리적으로 양립할 수 없는 수개의 청구는 성질상 선택적 병합으로 동일 소송절차 내에서 동시에 심판될 수 없는 것이고 이러한 수개의 청구가 동일 소송절차 내에서 모순 없이 심리되기 위하여는 그 청구 간에 주위적, 예비적인 관계가 있을 것을 요한다고 할 것인바, 피고 명의의 각 등기가 원인무효임을 이유로 그 말소를 구하는 청구와 그 등기가 유효한 명의신탁등기이나 신탁이 해지되었음을 이유로 소유권이전등기를 구하는 청구는 서로 양립할 수 없는 관계에 있으므로 이들 청구에 대하여는 선택적 병합에 의

86) 대법원 1971. 3. 31. 선고 71다8 판결; 대법원 1997. 5. 28. 선고 96다41649 판결 "피고들은 이 사건 재심대상판결의 취소와 그 본소청구의 기각을 구하는 외에, 원고와 승계인을 상대로 재심대상판결에 의하여 경료된 원고 명의의 소유권이전등기와 그 후 승계인의 명의로 경료된 소유권이전등기의 각 말소를 구하는 청구를 병합하여 제기하고 있으나, 위와 같은 청구들은 별소로 제기하여야 할 것이고 재심의 소에 병합하여 제기할 수 없다."

한 병합심리를 할 수 없다.[87)]

사. 논리적으로 전혀 관계가 없어 순수하게 단순병합으로 구하여야 할 수개의 청구를 선택적 또는 예비적 청구로 병합하여 청구하는 것은 부적법하여 허용되지 않는다. 따라서 원고가 그와 같은 형태로 소를 제기한 경우 제1심법원이 본안에 관하여 심리·판단하기 위해서는 소송지휘권을 적절히 행사하여 이를 단순병합 청구로 보정하게 하는 등의 조치를 취하여야 하는바, 법원이 이러한 조치를 취함이 없이 본안판결을 하면서 그 중 하나의 청구에 대하여만 심리·판단하여 이를 인용하고 나머지 청구에 대한 심리·판단을 모두 생략하는 내용의 판결을 하였다 하더라도 그로 인하여 청구의 병합 형태가 선택적 또는 예비적 병합 관계로 바뀔 수는 없으므로, 이러한 판결에 대하여 피고만이 항소한 경우 제1심법원이 심리·판단하여 인용한 청구만이 항소심으로 이심될 뿐, 나머지 심리·판단하지 않은 청구는 여전히 제1심에 남아 있게 된다. 원심이 이와 같이 제1심에서 이심되지 않은 청구를 그 심판범위에서 제외한 것은 정당하고, 한편 원심이 제1심에서 이심되지도 않은 부분에 관하여 제1심에서 추가판결을 받도록 하는 등의 소송지휘권을 행사하여 청구를 병합시킬 의무가 있다고 할 수는 없다.[88)]

아. 청구의 예비적 병합이란 병합된 수개의 청구 중 주위적 청구(제1차 청구)가 인용되지 않을 것에 대비하여 그 인용을 해제조건으로 예비적 청구(제2차 청구)에 관하여 심판을 구하는 병합형태로서, 이와 같은 예비적 병합의 경우에는 원고가 붙인 순위에 따라 심판하여야 하며 주위적 청구를 배척할 때에는 예비적 청구에 대하여 심판하여야 하나 주위적 청구를 인용할 때

87) 대법원 1982. 7. 13. 선고 81다카1120 판결

88) 대법원 2009. 12. 24. 선고 2009다10898 판결

에는 다음 순위인 예비적 청구에 대하여 심판할 필요가 없는 것이므로, 주위적 청구를 인용하는 판결은 전부판결로서 이러한 판결에 대하여 피고가 항소하면 제1심에서 심판을 받지 않은 다음 순위의 예비적 청구도 모두 이심되고 항소심이 제1심에서 인용되었던 주위적 청구를 배척할 때에는 다음 순위의 예비적 청구에 관하여 심판을 하여야 하는 것이다. 예비적 병합의 경우에는 수개의 청구가 하나의 소송절차에 불가분적으로 결합되어 있기 때문에 주위적 청구를 먼저 판단하지 않고 예비적 청구만을 인용하거나 주위적 청구만을 배척하고 예비적 청구에 대하여 판단하지 않는 등의 일부판결은 예비적 병합의 성질에 반하는 것으로서 법률상 허용되지 아니하며, 그럼에도 불구하고 주위적 청구를 배척하면서 예비적 청구에 대하여 판단하지 아니하는 판결을 한 경우에는 그 판결에 대한 상소가 제기되면 판단이 누락된 예비적 청구 부분도 상소심으로 이심이 되고 그 부분이 재판의 탈루에 해당하여 원심에 계속 중이라고 볼 것은 아니다. 원고의 주위적 청구 중 일부를 인용하고 예비적 청구를 모두 기각한 제1심판결에 대하여 피고가 불복 항소하자 항소심이 피고의 항소를 받아들여 제1심판결을 취소하고 그에 해당하는 원고의 주위적 청구를 기각하는 경우, 항소심은 기각하는 주위적 청구 부분과 관련된 예비적 청구를 심판대상으로 삼아 판단하여야 한다.[89]

2. 청구의 변경

가. 원고는 청구의 기초가 바뀌지 아니하는 한도 안에서 변론을 종결할 때(변론 없이 한 판결의 경우에는 판결을 선고할 때)까지 청구의 취지 또는 원인을 바꿀 수 있다(제262조 제1항). 이를

89) 대법원 2000. 11. 16. 선고 98다22253 전원합의체 판결

청구의 변경이라 한다. 청구취지의 금액을 증감하는 경우, 같은 지상의 방해물철거를 구하면서 그 대상만 달리하는 경우, 토지인도청구에서 그 지상가건물의 철거를 추가한 경우, 목적물의 명도를 구하다가 그 이행불능을 원인으로 한 전보배상청구를 하는 경우, 원본청구에 이자청구를 추가하는 경우, 물건인도소송을 소유권에 기하여 구하다가 점유권으로 바꾼 경우, 어음금청구를 원인채권청구로 바꾸는 경우, 소유권이전등기청구에서 매매를 원인으로 하다가 대물변제로 바꾸는 경우, 건축공사대금채권의 부전재확인청구를 건물소유권확인청구로 변경하는 경우 등이 판례가 인정하는 청구기초가 동일한 경우의 예이다.

나. 청구의 변경은 소송중의 소이므로 소제기의 일반원칙(제248조)에 따라 서면에 의하는 것이 원칙이겠으나, 서면에 의하지 아니한 청구취지의 변경에 대하여 상대방이 지체 없이 이의하지 아니한 경우 이의권이 상실된다[90]. 청구취지의 변경은 서면으로 신청하여야 하며, 그 서면은 상대방에게 송달하여야 한다(제262조 제2항, 제3항).[91] 청구원인은 말로 변경할 수 있다.[92] 그러나 피고 불출석 상태에서 원고가 말로 청구원인을 변경한 다음 법원이 피고에게 이에 대한 방어의 기회를 주지 않고 변론을 종결하는 것은 위법하다.[93] 법원은 청구의 취지 또는 원인의 변경이 옳지 아니하다고 판단되면, 직권 또는 상대방 신청에 따라 원고의 청구변경을 불허하는 결정을 하여야 한다(제263조). 소액사건의 경우 서면이 아닌 말로 청구의 변경이 가

90) 대법원 1993. 3. 23. 선고 92다51204 판결

91) 청구취지의 변경은 준비서면의 형식으로 하여도 무방하다(대법원 2009. 5. 28. 선고 2008다86232).

92) 대법원 1961. 10. 19. 선고 4293민상531 판결

93) 대법원 1989. 6. 13. 선고 88다카19231 판결

능하다. 청구원인의 변경은 소액사건이 아니더라도 언제나 말로 변경할 수 있다. 청구의 감축은 소의 일부취하이므로 서면에 의할 필요가 없고 말로 할 수 있지만 통상의 소 취하의 경우와 마찬가지로 상대방의 동의가 있어야 한다. 청구감축에 대한 동의는 묵시적으로 하여도 무방하다.[94] 청구를 감축한 경우 당연히 인지를 붙이지 않는다.

다. 청구변경신청서는 그에 대하여 소장에 준하여 심사를 마친 후 적법하다고 인정되면 즉시 이를 상대방에게 송달하여야 한다(민사소송규칙 제64조 2항). 청구를 변경하는 서면이 송달되면 새로운 청구에 관한 소송계속은 청구를 변경하는 서면이 송달된 시점부터 생긴다.[95] 시효중단 · 법률기간의 준수 효과는 청구변경에 관한 서면을 제출할 때에 생긴다(제265조).

라. 소장에서 심판을 구하는 대상이 불분명하여 이를 명확하게 하기 위하여 청구취지를 정정하거나 보충하는 것은 소장의 정정에 해당하고, 청구의 변경이 아니다.[96] 또한 단순히 청구를 이유 있게 하는 사실의 추가나 변경하는 것 역시 공격방법의 추가나 변경에 불과한 것으로 청구의 변경이 아니다.[97] 청구의 감축은 소의 일부 취하에 해당하기 때문에 피고의 동의를 받아야 한다.[98]

---

94) 대법원 1993. 9. 14. 선고 93누9460 판결

95) 대법원 1992. 5. 22. 선고 91다41187 판결 "소의 추가적 변경이 있는 경우 추가된 소의 소송계속의 효력은 그 서면을 상대방에게 송달하거나 변론기일에 이를 교부한 때에 생긴다."

96) 대법원 2008. 2. 1. 선고 2005다74863 판결

97) 사해행위취소청구에서 채권자가 피보전채권을 추가 또는 교환하는 것은 공격방법의 변경에 해당한다(대법원 2003. 5. 27. 선고 2001다13532 판결).

98) 대법원 2005. 7. 14. 선고 2005다19477 판결

마. 적법한 청구변경이 인정되면 법원은 새로운 청구에 대하여 심리・판단한다. 구청구의 소송자료는 신청구의 소송자료가 된다. 교환적 변경의 경우 구청구에 대한 소송계속은 소멸하고 신청구만 심판대상이 된다. 추가적 변경은 신・구청구 모두 심판대상이 된다. 법원이 교환적 변경을 간과하고 구청구에 대하여 심판한 경우, 구청구는 청구변경 시점에 소송이 종료되었다는 소송종료선언을 하아여 한다. 누락된 신청구는 원심에 소송계속 중이므로 원심은 신청구에 대하여 판결한다. 선택적・예비적 병합이 있었는데 구청구만 판단하여 청구기각판결을 한 경우 일부판결은 허용되지 않으므로 원심판결의 취소 또는 파기사유가 된다. 누락된 선택적・예비적 청구에 대하여 상소한 경우 모든 청구가 이심되고 상소심에서 전부에 대하여 판단을 받으면 된다.

바. 청구기초의 동일성에 대하여 피고가 동의하거나 이의 없이 변론을 한 경우 이의권이 상실되어 실제 청구기초의 동일성이 없는 경우라도 청구 변경을 허용된다. 사실심 변론종결 후의 청구변경은 원칙적으로 허용되지 않으므로 상고심에서 변론을 열더라도 청구변경은 허용되지 않는다. 항소심에서는 청구기초가 동일하므로 상대방의 동의 없이 청구변경이 가능하다. 그러나 항소심에서 다른 청구와 교환적 변경을 하고 나서 다시 본래의 구청구로 교환적 변경을 한 경우에는 종국판결이 있은 후 소를 취하하였다가 동일한 소를 다시 제기한 경우에 해당하므로 부적법하다(87다카1405). 항소심에서 교환적 변경에 의하여 구청구의 소송계속은 소급적으로 소멸되므로 항소심에서는 구청구에 대한 제1심판결을 취소할 필요 없이, 심판대상인 신청구에 대하여만 제1심으로서 판결을 하게 된다(87다카2372). 따라서 실질적으로 제1심으로 심판하는 신청구에 대하여 소취하는 가

능하지만, 항소취하를 할 수는 없다(2008두2606). 항소심에서 교환적 변경한 신청구를 배척하여야 할 경우 항소법원은 신청구에 대하여 청구기각한다는 주문표시를 하며 제1심주문표시가 일치되어도 항소기각을 해서는 안 된다(96다25449,25456).

Ⅱ. 중간확인의 소

1. 소송당사자는 소송이 계속되는 중에, 그 소송의 전제 또는 쟁점이 되는 법률관계의 확인을 구하는 소를 제기할 수 있다(제264조 제1항). 이를 중간확인의 소라고 한다. 예컨대, 소유권이전등기절차를 이행하라는 소송이 계속 중에, 원고 또는 피고가 소유권의 확인을 구하는 소를 제기하는 것이다. 중간확인의 소는 본소의 법률관계에 대하여 제기하는 것이고, 증서진부의 확인 등 사실관계에 대하여는 제기할 수 없다. 피고가 중간확인의 소를 제기할 경우 반소의 형태가 된다. 중간확인의 소는 사실관계의 심리가 필요한 것이므로 상고심에서는 제기할 수 없다.

2. 중간확인의 소는 신소에 해당하므로 서면으로 제기하여야 하고(제264조 제2항), 상대방에게 그 서면이 송달되어야 한다(제264조 제2항). 피고가 항소심에서 반소를 제기하는 경우에는 원고의 동의가 필요하지만(제412조 제1항), 중각확인의 소를 제기하는 경우에는 원고의 동의가 필요 없다.

Ⅲ. 반소

1. 피고는 소송절차를 현저히 지연시키지 아니하는 경우에만 변론을 종결할 때까지 본소가 계속된 법원에 반소를 제기할 수 있다. 다만, 소송의 목적이 된 청구가 다른 법원의 관할에 전속되지 아니하고 본소의 청구 또는 방어의 방법과 서로 관련이 있어야 한다(제269조 제1항).

2. 본소가 단독사건인 경우에 피고가 반소로 합의사건에 속하는 청구를 한 때에는 법원은 직권 또는 당사자의 신청에 따른 결정으로 본소와 반소를 합의부에 이송하여야 한다(제269조 제2항). 변론관할(제30조)이 생긴 후에는 이송할 필요가 없다. 반소의 제기로 인하여 합의사건에 해당되는지 여부는 반소 자체의 소송목적의 값만을 기준으로 할 것이지, 본소와 반소의 소송목적의 값을 합산한 값을 기준으로 해서는 안 된다. 지방법원 합의부가 지방법원 단독판사의 판결에 대한 항소사건을 제2심으로 심판하는 도중에 지방법원 합의부의 관할에 속하는 반소가 제기되었더라도 이미 정하여진 항소심 관할에는 영향이 없다.[99]

3. 반소는 본소에 관한 규정을 따른다(제270조).[100] 반소장에는 본소

---

99) 대법원 2011. 7. 14. 자 2011그65 결정

100) 반소는 본소에 관한 규정을 따라야 하므로 반드시 서면(반소장)에 의하여야 한다. 따라서 소장의 필수적 기재사항이 명시되어야 한다. 반소장에도 소장과 동일한 기준에 의한 인지를 붙여야 한다(민사소송 등 인지법 제4조 제1항). 예외적으로 본소와 반소의 목적이 동일한 소송물인 때에는 인지를 붙일 필요가 없다(동법 제4조 제2항). 다만, 일부청구의 본소에 대하여 전부에 관한 반소가 제기된 경우와 같이 양소의 목적이 일부만 중첩되는 때에는 그 나머지 부분에 대해서는 반소장에 인지를 붙여야 한다.본소 사건명에 반소의 사건명을 병기한다. 반소장에 대하여는 소장에 준하여 심사를 하고 상대방(원고)에게 반소장 부본을 송달하여야 한다(제255조 제1항, 민사소송규칙 제64조 제2항). 소송대리인의 반소 제기에는 특별수권이 필요하

피고를 반소원고라고 표시하고, 본소원고를 반소피고라 표시한다. 반소는 피고가 공격방어방법이 아니라 독립한 소의 제기이다. 상계항변은 방어방법의 제출이지만, 상계하고 남은 금원의 지급을 구하는 소를 제기하는 것은 반소이다. 본소청구가 인용되면 반소청구에 대한 심판을 구하는 경우를 예비적 반소라 한다. 본소청구가 각하·기각되면 반소청구에 대한 심판을 구하는 경우를 부진정예비적 반소도 가능하다. 반소에는 본소청구기각 이상의 적극적 내용이 포함되어야 한다.[101] 채무금지급청구에 대하여 채무부존재확인의 반소는 허용되지 않는다. 반소를 제기할 것인지, 별소를 제기할 것인지는 피고의 선택에 달렸다. 반소를 제기하지 않고 별소를 제기한 경우 이부, 변론병합, 이송 등을 통해 같은 소송절차에서 처리할 수도 있다.

4. 반소의 취하에 있어서도 원칙적으로 원고의 동의가 필요함은 물론이다. 다만, 본소가 취하된 때에는 피고는 원고의 동의 없이 반소를 취하할 수 있다(제271조). 본소가 원고의 의사와 관계없이 부적법하여 각하된 경우에는 원고의 동의가 있어야 반소를 취하할 수 있다.[102] 반소를 취하한 반소원고가 소취하 후 재소금지의 효과를 받게 되는 것은 보통의 소취하의 경우와 같다(제267조 2항). 본소가 취하되었더라도 반소의 소송계속에는 영향이 없으므로 반소만에 대하여 심판하여야 한다.[103] 본소의 인용이나 기각을 조건으로 하는 예비적 반소의 경우에는 본소가 취하되면 반소도 조건의 불성취로 인하여 소멸한다.

다. 변호사인 소송대리인에 대한 위임장 양식에는 반소에 관한 특별수권 문구가 인쇄되어 있어 문제되지 않지만, 변호사가 아닌 소송대리인의 위임장에는 반소에 관한 특별수권 문구가 없는 경우가 통상이다.

101) 대법원 2007. 4. 13. 선고 2005다40709 판결

102) 대법원 1984. 7. 10. 선고 84다카298 판결

103) 대법원 1970. 9. 22. 선고 69다446 판결

Ⅳ. 공동소송과 소송참가

1. 통상의 공동소송

가. 통상의 공동소송이란 개별적으로 해결되어도 무방한 여러 사건을 하나의 소송으로 해결하는 것을 말한다. 소송목적이 되는 권리나 의무가 여러 사람에게 공통되거나 사실상 또는 법률상 같은 원인으로 말미암아 생긴 경우에는 그 여러 사람이 공동소송인으로서 당사자가 될 수 있다. 소송목적이 되는 권리나 의무가 같은 종류의 것이고, 사실상 또는 법률상 같은 종류의 원인으로 말미암은 것인 경우에도 또한 같다(제65조).

나. 이러한 통상의 공동소송에서는 공동소송인은 각자 독립하여 소송물을 처분할 권리가 있기 때문에 개별적으로 소송수행이 가능하다. 따라서 비록 하나의 소송절차에서 동시에 소송이 진행된다 할지라도 공동소송인 가운데 한 사람의 소송행위 또는 이에 대한 상대방의 소송행위와 공동소송인 가운데 한 사람에 관한 사항은 다른 공동소송인에게 영향을 미치지 않는다(제66조 공동소송인 독립의 원칙).

2. 필수적 공동소송

가. 고유필수적 공동소송

소송목적이 공동소송인 모두에게 '합일적으로 확정되어야 할 공동소송'[104]의 경우(필수적 공동소송)에 공동소송인 가운데 한 사람의 소송

104) 고유필수적 공동소송에서 합일・확정의 근거는 권리의 근거가 되는 실체법 즉 민법 규정에서 찾아야 한다. 실체법상 관리처분권이 여러 사람에게 공동으로 귀속되는 경우가 고유필수적 공동소송에 해당하는 것이다. 관리처분권을 개별적으로 행사할 수 있는 실체법상의 권능인 지분권, 보존행위, 불가분채권 등의 경우에는 원칙적으

행위는 모두의 이익을 위하여서만 효력을 가진다(제67조 제1항). 필수적 공동소송에서 공동소송인 가운데 한 사람에 대한 상대방의 소송행위는 공동소송인 모두에게 효력이 미친다(제67조 제2항). 필수적 공동소송에서 공동소송인 가운데 한 사람에게 소송절차를 중단 또는 중지하여야 할 이유가 있는 경우 그 중단 또는 중지는 모두에게 효력이 미친다(제67조 제3항).

필수적 공동소송에 있어서 공동소송인 가운데 한 사람에 대한 상대방의 소송행위는 공동소송인 모두에게 효력이 미친다고 규정하고 있으므로, 공동소송인 중 일부에 대한 상소는 다른 공동소송인에 대하여도 그 효력이 미칠 것이며, 사건은 필수적 공동소송인 전원에 대하여 확정이 차단되고 상소심에 이심된다.[105)]

공동소송인과 상대방 사이에 판결의 합일확정을 필요로 하는 고유필수적 공동소송에 있어서는 공동소송인 중 일부가 제기한 상소 또는 공동소송인 중 일부에 대한 상대방의 상소는 다른 공동소송인에게도 그 효력이 미치는 것이므로 공동소송인 전원에 대한 관계에서 판결의 확정이 차단되고 그 소송은 전체로서 상소심에 이심되며, 상소심판결의 효력은 상소를 하지 아니한 공동소송인에게 미치므로 상소심으로서는 공동소송인 전원에 대하여 심리·판단하여야 한다. 이러한 고유필수적 공동소송에 대하여 본안판결을 할 때에는 공동소송인 전원에 대한 하나의 종국판결을 선고하여야 하는 것이지 공동소송인 일부에 대해서만 판결

로 판결의 기판력이 다른 사람에게 미치지 않기 때문에 단독소송으로 제기 할 수 있고, 따라서 공동소송으로 제기하더라도 통상의 공동소송이 된다(강현중, 전게서, 558면).

105) 대법원 2010. 12. 23. 선고 2010다77750 판결 [갑이 제1심 공동피고 18인에 대하여 소를 제기하였다가 패소판결을 받게 되자 공동피고 5인만을 상대로 항소를 제기하여 원심이 그들만을 피항소인으로 하여 소송을 진행시킨 다음 판결을 선고한 사안에서, 원심으로서는 소송의 성질과 형태를 명확하게 밝힌 다음에, 당해 소송이 필수적 공동소송에 해당하는 것으로 볼 여지가 있다면 비록 공동소송인 중 일부에 대해서만 항소를 제기하였다고 하더라도 그 불복의 효과는 나머지 전원에게 미치는 것으로 보아서 그 공동소송인 전원을 공동피고로 하여 본안에 관하여 심리·판결을 하였어야 한다고 한 사례]

하거나 남은 공동소송인에 대해 추가판결을 하는 것은 모두 허용될 수 없다.[106)]

고유필유적 공동소송에 있어서는 공동소송인 중 1인에게 중단 또는 중지의 원인이 발생한 때에는 다른 공동소송인에 대하여도 중단 또는 중지의 효과가 미치므로 공동소송인 전원에 대하여 소송절차의 진행이 정지되고 이와 같이 소송절차가 정지된 기간중에는 유효한 소송행위를 할 수 없는 것이다. 기록에 의하면 이 사건 소송은 원고가 피고 등에게 피고 본인 또는 일부 피고들의 피상속인인 7인의 합유로 소유권 이전등기가 마쳐진 부동산에 대하여 명의신탁해지로 인한 소유권이전등기절차의 이행을 청구하는 소송이므로 합유재산에 관한 소송으로서 고유필요적 공동소송이라고 할 것인바, 이 사건 피고들 중 한 사람이었던 김선수는 1심판결 선고전인 1981.6.3에 사망하였음이 기록에 편철된 호적등본기재에 비추어 명백하므로 그 사망 당시는 소송대리인이 있어 소송중단의 효과가 발생하지 아니하였다고 하여도 1심판결이 송달됨과 동시에 공동소송인 전원에 대하여 중단의 효과가 발생하였다고 보아야 할 것이다.[107)]

법원은 필수적 공동소송인 가운데 일부가 누락된 경우에는 제1심의 변론을 종결할 때까지 원고의 신청에 따라 결정으로 원고 또는 피고를 추가하도록 허가할 수 있다. 다만, 원고의 추가는 추가될 사람의 동의를 받은 경우에만 허가할 수 있다(제68조 제1항). 공동소송인이 추가되면 처음에 소가 제기된 때에 추가된 당사자와의 사이에 소가 제기된 것으로 본다(제68조 재3항). 허가결정에 대하여 이해관계인은 추가될 원고의 동의가 없었다는 것을 사유로 하는 경우에만 즉시항고할 수 있다(제68조 제4항). 이 즉시항고는 집행정지의 효력이 없다(제68조 제5항). 추가신청의 기각결정에 대하여는 언제든지 즉시항고를 할 수 있다(제68조 제6항). 예비적・선택적 공동소송인 가운데 일부가 누락된 경우에도

106) 대법원 2011. 6. 24. 선고 2011다1323 판결

107) 대법원 1983. 10. 25. 선고 83다카850 판결

제68조가 준용된다(제70조 제1항). 따라서 제1심의 변론이 종결될 때까지 원고의 신청에 따라 결정으로 피고의 추가를 허가할 수 있다.[108] 필요적 공동소송이 아닌 경우에는 소송도중에 피고를 추가하는 것은 그 경위가 어떻든 간에 허용될 수 없다.[109] 일반적으로 당사자표시정정신청을 하는 경우에도 실질적으로 당사자가 변경되는 것은 허용할 수 없고 필요적 공동소송이 아닌 사건에서 소송 도중에 당사자를 추가하는 것 역시 허용될 수 없으므로, 회사의 대표이사가 개인 명의로 소를 제기한 후 회사를 당사자로 추가하고 그 개인 명의의 소를 취하함으로써 당사자의 변경을 가져오는 당사자추가신청은 부적법한 것이다.[110]

집합건물법 제24조 제3항 소정의 관리인 해임의 소는 관리단과 관리인 사이의 법률관계의 해소를 목적으로 하는 형성의 소이므로 그 법률관계의 당사자인 관리단과 관리인 모두를 공동피고로 하여야 하는 고유필수적 공동소송에 해당한다고 할 것이다.[111] 고유필수적 공동소송인 이 사건 소송에서 원고들의 피고들에 대한 청구는 그 전체가 당연히 항소심의 심판대상이 되어야 하므로, 원심으로서는 피고 관리단도 당사자로 취급하여 하나의 전부판결을 선고했어야 함에도 이를 간과하였다. 이러한 원심의 조치는 민사소송법 제67조에 정하여진 필수적 공동소송의 심판에 관한 법령을 위반하여 판결 결과에 영향을 미쳤다고 할 것이고, 원심판결의 이러한 위법사유는 직권으로 조사하여야 할 사항에 해당하므로 상고인의 상고이유에 대하여 나아가 살펴볼 필요 없이 원심판

---

108) 대법원 2008. 4. 11. 선고 2007다86860 판결

109) 대법원 1993. 9. 28. 선고 93다32095 판결; 대법원 2009. 5. 28. 선고 2007후1510 판결 "이른바 고유필수적 공동소송이 아닌 사건에서 소송 도중에 당사자를 추가하는 것은 허용될 수 없고, 동일한 특허권에 관하여 2인 이상의 자가 공동으로 특허의 무효심판을 청구하여 승소한 경우에 그 특허권자가 제기할 심결취소소송은 심판청구인 전원을 상대로 제기하여야만 하는 고유필수적 공동소송이라고 할 수 없으므로, 위 소송에서 당사자의 변경을 가져오는 당사자추가신청은 명목이 어떻든 간에 부적법하여 허용될 수 없다."

110) 대법원 1998. 1. 23. 선고 96다41496 판결

111) 대법원 1976. 2. 11.자 75마533 결정

결은 파기를 면할 수 없다.[112)]

공유물분할소송은 분할을 구하는 공유자는 나머지 공유자 전원을 상대로 제소해야 하는 필수적 공동소송이다. 경계확정의 소도 필수적 공동소송이다. 공유재산 및 합유재산의 처분과 관련한 소송은 필수적 공동소송이다. 공유재산 및 합유재산의 보전행위에 해당하는 소송은 필수적 공동소송이 아니다. 친자관계 부존재확인의 소는 생존하고 있는 부모 및 자를 공동피고로 하여 그들 간에 합일적으로 확정하여야 할 필요적 공동소송이다.[113)] 이해관계있는 제3자가 친생자관계부존재확인을 구하는 심판청구에 있어서는 친・자 쌍방이 피심판청구인의 적격이 있다 할 것이므로 친・자 쌍방이 다 생존하고 있는 경우에는 필요적 공동소송의 경우에 해당된다.[114)]

상속재산의 협의분할은 공동상속인간의 일종의 계약으로서 공동상속인 전원이 참여하여야 하고 일부상속인만으로 한 협의분할은 무효이다.[115)] 따라서 상속재산 협의분할을 소송으로 구하는 경우 그 소송은 필수적 공동소송이다. 또한 공동상속인이 다른 공동상속인을 상대로 어떤 재산이 상속재산임의 확인을 구하는 소는 이른바 고유필수적 공동소송이라고 할 것이고, 고유필수적 공동소송에서는 원고들 일부의 소 취하 또는 피고들 일부에 대한 소 취하는 특별한 사정이 없는 한 그 효력이 생기지 않는다.[116)] 그러나 공동상속재산의 지분에 관한 지분권존재확인을 구하는 소송은 필수적 공동소송이 아니라 통상의 공동소송이다.[117)]

공유자가 각자가 공유물에 대한 보존행위를 할 수 있으므로 민법 제265조 단서에 기한 공유물 보존행위에 기한 공뮤물 방해배제, 공유물의

---

112) 대법원 2011. 6.24. 선고 2011다1323 판결
113) 대법원 1970. 3. 10. 선고 70므1 판결
114) 대법원 1983. 9. 15. 자 83즈2 결정
115) 대법원 1995. 4. 7. 선고 93다54736 판결
116) 대법원 2007. 8. 24. 선고 2006다40980 판결
117) 대법원 2010. 2. 25. 선고 2008다96963,96970 판결

인도 및 명도청구, 등기말소청구, 공유물지상의 건물철거청구, 공동명의의 소유권이전등기청구권 보전을 위한 가등기 말소청구[118] 등은 모두 통상의 공동소송이다. 그러나 공유물의 처분은 다른 공유자의 동의를 필요로 하므로(민법 제264조), 이에 대한 공동소송은 고유필수적 공동소송이다.[119] 공동소유에 관하여 고유필수적 공동소송이 성립되는 경우에 공동소유자 전원이 원고가 되어야 하는데, 공동소유자 중 일부가 소의 제기에 반대한다면 나머지 공동소유자들만으로는 소를 제기할 수 없게 된다. 이 경우 원고가 되기를 거부하는 사람을 피고에 포함시켜 소를 제기하면 고유필수적 공동소송의 소송요건이 성립한다고 볼 것이다.[120]

---

118) 대법원 2003. 1. 10. 선고 2000다26425 판결 "복수의 권리자가 소유권이전청구권을 보존하기 위하여 가등기를 마쳐 둔 경우 특별한 사정이 없는 한 그 가등기의 말소청구소송은 권리관계의 합일적인 확정을 필요로 하는 필수적 공동소송이 아니라 통상의 공동소송이다."; 그러나 수인의 채권자가 각기 그 채권을 담보하기 위하여 채무자와 채무자 소유의 부동산에 관하여 수인의 채권자를 공동매수인으로 하는 1개의 매매예약을 체결하고 그에 따라 수인의 채권자 공동명의로 그 부동산에 가등기를 마친 경우, 수인의 채권자가 공동으로 매매예약완결권을 가지는 관계인지 아니면 채권자 각자의 지분별로 별개의 독립적인 매매예약완결권을 가지는 관계인지는 매매예약의 내용에 따라야 하고, 매매예약에서 그러한 내용을 명시적으로 정하지 않은 경우에는 수인의 채권자가 공동으로 매매예약을 체결하게 된 동기 및 경위, 그 매매예약에 의하여 달성하려는 담보의 목적, 담보 관련 권리를 공동 행사하려는 의사의 유무, 채권자별 구체적인 지분권의 표시 여부 및 그 지분권 비율과 피담보채권 비율의 일치 여부, 가등기담보권 설정의 관행 등을 종합적으로 고려하여 판단하여야 한다(대법원 2012. 2. 16. 선고 2010다82530 전원합의체 판결).

119) 대법원 2003. 12. 26. 선고 2003다11738 판결 "한국토지공사가 택지개발예정지구 내의 이주자택지 공급대상자의 선정기준에 따라 이주자택지 공급대상자를 확정하면 그 공급대상자에게 구체적인 수분양권이 발생하고, 그 후 공급대상자에게 분양신청 기간을 정하여 분양신청을 하도록 통지하면, 공급대상자는 그 통지에 따라 이주자택지에 관한 공급계약을 체결할 수 있는 청약권이 발생하게 되고, 그 공급대상자가 사망하여 공동상속인들이 청약권을 공동으로 상속하는 경우에는 공동상속인들이 그 상속지분비율에 따라 피상속인의 청약권을 준공유하게 되며, 공동상속인들은 단독으로 청약권 전부는 물론 그 상속지분에 관하여도 이를 행사할 수 없고, 그 청약권을 준공유하고 있는 공동상속인들 전원이 공동으로만 이를 행사할 수 있는 것이므로 위 청약권에 기하여 청약의 의사표시를 하고, 그에 대한 승낙의 의사표시를 구하는 소송은 청약권의 준공유자 전원이 원고가 되어야 하는 고유필수적 공동소송이다."

자연인과 법인은 자신의 이름으로 단독소송을 한다. 비법인 사단의 경우도 총유물의 보전행위를 사원총회의 결의를 거쳐 비법인 사단 명의로 소송으로 제기할 수 있다.[121] 그러나 비법인 사단 구성원 전원이 당사자가 되어 소송을 제기하는 경우에는 고유필수적 공동소송이다. 비법인 사단의 재산에 대한 소유의 형태가 총유인 이상(민법 제275조 제1항) 그 재산에 대한 관리처분권 역시 구성원의 지분이 인정되지 않는 총유이고, 그에 따라 구성원들이 제기하는 공동소송은 고유필수적 공동소송이다.

조합재산은 조합원의 합유이므로 조합재산에 대한 관리처분권 역시 합유이고, 조합재산에 관하여 제3자가 제기하는 조합원들에 대한 공동소송도 고유필수적 공동소송이다.

민법상 조합계약은 2인 이상이 상호 출자하여 공동으로 사업을 경영할 것을 약정하는 계약으로서, 조합재산은 조합의 합유에 속하므로(민법 제704조, 민법 제271조) 조합재산에 속하는 채권에 관한 소송은 합유물에 관한 소송으로서 특별한 사정이 없는 한 조합원들이 공동으로 제기하여야 하는 고유필수적 공동소송에 해당한다.[122]

동업약정에 따라 동업자 공동으로 토지를 매수하였다면 그 토지는 동업자들을 조합원으로 하는 동업체에서 토지를 매수한 것이므로 그 동

---

120) 강현중, 전게서, 562-563면.

121) 대법원 2005. 9. 15. 2004다44971 전원합의체 판결 "비법인사단이 총유재산에 관한 소를 제기할 때에는 정관에 다른 정함이 있는 등의 특별한 사정이 없는 한 사원총회의 결의를 거쳐야 하지만(대법원 2011. 7. 28. 선고 2010다97044 판결), 이는 비법인사단의 대표자가 비법인사단 명의로 총유재산에 관한 소를 제기하는 경우에 비법인사단의 의사결정과 특별수권을 위하여 필요한 내부적인 절차이다. 채권자대위권은 채무자가 스스로 자기의 권리를 행사하지 아니하는 때에 채권자가 채무자에 대한 채권을 보전하기 위하여 채무자의 의사와는 상관없이 채무자의 권리를 대위하여 행사할 수 있는 권리로서 그 권리행사에 채무자의 동의를 필요로 하는 것은 아니므로, 비법인사단이 총유재산에 관한 권리를 행사하지 아니하고 있어 비법인사단의 채권자가 채권자대위권에 기하여 비법인사단의 총유재산에 관한 권리를 대위행사하는 경우에는 사원총회의 결의 등 비법인사단의 내부적인 의사결정절차를 거칠 필요가 없다."

122) 대법원 2012. 11. 29. 선고 2012다44471 판결

업자들은 토지에 대한 소유권이전등기청구권을 준합유하는 관계에 있고, 합유재산에 관한 소는 이른바 고유필요적공동소송이라 할 것이므로 그 매매계약에 기하여 소유권이전등기의 이행을 구하는 소를 제기하려면 동업자들이 공동으로 하지 않으면 안된다.[123]

합유로 소유권이전등기가 된 부동산에 관하여 명의신탁해지를 원인으로 한 소유권이전등기절차의 이행을 구하는 소송은 합유물에 관한 소송으로서 고유필요적 공동소송에 해당하여 합유자 전원을 피고로 하여야 할 뿐 아니라 합유자 전원에 대하여 합일적으로 확정되어야 하므로, 합유자 중 일부의 청구인낙이나 합유자 중 일부에 대한 소의 취하는 허용되지 않는다.[124]

업무집행자의 선임에 조합원 전원의 찬성이 있을 것을 요하지 아니하고 업무집행자는 업무집행에 관하여 대리권 있는 것으로 추정하도록 한 민법 제706조, 제709조의 규정 취지에 비추어 볼 때, 업무집행자가 없는 경우에도 조합의 업무집행에 조합원 전원의 동의는 필요하지 않다고 하여야 할 것이고, 한편 조합재산의 처분・변경도 조합의 업무집행의 범위에 포함된다고 할 것이므로, 결국 업무집행자가 없는 경우에는 조합의 통상사무의 범위에 속하지 아니하는 특별사무에 관한 업무집행은 원칙적으로 조합원의 과반수로써 결정하는 것이고, 조합재산의 처분・변경에 관한 행위는 다른 특별한 사정이 없는 한 조합의 특별사무에 해당하는 업무집행이라고 보아야 한다. 다만, 조합의 업무집행 방법에 관한 위와 같은 민법 규정은 임의규정이라고 할 것이므로 당사자 사이의 약정에 의하여 조합의 업무집행에 관하여 조합원 전원의 동의를 요

123) 대법원 1994.10.25. 선고 93다54064 판결

124) 대법원 1996. 12. 10. 선고 96다23238 판결; 대법원 1996. 12. 10. 선고 96다23238 판결 "합유로 소유권이전등기가 된 부동산에 관하여 명의신탁해지를 원인으로 한 소유권이전등기절차의 이행을 구하는 소송은 합유물에 관한 소송으로서 고유필요적 공동소송에 해당하여 합유자 전원을 피고로 하여야 할 뿐 아니라 합유자 전원에 대하여 합일적으로 확정되어야 하므로, 합유자 중 일부의 청구인낙이나 합유자 중 일부에 대한 소의 취하는 허용되지 않는다."

하도록 하는 등 그 내용을 달리 정할 수 있고, 그와 같은 약정이 있는 경우에는 조합의 업무집행은 조합원 전원의 동의가 있는 때에만 유효하다.[125)]

합유재산의 보존행위는 합유재산의 멸실·훼손을 방지하고 그 현상을 유지하기 위하여 하는 사실적·법률적 행위로서 이러한 합유재산의 보존행위를 각 합유자 단독으로 할 수 있도록 한 취지는 그 보존행위가 긴급을 요하는 경우가 많고 다른 합유자에게도 이익이 되는 것이 보통이기 때문이다). 민법상 조합인 공동수급체가 경쟁입찰에 참가하였다가 다른 경쟁업체가 낙찰자로 선정된 경우, 그 공동수급체의 구성원 중 1인이 그 낙찰자 선정이 무효임을 주장하며 무효확인의 소를 제기하는 것은 그 공동수급체가 경쟁입찰과 관련하여 갖는 법적 지위 내지 법률상 보호받는 이익이 침해될 우려가 있어 그 현상을 유지하기 위하여 하는 소송행위이므로 이는 합유재산의 보존행위에 해당한다.[126)]

조합의 채권자가 조합원에 대하여 조합재산에 의한 공동책임을 묻는 것이 아니라 각 조합원의 개인적 책임에 기하여 당해 채권을 행사하는 경우에는 조합원 각자를 상대로 하여 그 이행의 소를 제기할 수 있고, 한편 그 조합채무가 특히 조합원 전원을 위하여 상행위가 되는 행위로 인하여 부담하게 된 것이라면 그 채무에 관하여 조합원들에 대하여 상법 제57조 제1항을 적용하여 연대책임을 인정함이 마땅하다고 볼 것이다.[127)]

공동소송인 가운데 일부의 청구가 다른 공동소송인의 청구와 법률상 양립할 수 없거나 공동소송인 가운데 일부에 대한 청구가 다른 공동소송인에 대한 청구와 법률상 양립할 수 없는 경우에는 제67조 내지 제69조를 준용한다. 다만, 청구의 포기·인낙, 화해 및 소의 취하의 경우에는 그러하지 아니하다(예비적·선택적 공동소송에 대한 특별규정, 제

125) 대법원 1998. 3. 13. 선고 95다30345 판결
126) 대법원 2013. 11. 28. 선고 2011다80449 판결
127) 대법원 1991. 11. 22. 선고 91다30705 판결

70조 제1항) 예비적·선택적 공동소송에서는 모든 공동소송인에 관한 청구에 대하여 판결을 하여야 한다(제70조 제2항).

주관적·예비적 공동소송은 동일한 법률관계에 관하여 모든 공동소송인이 서로간의 다툼을 하나의 소송절차로 한꺼번에 모순 없이 해결하는 소송형태로서 모든 공동소송인에 대한 청구에 관하여 판결을 하여야 하고(제70조 제2항), 그 중 일부 공동소송인에 대하여만 판결을 하거나, 남겨진 자를 위하여 추가판결을 하는 것은 허용되지 않는다. 그리고 주관적·예비적 공동소송에서 주위적 공등소송인과 예비적 공동소송인 중 어느 한 사람이 상소를 제기하면 다른 공동소송인에 관한 청구 부분도 확정이 차단되고 상소심에 이심되어 심판대상이 되고, 이러한 경우 상소심의 심판대상은 주위적·예비적 공동소송인들 및 그 상대방 당사자 사이의 결론의 합일확정의 필요성을 고려하여 그 심판의 범위를 판단하여야 한다.[128]

민사소송법 제70조 소정의 예비적·선택적 공동소송에는 민사소송법 제67조 내지 제69조가 준용되어 소송자료 및 소송진행의 통일이 요구되지만, 청구의 포기·인낙, 화해 및 소의 취하는 공동소송인 각자가 할 수 있는바, 이에 비추어 보면, 조정에 갈음하는 결정이 확정된 경우에는 재판상 화해와 동일한 효력이 있으므로 그 결정에 대하여 일부 공동소송인이 이의하지 않았다면 원칙적으로 그 공동소송인에 대한 관계에서는 조정에 갈음하는 결정이 확정될 수 있다. 다만, 조정에 갈음하는 결정에서 분리 확정을 불허하고 있거나, 그렇지 않더라도 그 결정에서 정한 사항이 공동소송인들에게 공통되는 법률관계를 형성함을 전제로 하여 이해관계를 조절하는 경우 등과 같이 결정 사항의 취지에 비추어 볼 때 분리 확정을 허용할 경우 형평에 반하고 또한 이해관계가 상반된 공동소송인들 사이에서의 소송진행 통일을 목적으로 하는 민사소송법 제70조 제1항 본문의 입법 취지에 반하는 결과가 초래되는 경우에는 분

128) 대법원 2011. 2. 24. 선고 2009다43355 판결

리 확정이 허용되지 않는다.[129)]

민사소송법 제70조 제1항 본문이 규정하는 '공동소송인 가운데 일부에 대한 청구'를 반드시 '공동소송인 가운데 일부에 대한 모든 청구'라고 해석할 근거는 없으므로, 주위적 피고에 대한 주위적·예비적 청구 중 주위적 청구 부분이 인용되지 아니할 경우 그와 법률상 양립할 수 없는 관계에 있는 예비적 피고에 대한 청구를 인용하여 달라는 취지로 결합하여 소를 제기하는 것도 가능하고, 이 경우 주위적 피고에 대한 예비적 청구와 예비적 피고에 대한 청구가 서로 법률상 양립할 수 있는 관계에 있으면 양 청구를 병합하여 통상의 공동소송으로 보아 심리·판단할 수 있다.[130)]

민사소송법 제70조에 정한 예비적 공동소송에 해당하는 경우 예비적 공동소송인 중 어느 한 사람의 상고가 이유 있어 원심판결을 파기하는 경우에는 합일확정의 필요에 의하여 상고가 이유 없는 다른 한 사람의 청구 부분도 함께 파기하여야 할 것이다.[131)]

민사소송법 제70조 제1항에서 '법률상 양립할 수 없다'는 것은, 동일한 사실관계에 대한 법률적인 평가를 달리하여 두 청구 중 어느 한 쪽에 대한 법률효과가 인정되면 다른 쪽에 대한 법률효과가 부정됨으로써 두 청구가 모두 인용될 수는 없는 관계에 있는 경우나, 당사자들 사이의 사실관계 여하에 의하여 또는 청구원인을 구성하는 택일적 사실인정에 의하여 어느 일방의 법률효과를 긍정하거나 부정하고 이로써 다른 일방의 법률효과를 부정하거나 긍정하는 반대의 결과가 되는 경우로서, 두 청구들 사이에서 한 쪽 청구에 대한 판단 이유가 다른 쪽 청구에 대한 판단 이유에 영향을 주어 각 청구에 대한 판단 과정이 필연적으로 상호 결합되어 있는 관계를 의미하며, 실체법적으로 서로 양립할 수 없는 경우뿐 아니라 소송법상으로 서로 양립할 수 없는 경우를 포함한다. 주관

---

129) 대법원 2008. 7. 10. 선고 2006다57872 판결

130) 대법원 2009. 3. 26. 선고 2006다47677 판결

131) 대법원 2009. 4. 9. 선고 2008다88207 판결

적・예비적 공동소송에서 주위적 공동소송인과 예비적 공동소송인 중 어느 한 사람이 상소를 제기하면 다른 공동소송인에 관한 청구 부분도 확정이 차단되고 상소심에 이심되어 심판대상이 되고, 이러한 경우 상소심의 심판대상은 주위적・예비적 공동소송인들 및 그 상대방 당사자 사이의 결론의 합일확정의 필요성을 고려하여 그 심판의 범위를 판단하여야 한다. 한편 소유권이전등기가 차례로 경료된 경우 최종 명의인을 상대로 그 말소를 구하는 소송과 그 직전 명의인을 상대로 소유권이전등기를 구하는 소송은 권리관계의 합일적인 확정을 필요로 하는 필수적 공동소송이 아니라 통상 공동소송이며, 이와 같은 통상 공동소송에서는 공동당사자들 상호간의 공격방어방법의 차이에 따라 모순되는 결론이 발생할 수 있으므로, 통상 공동소송에서 상소로 인한 확정차단의 효력은 상소인과 그 상대방에 대해서만 생기고, 다른 공동소송인에 대한 청구에 대하여는 미치지 아니한다.[132]

나. 유사필수적 공동소송

고유필수적 공동소송과 달리 공동소송소인들이 반드시 소송을 공동으로 수행할 필요가 없으나 일단 공동소송으로 수행하는 경우에는 판결의 효력이 공동소송인 모두에게 합일적으로 확정되어야 하는 경우의 공동소송을 유사필수적 공동소송이라 한다. 회사합병무효의 소, 회사설립무효・취소의 소, 주주총회 결의취소의 소, 주주총회결의 무효 및 부존재확인의 소는 그 판결의 효력이 대세적이므로, 이러한 형태의 소는 일단 공동소송으로 진행되면 그 판결의 내용이 같아야 한다.

3. 보조참가

소송결과에 이해관계가 있는 제3자는 한 쪽 당사자를 돕기 위하여 법원에 계속중인 소송에 참가할 수 있는데, 이를 보조참가라 한다.[133] 소송

132) 대법원 2011. 9. 29. 선고 2009다7076 판결

절차를 현저하게 지연시키는 경우에는 보조참가를 할 수 없다(제71조).

보조참가신청은 참가의 취지와 이유를 밝혀 참가하고자 하는 소송이 계속된 법원에 제기하여야 한다(제72조 제1항). 서면으로 참가를 신청한 경우에는 법원은 그 서면을 양쪽 당사자에게 송달하여야 한다(제72조 제3항). 참가신청은 참가인으로서 할 수 있는 소송행위와 동시에 할 수 있다(제72조 제3항). 보조참가인의 상소기간은 피참가인의 상소기간에 한정된다는 점에서 공동소송참가와 차이가 있다.[134] 규정은 없지만 보조참가신청은 소송의 어느 단계에서도 취하할 수 있고, 보조참가인은 참가신청의 취하 후에도 참가적 효력을 받게 되므로 어느 당사자의 동의도 필요없다.

당사자가 참가에 대하여 이의를 신청한 때에는 참가인은 참가의 이유를 소명하여야 하며, 법원은 참가를 허가할 것인지 아닌지를 결정하여야 한다(제73조 제1항). 법원은 직권으로 참가인에게 참가의 이유를 소명하도록 명할 수 있으며, 참가의 이유가 있다고 인정되지 아니하는 때에는 참가를 허가하지 아니하는 결정을 하여야 한다(제73조 제2항). 당사자가 참가에 대하여 이의를 신청하지 아니한 채 변론하거나 변론준비기일에서 진술을 한 경우에는 이의를 신청할 권리를 잃는다(제74조).

참가인은 그의 참가에 대한 이의신청이 있는 경우라도 참가를 허가하지 아니하는 결정이 확정될 때까지 소송행위를 할 수 있다(제75조 제1항). 당사자가 참가인의 소송행위를 원용한 경우에는 참가를 허가하지 아니하는 결정이 확정되어도 그 소송행위는 효력을 가진다(제75조 제2항). 참가인은 소송에 관하여 공격·방어·이의·상소, 그 밖의 모든 소송행위를 할 수 있다.[135] 다만, 참가할 때의 소송의 진행정도에 따라

133) 보조참가는 소가 아니며 보조참가인은 피참가인인 당사자의 승소를 위한 보조자일 뿐 당사자가 아니다. 따라서 국가가 보조참가를 한 경우에 그 소송은 국가소송이 아니므로 인지 첩부 및 공탁 제공에 관한 특례법 2조가 적용되지 않는다(대법원 1969. 10. 18.자 69마683 결정; 2008. 7. 11.자 2008마600 결정).

134) 대법원 1969. 8. 19. 선고 69다949 판결

135) 청구의 포기, 인낙, 소송상 화해(소송상 화해에 가입하는 것은 허용), 상소권의 포기,

할 수 없는 소송행위는 그러하지 아니하다(제76조 제1항).[136] 참가인의 소송행위가 피참가인의 소송행위에 어긋나는 경우에는 그 참가인의 소송행위는 효력을 가지지 아니한다(제76조 제2항).[137] 보조참가인의 증거신청행위가 피참가인의 소송행위와 어긋나지 아니하고 그 증거들이 적법한 증거조사절차를 거쳐 법원에 현출되었다면 법원이 이들 증거에 터잡아 피참가인에게 불이익한 사실을 인정하였다 하여 그것이 민사소송법 76조 2항에 위배된다고 할 수 없다.[138]

민사소송법 제76조의 규정에 따라 참가인이 소송행위를 할 수 없거나, 그 소송행위가 효력을 가지지 아니하는 때, 피참가인이 참가인의 소송행위를 방해한 때[139], 피참가인이 참가인이 할 수 없는 소송행위를

피참가인이 제기한 상소의 취하, 자백, 이의권의 포기 등 피참가인에게 불이익한 행위는 할 수 없다. 소의 변경, 소의 취하, 반소, 중간확인의 소 등의 제기는 소송물을 처분·변경하는 행위이므로 역시 보조참가인이 할 수 없다. 참가인은 피참가인이 가진 상계권, 계약의 취소권 또는 해제권을 행사할 수 없음은 당연하다. 다만, 피참가인이 재판외에서 실체법상의 권리를 행사하였으나 피참가인이 소송상 그와 같은 사실을 주장하지 않을 때에는 참가인이 이를 원용하여 주장할 수는 있다할 것이다.

136) 피참가인이 한 자백의 취소, 실기한 공격방어방법의 제출, 이의권을 포기·상실한 행위에 대한 이의, 피참가인이 본안변론을 하여 변론관할이 생긴 뒤의 관할위반의 항변, 상고심에서 참가한 경우 새로운 사실의 주장이나 새로운 증거의 제출 등을 할 수 없다. 참가인의 상소기간은 피참가인의 상소기간에 한한다(대법원 2001. 2. 9. 선고 99두5030 판결).

137) 피참가인의 소송행위와 보조참가인의 소송행위가 서로 어긋나는 경우 피참가인의 의사가 우선되므로 피참가인은 참가인의 상소를 포기 또는 취하할 수 있다(대법원 2010. 10. 14. 선고 2010다38168 판결). 그러나 피참가인이 상소의 의사가 없더라도 상소권을 포기하지 않는 한 참가인이 상소할 수 있다(대법원 1999. 7. 9. 선고 99다12796 판결). 또한 피참가인이 명백히 다투지 아니하여 민사소송법 150조에 의하여 그 사실을 자백한 것으로 보게 될 경우라도 참가인이 보조참가를 신청하면서 그 사실을 다툴 수 있다(대법원 2007. 11. 29. 선고 2007다53310 판결).

138) 대법원 1994. 4. 29. 선고 94다3629 판결

139) 피참가인이 청구의 포기·인낙을 하여 참가인의 소송수행 가능성이 박탈된 경우(대법원 1988. 12. 13. 선고 86다카2289 판결), 참가인이 부인한 사실을 피참가인이 자백한 경우(대법원 1974. 6. 4. 선고 73다1030 판결), 참가인이 제기한 상소를 취하하거나 참가인이 신청한 증인을 철회한 경우 등에는 참가인은 이와 같은 소송행위를 할 수 있었다면 판결결과가 달라졌을 것이라는 것을 주장하여 참가적 효력에서 면제될 수 있다.

고의나 과실로 하지 아니한 때[140] 중 어느 하나에 해당하지 아니하면 그 재판의 효력은 참가인에게도 미친다(제77조).[141]

보조참가인은 당사자가 아니라 보조자에 불과하므로 증인이나 감정인이 될 수 있다. 보조참가인은 대리인이 아니라 독자적인 소송관여권이 있으므로 기일통지나 송달도 피참가인과 별도로 참가인에게 빠짐없이 행하여야 한다. 판결을 보조참가인에게도 송달해야 함은 물론이다. 참가인이 기일에 출석하여 변론하면 피참가인은 결석하더라도 기일해태의 불이익을 입지 않는다.

4. 공동소송적 보조참가

당사자 이외의 자 중에서 타인 간에 계속 중인 소송의 판결의 효력을 받을 자가, 당사자적격이 없어서 당사자로서 소송에 참가할 수 없을 경우에는 피참가인의 승소를 위하여 소송에 참가할 수 있는데, 이를 공동소송적 보조참가라 한다(제78조). 선정자는 당사자적격이 없으므로 당사자로서 소송수행을 할 수 없지만, 기판력을 받을 자이므로(제218조 제3항), 공동소송적 보조참가를 할 수 있다. 공동소송적 보조참가에는

140) 참가인에게 알려지지 않은 유리한 사실 또는 증거를 주장·제출하지 않은 경우, 피참가인만이 행사할 수 있는 사법상의 권리 행사를 태만히 한 경우 등에도 참가인은 피참가인이 이러한 행위를 하였으면 소송결과가 달라졌을 것임을 주장하여 참가적 효력을 면제받을 수 있다.

141) 보조참가가 있는 경우의 판결은 특별한 경우를 제외하고는 참가인에게도 그 효력이 미치는바(민소 77조), 이때의 판결의 효력은 기판력이 아니라 피참가인이 패소한 경우 보조참가인과 피참가인 사이에 서로 그 판결이 부당하다고 주장할 수 없는 구속을 받게 되는 구속력(판결의 참가적 효력)일 뿐이다(대법원 1988. 12. 13. 선고 86다카2289 판결). 보조참가신청이 취하되어도 참가적 효력의 발생에는 영향이 없으나(대법원 1974. 6. 4. 선고 73다1030 판결), 신청각하결정을 한 때에는 참가적 효력이 미치지 않는다. 참가적 효력은 판결주문 중의 소송물에 대한 판단만이 아니라, 전소 확정판결의 결론의 기초가 된 사실상 및 법률상의 판단으로서 보조참가인이 피참가인과 공동이익으로 주장하거나 다툴 수 있었던 사항에 대한 판단에도 미치지만, 전소 확정판결에 필수적인 요소가 아니어서 결론에 영향을 미칠 수 없는 부가적 또는 보충적인 판단이나 방론 등에까지 미치는 것은 아니다(대법원 1997. 9. 5. 선고 95다42133 판결).

필수적 공동소송의 규정이 준용된다.

5. 독립당사자참가

타인 간의 소송계속 중에 당사자의 양쪽 또는 어느 한 쪽을 상대방으로 하여 그 소송과 관련된 자기의 청구에 대하여 동시에 심판을 구하기 위하여 하는 소송참가를 독립당사자참가라 한다(제79조 1항). 독립당사자참가신청은 소의 일종이므로 소액사건을 제외하고는 반드시 서면에 의하여야 하고, 그 서면에는 참가의 취지와 이유를 명시하며(제79조 2항, 제72조 1항), 소장의 필수적 기재사항(제249조)을 기재하여야 한다. 독립당사자참가신청서에는 심급에 따라 소장·항소장에 준하는 인지를 붙여야 한다(민사소송 등 인지법 제6조 1항). 당사자가 상소제기를 하지 아니하는 경우에는 참가인이 상소제기와 동시에 참가신청을 할 수 있다(제79조 2항, 72조 3항). 편면적 참가인지 여부에 관계없이 양쪽 당사자에게 지체 없이 신청서 부본을 송달하여야 한다(제79조 2항, 제72조 2항, 민사소송규칙 제64조 2항).

독립당사자참가로 인해 종래의 원고 또는 피고가 더 이상 소송을 계속할 필요가 없게 된 때에는 상대방(즉 피고 또는 원고)의 승낙을 얻어 탈퇴할 수 있다(제80조항). 이를 소송탈퇴라 한다. 다만, 소의 취하에 있어서와 같은 동의간주는 인정되지 아니하므로(제266조 제6항) 명시적인 승낙이 없으면 탈퇴의 효력이 발생하지 않는다. 판결은 탈퇴한 당사자에 대하여도 그 효력이 미친다(제80조 단서).

본안심리에 있어서 당사자 3인 중 2인 간의 소송행위가 다른 1인에게 불이익이 될 때에는 효력이 발생하지 않는다(제79조 2항, 67조 1항).[142] 유리한 소송행위는 나머지 1인에 대하여도 효력이 발생한다(제

---

142) 대법원 2009. 1. 30. 선고 2007다9030,9047 판결 "민사소송법 제79조에 의한 소송은 동일한 권리관계에 관하여 원고, 피고 및 참가인 상호간의 다툼을 하나의 소송절차로 한꺼번에 모순 없이 해결하려는 소송형태로서 두 당사자 사이의 소송행위는 나머지 1인에게 불이익이 되는 한 두 당사자 간에도 효력이 발생하지 않는다고 할

79조 2항, 67조 2항). 3인 중 2인 간의 청구의 포기·인낙, 화해[143], 상소취하, 자백 등은 다른 1인에게 불이익하면 무효다. 본소의 취하나 참가신청의 취하는 어느 때나 가능하다.

기일은 반드시 공통으로 정하여야 하며 어느 1인에 생긴 소송절차의 중단·중지의 사유는 전원에 대하여 효력이 있다(제79조 2항, 67조 3항). 변론의 분리는 당연히 허용되지 않는다.

제1심에서 원고 및 참가인 패소, 피고 승소의 본안판결이 선고된 데 대하여 원고만이 항소한 경우, 실제로 상소를 제기하지도 당하지도 않은 참가인에 대한 판결부분도 확정이 차단되고 그에 관한 소송관계가 이심되어 항소심의 심판대상이 되므로 항소심으로서는 참가인의 원고·피고에 대한 청구에 대하여도 같은 판결로 판단하여야 한다.[144]

민사소송법 제79조에 의한 독립당사자참가소송은 동일한 권리관계에 관하여 원고, 피고, 참가인이 서로간의 다툼을 하나의 소송절차로 한꺼번에 모순 없이 해결하는 소송형태로서, 독립당사자참가가 적법하다고 인정되어 원고, 피고, 참가인간의 소송에 대하여 본안판결을 할 때에는 위 세 당사자를 판결의 명의인으로 하는 하나의 종국판결을 선고함으로써 위 세 당사자들 사이에서 합일확정적인 결론을 내려야 하고, 이러한 본안판결에 대하여 일방이 항소한 경우에는 제1심판결 전체의 확정이 차단되고 사건 전부에 관하여 이심의 효력이 생긴다. 그리고 이러한 경우 항소심의 심판대상은 실제 항소를 제기한 자의 항소 취지에 나타난 불복범위에 한정하되 위 세 당사자 사이의 결론의 합일확정의 필요성을 고려하여 그 심판의 범위를 판단하여야 하고, 이에 따라 항소심

것인바, 소외 1이 피고의 대표자로서 제출한 준비서면에 원고가 이 사건 아파트에 대한 관리업자의 지위에 있다는 점에 대하여 피고가 다투지 않는다는 취지로 기재되어 있다고 하더라도, 참가인이 원·피고에 대하여 이 사건 아파트에 대한 관리업자로서의 지위의 확인을 구하고 있어 3당사자 사이에 판결의 합일확정을 필요로 하는 이 사건에 있어서 위와 같은 진술은 그 효력이 없다고 할 것이므로, 원심이 그 진술에 기속되어 판단하여야 하는 것은 아니다."

143) 대법원 2005. 5. 26. 선고 2004다25901 판결

144) 대법원 1991. 3. 22. 선고 90다19329 판결

에서 심리 · 판단을 거쳐 결론을 내림에 있어 위 세 당사자 사이의 결론의 합일확정을 위하여 필요한 경우에는 그 한도 내에서 항소 또는 부대항소를 제기한 바 없는 당사자에게 결과적으로 제1심판결보다 유리한 내용으로 판결이 변경되는 것도 배제할 수는 없다.[145)]

독립당사자참가 중 권리주장참가는 소송의 목적의 전부나 일부가 자기의 권리임을 주장하면 되는 것이므로 참가하려는 소송에 수개의 청구가 병합된 경우 그 중 어느 하나의 청구라도 독립당사자참가인의 주장과 양립하지 않는 관계에 있으면 그 본소청구에 대한 참가가 허용된다고 할 것이고, 양립할 수 없는 본소청구에 관하여 본안에 들어가 심리한 결과 이유가 없는 것으로 판단된다고 하더라도 참가신청이 부적법하게 되는 것은 아니다.[146)]

민사소송법 제72조 제1항의 후단의 사해방지참가의 경우는 사해소송의 결과로 제3자의 권리나 법률상 지위가 침해될 염려가 있는 경우에 그 제3자가 그 사해소송의 결과로 선고 확정될 사해판결을 방지하기 위하여 그 사해소송에 참가할 수 있도록 한 것이므로 원고와 피고가 당해 소송을 통하여 제3자를 해할 의사를 갖고 있다고 객관적으로 인정되고, 그 소송의 결과 제3자의 권리 또는 법률상의 지위가 침해될 염려가 있다고 인정되는 경우에는 제3자인 참가인의 청구와 원고의 청구가 논리상 서로 양립할 수 있는 관계에 있다고 하더라도 위 제72조 제1항 후단 소정의 독립당사자참가를 할 수 있다고 할 것이다.[147)]

독립당사자참가 중 민사소송법 제79조 제1항 전단의 권리주장참가를 하기 위해서는, 독립당사자참가인은 우선 참가하려는 소송의 당사자 양쪽 또는 한쪽을 상대방으로 하여 원고의 본소 청구와 양립할 수 없는 청구를 하여야 하고, 그 청구는 소의 이익을 갖추는 이외에 그 주장 자체에 의하여 성립할 수 있음을 요하며, 민사소송법 제79조 제1항 후단

---

145) 대법원 2007. 10. 26. 선고 2006다86573,86580 판결

146) 대법원 2007. 6. 15. 선고 2006다80322,80339 판결

147) 대법원 1990. 4. 27. 선고 88다카25274,25281(참가) 판결

의 사해방지참가는 본소의 원고와 피고가 당해 소송을 통하여 참가인을 해할 의사를 갖고 있다고 객관적으로 인정되고 그 소송의 결과 참가인의 권리 또는 법률상 지위가 침해될 우려가 있다고 인정되는 경우에 허용된다.

이 사건 본소 청구는 원고가 피고들을 상대로 이 사건 매매계약에 의한 소유권이전등기절차의 이행과 그 이전등기의무의 지체로 인한 손해배상을 구하는 것이고, 반소 청구는 피고들이 원고에 대하여 대위변제금의 반환 등을 구하는 것인데, 소외 1 주식회사에 대한 채권자인 독립당사자참가인의 주위적 청구는 이 사건 매매계약이 무효임을 주장하면서 소외 1 주식회사를 대위하여 피고들이 반환해야 할 매매대금 중 2,575,333,880원 및 이에 대한 지연손해금을 참가인에게 바로 지급할 것을 청구하는 것이고, 제1예비적 청구는 이 사건 매매계약이 유효하더라도 이는 소외 1 주식회사의 채권자인 참가인을 해하는 사해행위에 해당하므로 취소되어야 하고, 그 원상회복으로 참가인에게 2,575,333,880원 및 이에 대한 지연손해금의 지급을 구하는 것이다. 이 사건 기록에 의하면, 참가인의 주위적 청구 및 제1예비적 청구는 그 주장 자체로서 이 사건 소송의 목적의 전부 또는 일부가 자기의 권리임을 주장하는 것이 아님이 분명하고, 또한 원고와 피고들이 이 사건 소송을 통하여 참가인을 해할 의사를 가지고 있다거나, 이 사건 소송의 결과 참가인의 권리 또는 법률상 지위가 침해될 우려가 있다고 인정되지 않으므로, 참가인의 독립당사자참가는 권리주장참가 또는 사행방지참가 어느 쪽으로도 그 참가요건을 갖추지 못하여 부적법하다고 할 것이다.[148)]

채권자가 사해행위의 취소와 함께 수익자 또는 전득자로부터 책임재산의 회복을 명하는 사해행위취소의 판결을 받은 경우 취소의 효과는 채권자와 수익자 또는 전득자 사이에만 미치므로, 수익자 또는 전득자가 채권자에 대하여 사해행위의 취소로 인한 원상회복 의무를 부담하게

148) 대법원 2009. 10. 15. 선고 2009다42130,42147,42154,42161 판결

될 뿐, 채권자와 채무자 사이에서 취소로 인한 법률관계가 형성되거나 취소의 효력이 소급하여 채무자의 책임재산으로 복구되는 것은 아니다. 이러한 사해행위취소의 상대적 효력에 의하면, 원고의 피고에 대한 청구의 원인행위가 사해행위라는 이유로 원고에 대하여 사해행위취소를 청구하면서 독립당사자참가신청을 하는 경우, 독립당사자참가인의 청구가 그대로 받아들여진다 하더라도 원고와 피고 사이의 법률관계에는 아무런 영향이 없고, 따라서 그러한 참가신청은 사해방지참가의 목적을 달성할 수 없으므로 부적법하다.[149]

6. 공동소송참가

소송목적이 한 쪽 당사자와 제3자에게 합일적으로 확정되어야 할 경우 그 제3자는 공동소송인으로 소송에 참가할 수 있다(제83조 제1항). 이를 공동소송참가라 하며, 공동소송참가를 하면 참가인과 피참가인 사이는 필수적 공동소송관계가 된다.

주주의 1인이 주주총회결의취소의 소를 제기하고 그 소의 판결의 효력을 받을 다른 주주가 공동 원고로서 공동소송참가를 할 수 있다. 상법 제404조 제1항는 "회사는 전조 제3항과 제4항의 소송(주주의 대표소송)에 참가할 수 있다."라고 규정하고 있는데, 이 때 참가가 공동소송참가이다.[150]

고유필수적 공동소송의 경우 민사소송법 제68조에 의해 일부 탈락된 공동소송인을 제1심 변론종결시까지 원고 또는 피고를 추가할 수 있다.

공동소송참가는 민사소송법 제68조에 의한 추가와는 달리 항소심에까지 허용된다.[151] 또한 소송계속 중에 있는 당사자가 아니라 제3자가 공동소송참가를 통해 주도적으로 소송에 참가한다는 점에서 민사소송법 제68조 필수적 공동소송인의 참가와 다르다.

149) 대법원 2014. 6. 12. 선고 2012다47548,47555 판결
150) 대법원 2002. 3. 15. 선고 2000다9086 판결
151) 대법원 2002. 3. 15. 선고 2000다9086 판결

참가신청방식에는 보조참가신청에 관한 규정이 준용된다(제83조 2항). 다만, 공동소송참가신청은 소의 제기에 해당하는 것이므로 원고측에 참가하든 피고측에 참가하든 서면에 의할 것이다(통설). 공동소송참가신청서에는 참가의 취지와 이유를 명시하여야 하고(제72조 1항), 원고측 공동소송참가신청서에는 심급에 따라 소장 또는 항소장에 준하는 액수의 인지를 붙여야 한다(민사소송 등 인지법 제2조, 제6조). 신청서의 부본은 양쪽 당사자에게 송달하여야 한다(제83조, 제72조 2항, 민사소송규칙 제64조 2항).

저자 약력

황 태 윤

- 한국외국어대학교 법학과 졸업
- 법학박사(한국외국어대학교)
- 변호사(사법연수원 32기)
- 전북대학교 법학전문대학원 부교수

민사소송 실무의 기초

지은이 황태윤
펴낸이 이남호
펴낸곳 전북대학교출판문화원

초판 1쇄 인쇄 2016.4.11.
초판 1쇄 발행 2016.4.15.

전북대학교출판문화원 전북 전주시 완산구 어진길 32 (풍남동2가)
전화 (063) 219-5321~2
FAX (063) 219-5323
출판등록 2012년 8월 20일 제465-2012-000021호

값 18,000원

ISBN 978-89-98534-86-8 93360

이 도서의 국립중앙도서관 출판예정도서목록(CIP)은 서지정보유통지원시스템 홈페이지(http://seoji.nl.go.kr)와 국가자료공동목록시스템(http://www.nl.go.kr/kolisnet)에서 이용하실 수 있습니다.(CIP제어번호: CIP2016007675)